21 世纪高职高专精品规划教材

基础会计学

主 编 刘丽娟

主 审 胡 翮

参 编 巩敏焕 杜 瑞

李咏慧 童 莹

天津大学出版社
TIANJIN UNIVERSITY PRESS

图书在版编目（CIP）数据

基础会计学/刘丽娟主编．—天津：天津大学出版社，2016.8

21 世纪高职高专精品规划教材

ISBN 978-7-5618-5613-0

Ⅰ．①基…　Ⅱ．①刘…　Ⅲ．①会计学—高等职业教育—教材　Ⅳ．①F230

中国版本图书馆 CIP 数据核字（2016）第 189481 号

出版发行 天津大学出版社
地　　址 天津市卫津路 92 号天津大学内（邮编：300072）
电　　话 发行部：022-27403647
网　　址 publish.tju.edu.cn
印　　刷 廊坊市海涛印刷有限公司
经　　销 全国各地新华书店
开　　本 185mm×260mm
印　　张 16
字　　数 399 千
版　　次 2016 年 8 月第 1 版
印　　次 2016 年 8 月第 1 次
定　　价 36 元

前　言

高等职业教育是我国高等教育体系的重要组成部分，高等职业教育的毕业生越来越受到各行各业的欢迎，近年来“以服务为宗旨，以就业为导向，走产学研结合的发展道路”正指导我国高等职业教育进行全面的改革。

高等职业会计教育是为了培养适应财会专业岗位需要的应用型会计人才，特别是随着我国会计改革的不断深化，社会的用人标准发生了深刻的变化，对会计人才的素质和能力要求不断提高，高职院校培养的财会人才不仅要有丰富的知识，更重要的是要有良好的职业道德、过硬的专业技能和较高的综合素质。作为培养应用型会计人才的高等职业会计教育，只有改革传统僵化的教学模式，加强对学生的职业道德、基本技能和专业技能的训练，才能培养出符合社会需要的会计人才。为使接受高等职业教育的学生体现出以就业为导向、以职业能力为目标的高等职业教育特性，培养符合社会及用人单位需要的、具有良好职业道德和专业素养的高素质技术应用型财务、经济管理人才，使学生在基础会计教学中获取特定的本领和良好的职业素养，在实际工作中受到用人单位的欢迎和社会的认同，我们根据国外先进的教学模式及编者教学改革中的经验总结，组织编写了本教材，进行了创新尝试。

本教材以《中华人民共和国会计法》《企业会计准则》《会计基础工作规范》《会计从业资格管理办法》及部分具体会计准则等为依据，主要以工业企业的资金运动为对象，阐述了会计的基本理论和基本方法，重点阐明了会计核算的基本方法和基本技能，并以工业企业为对象介绍了基本经济业务的核算，同时也简单地介绍了会计工作组织的基本知识。

在编写内容上，本教材具有一定的前沿性、实用性和代表性。通过大量例题说明一些比较复杂的问题，让学生灵活掌握会计的基本技能，使他们在走上工作岗位后，能够将所学知识用得上、用得好，能够尽快适应本职工作的要求，做到理论与实践的零距离结合。

本教材根据真实工业企业经济活动，应用“项目导向，任务驱动”“以学生为中心”的自主学习模式，根据会计岗位能力和职业素质要求进行编写。按照“提出问题，分析问题，介绍基本原理，动手操作，社会实践，总结概念”的程序编写，包括基本技能训练、仿真模拟经济业务实训、相关教学内容的社会实践与实习指导。全书共分为以下三篇。

第一篇：会计基础理论知识，包括第一章总论，第二章会计要素与会计等式。

第二篇：会计基本核算方法，包括第三章复式记账法、第四章企业主要经营业务核算、第五章账户的分类、第六章会计凭证、第七章会计账簿、第八章存货盘存制度和财产清查、第九章会计报表。

第三篇：会计基本操作流程，包括第十章会计工作的组织。

本教材在课后也附加了综合复习题及 2014 年基础会计真题，方便学生巩固本课程的知识。

本书可以作为高职高专财会、税务、审计及经济管理相关专业学生的专业基础课教材，也可用于专业中专财会专业学生的教学，更适用于掌握基础会计理论的社会各界人士自学。

本教材由胡翩教授担任主审，刘丽娟担任主编，负责全书总体框架的设计、编写大纲的拟定和各章节初稿的修订，并对全书进行了总撰和定稿。具体分工如下：第一章、第八章由巩敏焕编写；第二章、第三章、第四章、第六章、第七章由刘丽娟编写；第五章由童莹编写；第九章、第十章由杜瑞编写；第一章至第八章练习题、综合复习题及 2014 年基础会计真题，由巩敏焕编写；第九章、第十章练习题由杜瑞编写。

由于时间仓促，作者水平有限，书中难免存在缺点和不妥之处，我们诚挚地希望广大读者和专家对本教材的不足之处批评指正。索要教学资源及意见反馈至 butterflycloudy@126.com。

编　者

目　录

第一章
总　　论

本章内容提要

- 会计的概念、职能、目标
- 会计基本假设和会计核算基础
- 会计核算一般原则
- 会计核算方法

第一节　会 计 概 述

一、会计的概念

会计是以货币为主要计量单位，运用专门的方法，核算和监督一个单位的经济活动，为会计信息使用者提供经济信息的一种经济管理活动。

会计概念的含义如下。

（1）会计的基本特点是以货币为主要计量单位。货币计量是指会计主体在会计核算过程中采用货币作为统一的计量单位，记录、反映会计主体的经营情况。企业的生产经营活动具体表现为商品的购销、各种原材料和劳务的耗费等实物运动，由于商品和各种原材料、劳务的耗费在实物上存在多种计量单位，不便比较，为了全面、完整地反映企业的生产经营活动，会计核算客观上需要一种统一的计量单位作为其计量尺度。在商品经济条件下，货币是商品的一般等价物，是衡量商品价值的共同尺度，会计核算就必然选择货币作为其计量单位，以货币的形式来反映企业生产经营活动的全过程。会计核算只有采取货币计量才便于将活化劳动量和不同质的物化劳动量进行比较，才能按统一的表现形式来综合计量各种不同的经济活动，取得经济管理上所需的各种综合核算资料，说明经济活动的过程和结果。即便在会计核算中对于各项经济活动已按实物计量单位或劳动计量单位进行计量和记录，也仍必须运用货币计量单位加以反映。也就是说，货币计量单位是会计最主要的计量单位。采用货币计量，使会计核算的对象——企业的生产经营活动统一地表现为货币资金运动，从而能够全面完整地反映企业的经营成果、财务状况及其变动情况。

（2）会计的目的是提供有用的会计信息。会计是将一个企业的经济数据通过一定的程序和方法转化为有助于制订财务决策所需要的信息。提供会计信息的真实性、相关性、可理解性、及时性，决定着会计信息使用者从不同角度认识会计的意义和存在的价值。会计信息使用者可以概括为两大类：一类是内部信息使用者，另一类是外部信息使用者。内部信息使用者是企业管理当局，主要职责是制订有关计划、指导和控制企业经营的内部决策。外部信息使用者包括投资者及潜在的投资者、债权人及潜在的债权人等。

（3）会计的本质是一种经济管理工作。会计所进行的经济管理主要是利用资金手段，对一个单位的经济活动进行价值管理，反映和监督经济活动。所以，会计工作也称为会计管理工作，是一种经济管理工作，主要表现为反映和监督经济活动。

二、会计的产生和发展

（一）我国会计历史的演变

（1）会计的萌芽。会计在我国具有悠久的历史，早在原始社会末期就出现了“结绳记事”“刻契记事”等简单的记录和计算行为来记载劳动成果和劳动耗费，当时会计并没有成为一项专门的工作。

（2）会计职业的形成。西周时期，随着社会生产的发展、剩余产品的大量出现，劳动耗费和劳动成果的计量、记录日益频繁，因管理的需要，形成了一种专职的、独立的会计活动。专门掌管国家钱粮税赋官员的官职称为“司会”。“司会”主天下之大计，计官之长，这就是“会计”这一职业的来历。

（3）会计账簿体系的形成。在西周时期出现的“会计”这一职业，当时人们就赋予了它清晰的含义。《周礼·天官》篇中指出：“会计，以参互考日成，以月要考月成，以岁会考岁成。”“参互”为十日成事之文书，相当于旬报；“月要”为一月成事之文书，相当于月报；“岁会”则是一年成事之文书，相当于年报。春秋战国时期至秦代，把记录会计事项的简册称为“簿书”或“计簿”，而把记录统计事项的简册称为“籍”。

在唐、宋两代，我国会计方法有了新的发展。当时在记账规则方面有了比较一致的做法，会计账簿和会计报表的设置也日益完备，由流水账（日记账）和誊清账（总清账）组成的账簿体系已初步形成，特别重要的是创建和运用了“四柱结算法”。所谓四柱，即“旧管”“新收”“开除”“实在”，其含义分别相当于现代会计中的“期初结存”“本期收入”“本期支出”“期末结存”。四柱之间的结算关系可用会计方程式表示为“旧管+新收−开除=实在”。“四柱结算法”也称为“四柱清册”，并在民间逐步加以运用，因此，“四柱结算法”的创建和运用，是对会计学领域的一项重大贡献，为我国通行多年的收付记账法奠定了理论基础。

在清代，《孟子正义》一书中又对“会”和“计”两个字的含义作了一定的区分：“零星算之为计，总合算之为会”。“会”和“计”两字连用，形成一个专门的名词，即特指对财物收支所进行的日常零星的记录、计算和定期汇总工作。民间有以“四柱清册”为基础的“龙门账”“四脚账”等记账方式，充分显示了我国传统簿记的特点。

（4）现代会计的发展。辛亥革命以后，西方会计被引入我国，对我国会计的发展起到了一定的积极作用。新中国成立后，我国政府制定了一系列会计制度，并于1985年公布了新中国第一部《中华人民共和国会计法》。随着社会主义经济的发展和扩大对外开放的需要，会计逐渐与国际惯例接轨，在1992年11月公布了《企业会计基本准则》，之后出台了《企业会计具体准则》。1999 年 10 月 31 日，第九届全国人民代表大会常务委员会第十二次会议审议通过了重新修订的《中华人民共和国会计法》，并且于 2000 年 7 月 1 日起施行，为会计工作更好地为社会主义市场经济服务提供了重要的法律保障。2006 年 10 月，财政部颁布了《企业会计准则——应用指南》，其包括了 38 项具体会计准则，应用指南的第二部分为会计科目及主要账务处理，主要根据具体准则中涉及的确认和计量要求，规定了 156 个会计科目及主要账务处理，基本涵盖了所有企业的各类交易或事项。会计科目和主要账务处理是以会计准则中的确认、计量原则及其解释为依据所作的一般性规定，对涉及商业银行、保险公司和证券公司的专用科目作了特别注明，即会计科目和主要账务处理规范的是会计的确认、计量、记录和报告中的“记录”。因此，会计科目和报表说明赋予企业一定的灵活性，即在不违反准则及其解释的前提下，企业可根据实际需要设置会计科目及明细科目。《企业会计准则——应用指南》的颁布是我国会计改革的一次重要转折，标志着我国的会计工作开始走向国际化，具有继往开来的重大意义。

（二）世界会计历史的演变

意大利佛罗伦萨银行在 1211 年已用借贷记账法记账，当时人们把这种记账法称为“威尼斯簿记法”。1494 年，意大利数学家卢卡·帕乔利（Loca Pacilo）所著的《算术、几何及比例概要》一书出版，在该书的“计算与记录要论”论题中，比较系统地介绍了“威尼斯簿记法”，并结合数学原理从理论上加以概括，这是借贷复式记账法形成的重要标志。1581 年，威尼斯“会计学院”的建立，表明会计已作为一门学科在学校里传授。之后，借贷复式记账法便相继传至德国、法国、英国、美国、日本、中国等国家，并得到各国会计学者在理论和技术上的不断发展和完善，直到今日仍被世界各国广泛采用。

总之，近代会计发源于意大利，发展于英国，改进并形成现代会计于美国。

（三）中华人民共和国会计核算制度模式的演进过程

中华人民共和国会计核算制度模式的演进过程如下。

（1）1949 年至 1952 年为初创期。这一时期最大的成绩是确立了制定中国会计核算制度的基本模式，将中国传统会计簿记模式和前苏联会计思想综合体现在会计核算制度中，改变了旧中国会计工作混乱无序、各自为政的状态。

（2）1953 年至 1957 年为全盘苏化期。由于前苏联与中国在经济规模和经济层次上尚有很大的差别，会计人员的素质也不尽相同，因此对前苏联会计核算制度的照抄照搬，使前苏联会计核算模式在中国运用时显得过于烦琐，形成了呆板的条条框框，同时中式簿记彻底退出了历史舞台。

（3）1958 年至 1978 年为与前苏联会计核算制度的决裂期。这一时期的会计核算制度从不断简化到有名无实，所有的会计核算制度自动失去其约束力，这种演变应该是一种强制性和诱致性相互作用的混合变迁。前苏联会计核算制度中的利润、成本、财产等观念遭到批判，会计核算向更加粗放的形式发展，会计本身所具备的知识性被大大简化，会计核算制度的形象被扭曲。

（4）1979 年至 1992 年为对前苏联会计核算制度的扬弃期。这个时期会计核算制度是在恢复前苏联会计核算制度的同时，又依据中国改革中的现实情况对前苏联式会计核算制度模式进行了适量的调整和变革。注意对前苏联会计核算制度的经验借鉴和扬弃，使得以前被认为是西方资本主义国家的会计观念被采用。

（5）1992 年至今为与国际会计准则协调发展期。随着改革的不断深入和市场化的发展，西方国家的示范效应在会计核算制度演变方面起到的作用越来越强。特别是在中国制定具体会计准则前后，这种状况尤为明显，会计核算制度是否应该具有中国特色的争论又被重新提起，会计核算制度是否具有理论结构、理论结构应该如何安排受到广泛的重视。

三、会计的职能

会计的职能是指会计在经济管理活动中所具有的内在功能。从会计的基本职能看，会计是对经济运行进行的一种管理活动，主要表现在对经济活动进行会计核算和实行会计监督两个方面。

（一）核算职能

会计的核算职能是指会计以货币为主要计量单位，通过确认、计量、记录、报告等环节，对特定主体的经济活动进行记账、算账、报账，为各方面提供会计信息的功能。它是会计最基本的职能。

会计核算主要是采取货币形式，对经济活动的数量方面进行记录、计算、汇总和上报，主要表现为记账、算账、报账等具体工作，所以会计的核算职能也可称作会计反映职能。

会计核算是全面、连续、系统地进行的，这样记录、计算的结果才能形成完整、综合的会计信息，以便客观、公正地反映经济活动的过程和结果。

会计核算方法包括填制和审核会计凭证、设置账户、复式记账、登记账簿、成本计算、财产清查、编制会计报表等。其中，填制和审核会计凭证、登记账簿、编制会计报表构成了会计循环的三大环节。

（二）监督职能

会计的监督职能是指会计人员在进行会计核算的同时，对特定主体经济活动的合法性、合理性进行审查。

会计监督贯穿于经济活动的全过程，包括事前监督、事中监督和事后监督。事前监督，主要是在参与编制各项计划和费用预算时，依据国家的法律、法规和制度，对未来的经济活动的可行性、合理性和合法性进行审查。事中监督，主要是在日常会计核算中，对于发现的问题提出建议，促使有关部门采取措施，调整经济活动。事后监督，主要是对已经发生和完成的经济活动的合法性和合理性进行审查、分析、考核和评价。

会计的核算职能和监督职能是密切相连、相辅相成的关系。对经济活动进行会计核算的过程，也是实行会计监督的过程。会计核算是会计监督的前提，没有会计核算提供的数据资料，会计监督就没有客观依据；如果只有会计核算而不进行会计监督，会计核算就不能有效地进行，就难以提供客观的会计信息，会计核算也就失去了存在的意义。

会计的核算和监督职能是会计的两项基本职能。随着经济的发展和会计活动范围、内容的不断扩大，会计的职能也在不断发展，特别是会计参与经济决策的职能尤为突出。当然，从会计的基本特征看，目前会计所具有的参与经济决策的职能是从核算和监督两项基本职能中派生出来的，不属于会计的基本职能。

四、会计的目标

（一）会计目标的定义

会计目标亦称会计目的，是要求会计工作完成的任务或达到的标准。会计目标是关于会计系统所应达到境地的抽象范畴，是沟通会计系统与会计环境的桥梁，是连接会计理论与会计实践的纽带。在不同历史阶段，会计的具体目标是不同的，会计目标受到环境因素的影响，随环境因素的变化而变化。下面分别列示各个时期会计的具体目标。

在单式簿记时代，企业会计主要是自给自足，满足自己的需要。这一时期的会计目标是核算收支，以便在收支相抵中实现收大于支这一结果。12 至 15 世纪，随着地中海沿岸资本主义生产关系萌芽的出现，会计逐渐由单式簿记发展阶段发展到复式簿记发展阶段，这一时期会计的具体目标可概括为为经营者提供所有财产和交易情况的信息，会计是为经营者的经营活动服务的，显示出会计的管理职能。18 世纪 60 年代至 19 世纪进行的产业革命后，股份有限公司出现并成为企业基本的经营组织形式。在这一组织形式下，资产所有权与经营权发生分离，会计目标也随之发生改变，变成为所有者提供公司的财务状况和经营成果，以评价经营者受托责任的履行情况。随着证券市场的发展，股东变得越来越分散，委托与受托关系也进一步复杂化。此时，会计除实现上述目标外，还应为潜在的投资者、债权人及其他利益关系人提供各种不同的信息。

（二）会计目标的客体

会计目标的客体主要明确“会计信息的使用者需要什么样的会计信息”这一问题。会计信息的使用者为节约交易费用，必然对会计信息提出要求，他们从自身利益出发，希望会计信息是客观的、公允的及他们需要的。因此，具备客观性、公允性、相关性的会计信息构成了会计目标的客体。

（三）会计目标的实现方式

会计目标的实现方式主要强调的是会计信息的提供方式及用途。由于我们已明确会计信息的使用主体为那些和企业产权相关的投资者、债权人、政府、接受委托经营管理企业的企业内部各级管理人员以及众多潜在的产权主体，那么会计信息在考虑各方的需求之后，其提供方式相应地就有了正式对外公布的会计报表和对内的会计报告及非簿记方式。提供会计信息的这些方式，降低了会计信息使用主体搜寻信息的成本及由此可能导致的决策失误带来的风险。

（四）会计目标的两种观点

有关会计目标主要存在两种观点：一是受托责任观；二是决策有用观。

（1）受托责任观。受托责任观产生的经济背景是企业所有权与经营权相分离，并且投资人与经营者之间有明确的委托与受托关系。受托责任观认为，财务会计的主要目标是管理当局向投资者、债权人等报告资源的运用情况，即评价受托经济责任。由于所有权和经营权的分离，资源的受托者就负有对资源的委托者解释、说明其活动及结果的义务。因此，会计的目标就是向资源的提供者报告资源受托管理的事情。

（2）决策有用观。决策有用观是 20 世纪 70 年代美国注册会计师协会出资成立的特鲁彼拉特委员会（Trueblood）在对会计信息使用者进行了大量的实证调查研究后得出的结论。该委员会在1973年提出的研究报告中，明确提出了十二项财务报表的目标，其基本目标是“提供据以进行经济决策所需的信息”。决策有用观的主要观点是：根据美国会计学会发表的《基本会计理论报告》，会计的目标是为了“作出关于利用有限资源的决策，包括确定重要的决策领域以及确定目的和目标”而提供有关的信息。1978年，美国财务会计准则委员会在其《财务会计概念公告》中，对财务报表的目标作出了进一步的阐述：①财务报告应提供对现在的和可能的投资者、债权人以及其他使用者作出合理的投资、信贷及类似决策有用的信息；②财务报告应提供有助于现在的和可能的投资者、债权人以及其他使用者评估来自销售、偿付到期证券或借款等的实得收入的金额、时间分布和不确定的信息；③财务报告应能提供关于企业的经济资源、对这些经济资源的要求权（企业把资源转移给其他主体的责任及业主权益）以及使资源和对这些资源要求权发生变动的交易、事项和情况影响的信息。

从上述介绍可以看出，受托责任观重在受托者向报告委托者受托管理的情况，主要是从企业内部来谈的；而决策有用观是从企业会计信息的外部使用者来谈的。实际上，两者并不矛盾，都暗含了“会计信息观”，即会计目标是提供信息。在受托责任观下，会计目标是向资源委托者提供信息；在决策有用观下，会计目标是向信息使用者提供有用的信息，不但向资源委托者，而且还向包括债权人、政府等和企业有密切关系的信息使用者提供对作决策有用的信息。同时，两者侧重的角度不同。受托责任观是从监督角度考虑，主要是为了监督受托者的受托责任；决策有用观侧重于信号角度，会计信息能够传递信号，即向信息使用者提供对作决策有用的信息。两者之间相互联系、相互补充。

第二节　会计基本假设和会计核算基础

一、会计基本假设

会计假设是指对会计设计，会计工作的空间、时间范围，会计方法所作出的最基本限定条件。只有满足会计假设条件，会计核算才能正常地进行下去。为保证会计信息的一致性和符合财务会计报告的目标，财务会计要在一定的假设条件下才能确认、计量、记录和报告会计信息，所以会计假设也称为会计核算的基本前提。我国的企业会计假设有以下几点。

（一）会计主体

会计主体指会计工作所服务的特定单位。会计主体与法律主体是两个不同的概念。法律主体是指参加法律关系、依法享有权利并承担义务的单位和个人。法律主体都可以作为会计主体，但会计主体可以是法律主体，也可以是非法律主体。如企业事业单位是法律主体也是会计主体；一个企业中的内部单位，如分公司等是非法律主体，但可以是会计主体。会计主体假设要求企业应当对其本身发生的交易或者事项进行会计确认、计量和报告，这明确了会计工作的空间范围。

（二）持续经营

企业会计确认、计量和报告应当以持续经营为前提。持续经营是指会计主体的生产经营活动将无限期地继续下去，在可预见的将来，不会倒闭及进行清算。在这个前提下，会计便可认定企业拥有的资产将会在正常的经营过程中被合理地支配和耗用，企业债务也将在持续经营过程中得到有序的补偿。例如，以持续经营为前提，企业取得固定资产时，按取得成本而非清算价格予以计价，并且在持续经营期间视其耐用年限将其价值分配转移，即以计提折旧的方式，将购置固定资产的成本分摊到各个会计期间去。

持续经营的前提是认定企业在生产经营活动中的资产总以原定的用途被使用、消耗，其资产的现时价值并不重要。倘若持续经营前提不存在，历史成本计价基本原则以及一系列的会计准则和会计方法也将失去存在的基础。

（三）会计分期

会计分期指将会计主体持续不断的经营活动人为地划分为相等的、较短的会计期间，以便分期考核其经营活动的成果。企业以持续经营为理念，但是债权人和投资人乃至经营者却不能等经营活动完全结束（承包期满或解散）才知道财务状况，这种需要促使企业将持续的经营活动分割为等长的期间，分期记录经济业务、结算账目、编制会计报表，即反映一定期间的财务状况和经营成果。

会计分期的意义在于界定了会计信息的时间段，产生了本期与非本期的区别，为历史成本计价、权责发生制、配比原则、一贯性原则等奠定了基础。会计期间分为年度和中期。中期是指短于一个完整的会计年度的报告期间，如半年、季度、月度报告。

（四）货币计量

货币计量指会计主体在财务会计确认、计量和报告时，以货币计量反映会计主体的生产经营活动。在会计的确认、计量和报告过程中之所以选择货币为基础进行计量，是由货币的本身属性决定的。货币是商品的一般等价物，是衡量一般商品价值的共同尺度，具有价值尺度、流通手段、贮藏手段和支付手段等特点。其他计量单位，如质量、长度、容积、台、件等，只能从一个侧面反映企业的生产经营情况，无法在量上进行汇总和比较，不便于会计计量和经营管理，只有选择货币尺度进行计量，才能充分反映企业的生产经营情况。

货币计量是在会计核算中以假定价值不变的货币作为基本计量单位。我国企业会计核算一般以人民币为记账本位币，业务收支以人民币以外的货币为主的企业，可以选定其中一种货币作为记账本位币，但是编报的财务会计报告应当折算成人民币。

二、会计核算基础

在会计主体的经济活动中，经济业务的发生和货币的收支不是完全一致的，即存在着现金流动与经济活动的分离。例如，6 月份收到 5 月份销售产品的货款 5 000 元存入银行，其收入应归属于哪个月？公司 7 月份支付 7 至 12 月份报刊杂志费 1 200 元，其费用应归属于哪个月？一批商品 3 月份预收货款 8 万元，5 月份发货，货款共计 20 万元，什么时候确认收入？由此而产生两个确认和记录会计要素的标准：一个标准是以取得收款权利和付款责任作为记录收入或费用的依据，称为权责发生制；另一个标准是根据货币收支来作为收入或费用确认和记录的依据，称为收付实现制。

（一）权责发生制

权责发生制又称应收应付制，是指以应收应付作为确定本期收入和费用的标准，而不问货币资金是否在本期收到或付出。也就是说，一切要素的时间确认，特别是收入和费用的时间确认，均以权利已经形成或义务（责任）已经发生为标准。权责发生制属于会计要素确认计量方面的要求，它解决了收入和费用何时予以确认及确认多少的问题。权责发生制是我国企业会计确认、计量和报告的基础。

权责发生制是以权利和责任的发生来决定收入和费用归属期的一项原则。在权责发生制下，凡是在本期内已经实现的收入和已经发生或应当负担的费用，不论其款项是否收到或付出，都作为本期的收入和费用；反之，凡不属于本期的收入和费用，即使款项在本期收到或付出，也不应作为本期的收入和费用。

按照权责发生制，上述公司销售行为发生在 5 月份，实际是将产品赊销给另一企业，赊销时已将产品的风险和报酬转移给买方，收入的权利已实现，虽然在 5 月份没有收到货款，也是属于 5 月份的收入；尽管 6 月份收到货款，但不属于本期实现的收入，所以不应确认为 6 月份的收入。上述公司虽然是 7 月份支付的报刊杂志费，但受益是 7 至 12 月份的每一个月份，所以报刊杂志费分别属于每一个月份的费用，而不是都属于 7 月份的费用。而另外一批商品，虽然 3 月份预收了部分货款，但是货物并没有交付，没有发生销售行为，故不能作为 3 月份的收入确认。

（二）收付实现制

收付实现制也称现收现付制，是按照款项实际收到或付出的日期来确定收入和费用的归属期。在收付实现制下，凡是本期内实际收到的款项不论是否在本期实现，都作为本期的收入处理；凡是在本期实际付出的款项，不论是否在本期发生，都作为本期的费用处理。

按照收付实现制，上述公司 5 月份销售的产品，因为没有收到款项，则不能确认为收入，而应在 6 月份收到款项时确认为 6 月份的收入。7 月份支付的 6 个月报刊杂志费都作为 7 月份的费用。另一批商品是 3 月份预先收到 8 万元货款，则先在 3 月份确认收入 8 万元，其余 12 万元则在收到货款的月份确认收入。

收付实现制在处理经济业务时不考虑预收收入、预付费用以及应计收入和应计费用的问题，会计期末也不需要进行账项调整，因为实际收到的款项和付出的款项均已登记入账，所以可以根据账簿记录来直接确定本期的收入和费用，并加以对比以确定本期盈亏。权责发生制强调经营成果的计算，能比较合理、真实地反映本期的收入和费用，便于准确地计算当期经营损益，因此适用于企业。目前，我国的行政单位采用收付实现制，事业单位除经营业务采用权责发生制外，其他业务也采用收付实现制。

第三节　会计核算一般原则

《企业会计制度》（财会〔2000〕25 号）第十一条规定，企业在会计核算时，应当遵循以下基本原则。

一、客观性原则

客观性也称可靠性、真实性，要求企业应当以实际发生的交易或者事项为依据进行确认、计量和报告，如实反映符合确认和计量要求的各项会计要素及其他相关信息。保证会计信息真实可靠、内容完整。

会计信息要有用，必须以可靠为基础。如果财务报告所提供的会计信息是不可靠的。就会给投资者等使用者的决策产生误导甚至造成损失。为了贯彻可靠性要求，企业应当做到以下几点。

（1）以实际发生的交易或者事项为依据进行确认、计量，将符合会计要素定义及其确认条件的资产、负债、所有者权益、收入、费用和利润等如实反映在财务报表中，不得根据虚构的、没有发生的或者尚未发生的交易或者事项进行确认、计量和报告。

（2）在符合重要性和成本效益原则的前提下，保证会计信息的完整性，其中包括应当编报的报表及其附注内容等应当保持完整，不能随意遗漏或者减少应予披露的信息，与使用者决策相关的有用信息都应当充分披露。

（3）在财务报告中的会计信息应当是中立的、无偏的。如果企业在财务报告中为了达到事先设定的结果或效果，通过选择或列示有关会计信息以影响决策和判断，这样的财务报告信息就不是中立的。

例如，某公司于 2007 年年末发现公司销售萎缩，无法实现年初确定的销售收入目标，但考虑到在 2008 年春节前后，公司销售可能会出现较大幅度的增长，公司为此提前预计库存商品销售，在 2007 年年末制作了若干存货出库凭证，并确认销售收入实现。公司这种处理不是以其实际发生的交易事项为依据，而是虚构交易事项，违背了会计信息质量要求的可靠性原则，也违背了《中华人民共和国会计法》的规定。

二、相关性原则

相关性也称有用性，要求企业提供的会计信息应当与投资者等财务报告使用者的经济决策需要相关，一项信息是否具有相关性取决于预测价值和反馈价值。

（1）预测价值。如果一项信息能帮助决策者对过去、现在和未来事项的可能结果进行预测，则该项信息具有预测价值。决策者可根据预测的结果，作出其认为的最佳选择。因此，预测价值是构成相关性的重要因素，具有影响决策者决策的作用。

（2）反馈价值。如果一项信息能有助于决策者验证或修正过去的决策和实施方案，即具有反馈价值。把过去决策所产生的实际结果反馈给决策者，使其与当初的预期结果相比较，验证过去的决策是否正确，总结经验以防止今后再犯同样的错误。反馈价值有助于未来决策。

会计信息质量的相关性要求，需要企业在确认、计量和报告会计信息的过程中，充分考虑使用者的决策模式和信息需要。但是，相关性是以可靠性为基础的，两者之间并不矛盾，不应将两者对立起来。也就是说，会计信息在可靠性前提下，尽可能地做到相关性，以满足投资者等财务报告使用者的决策需要。

三、明晰性原则

明晰性也称可理解性，要求企业提供的会计信息应当清晰明了，便于投资者等财务报告使用者理解和使用。

企业编制财务报告、提供会计信息的目的在于使用，而要让使用者有效使用会计信息，应当能让其了解会计信息的内涵，弄懂会计信息的内容，这就要求财务报告所提供的会计信息应当清晰明了、易于理解。只有这样，才能提高会计信息的有用性，实现财务报告的目标，满足向投资者等财务报告使用者提供决策有用信息的要求。

会计信息毕竟是一种专业性较强的信息产品，在强调会计信息的可理解性要求的同时，还应假定使用者具有一定的有关企业经营活动和会计方面的知识，并且愿意付出努力去研究这些信息。对于某些复杂的信息，如交易本身较为复杂或者会计处理较为复杂，但其对使用者的经济决策相关的信息，企业就应当在财务报告中予以充分披露。

四、一贯性原则

为了便于投资者等财务报告使用者了解企业财务状况、经营成果和现金流量的变化趋势，比较企业在不同时期的财务报告信息，全面、客观地评价过去和预测未来，从而作出决策。会计信息质量的可比性要求同一企业不同时期发生的相同或者相似的交易或者事项，应当采用一致的会计政策，不得随意变更。但是，满足会计信息可比性要求，并非表明企业不得变更会计政策，如果按照规定或者在会计政策变更后可以提供更可靠、更相关的会计信息，就可以变更会计政策。有关会计政策变更的情况，应当在附注中予以说明。

五、可比性原则

为了便于投资者等财务报告使用者评价不同企业的财务状况、经营成果和现金流量及其变动情况，会计信息质量的可比性要求不同企业在同一会计期间发生的相同或者相似的交易或者事项，应当采用规定的会计政策，确保会计信息口径一致、相互可比，以使不同企业按照一致的确认、计量和报告要求提供有关会计信息。

六、实质重于形式原则

实质重于形式要求企业应当按照交易或者事项的经济实质进行会计确认、计量和报告，不仅仅以交易或者事项的法律形式为依据。

企业发生的交易或事项在多数情况下经济实质和法律形式是一致的，但在有些情况下会不一致。例如，以融资租赁方式租入的资产，虽然从法律形式来讲企业并不拥有其所有权，但是由于租赁合同中规定的租赁期相当长，接近于该资产的使用寿命，租赁期结束时承租企业有优先购买该资产的选择权；在租赁期内承租企业有权支配资产并从中受益等。因此，从其经济实质来看，企业能够控制融资租入资产所创造的未来经济利益，在会计确认、计量和报告上就应当将以融资租赁方式租入的资产视为企业的资产，列入企业的资产负债表。

例如，企业按照销售合同销售商品但又签订了售后回购协议，虽然从法律形式上实现了收入，但如果企业没有将商品所有权上的主要风险和报酬转移给购货方，没有满足收入确认的各项条件，即使签订了商品销售合同或者已将商品交付给购货方，也不应当确认销售收入。

七、重要性原则

重要性原则要求企业提供的会计信息应当反映与企业财务状况、经营成果和现金流量有关的所有重要交易或者事项。

在实务中，如果会计信息的省略或者错报会影响投资者等财务报告使用者据此作出的决策，该信息就具有重要性。重要性的应用需要依赖职业判断，企业应当根据其所处环境和实际情况，从项目的性质和金额大小两方面加以判断。

例如，我国上市公司要求对外提供季度财务报告，考虑到季度财务报告披露的时间较短，从成本效益原则的考虑，季度财务报告没有必要像年度财务报告那样披露详细的附注信息。因此，中期财务报告准则规定，公司季度财务报告附注应当以年初至本中期末为基础编制，披露自上年度资产负债表日之后发生的、有助于理解企业财务状况、经营成果和现金流量变化情况的重要交易或者事项。这种附注披露，就体现了会计信息质量的重要性要求。

八、谨慎性原则

谨慎性原则要求企业对交易或者事项进行会计确认、计量和报告应当保持应有的谨慎，不应高估资产或者收益、低估负债或者费用。

在市场经济环境下，企业的生产经营活动面临着许多风险和不确定性，如应收款项的可收回性、固定资产的使用寿命、无形资产的使用寿命、售出存货可能发生的退货或者返修等。会计信息质量的谨慎性要求，需要企业在面临不确定性因素的情况下作出职业判断时，应当保持应有的谨慎，充分估计到各种风险和损失，既不高估资产或者收益，也不低估负债或者费用。例如，要求企业对可能发生的资产减值损失计提资产减值准备、对售出商品可能发生的保修义务等确认预计负债等，就体现了会计信息质量的谨慎性要求。

谨慎性的应用也不允许企业设置秘密准备，如果企业故意低估资产或者收益，或者故意高估负债或者费用，将不符合会计信息的可靠性和相关性要求，会损害会计信息质量，扭曲企业实际的财务状况和经营成果，从而对使用者的决策产生误导，这是会计准则所不允许的。

九、及时性原则

及时性原则要求企业对于已经发生的交易或者事项，应当及时进行确认、计量和报告，不得提前或者延后。

会计信息的价值在于帮助所有者或者其他使用者作出经济决策，具有时效性。即使是可靠、相关的会计信息，如果不及时提供，就失去了时效性，对于使用者的效用就大大降低，甚至不再具有实际意义。在会计确认、计量和报告过程中贯彻及时性，一是要求及时收集会计信息，即在经济交易或者事项发生后，及时收集、整理各种原始单据或者凭证；二是要求及时处理会计信息，即按照会计准则的规定及时对经济交易或者事项进行确认或者计量，并编制出财务报告；三是要求及时传递会计信息，即按照国家规定的有关时限，及时地将编制的财务报告传递给财务报告使用者，便于其及时使用和决策。

在实务中，为了及时提供会计信息，可能需要在有关交易或者事项的信息全部获得之前即进行会计处理，这样就满足了会计信息的及时性要求，但可能会影响会计信息的可靠性；反之，如果企业等到与交易或者事项有关的全部信息获得之后再进行会计处理，这样的信息披露可能会由于时效性问题，对于投资者等财务报告使用者决策的有用性将大大降低。这就需要在及时性和可靠性之间作相应权衡，以最好地满足投资者等财务报告使用者的经济决策需要为判断标准。

十、权责发生制原则

企业的会计核算应当以权责发生制为基础。凡是当年已经实现的收入和已经发生或应当负担的费用，不论款项是否收付，都应当作为当期的收入和费用；凡是不属于当期的收入和费用，即使款项已在当期收付，也不应当作为当期的收入和费用。

十一、成本费用配比原则

企业在进行会计核算时，收入与成本、费用应当相互配比，同一会计期间的各项收入和与其相关的成本、费用，应当在该会计期间内确认。

十二、历史成本原则

企业的各项财产在取得时应当按照实际成本计量。其后，各项财产如果发生减值，应当按照会计制度的规定计提相应的减值准备。除法律、行政法规和国家统一的会计制度另有规定者外，企业一律不得自行调整其账面价值。

十三、划分收益性支出与资本性支出原则

企业的会计核算应当合理划分收益性支出与资本性支出的界限。凡支出的效益仅涉及本年度（或一个营业周期）的，应当作为收益性支出；凡支出的效益涉及几个会计年度（或几个营业周期）的，应当作为资本性支出。

第四节　会计核算方法

一、会计方法的概念

会计方法是反映和控制会计对象，实现会计目标的手段。

会计方法的创立和发展在很大程度上取决于社会生产力水平，具有技术性，所以许多会计方法并不因社会制度的变革而消失。相反，许多会计方法可以适应各种不同社会制度的需要而为人们所利用。一种会计方法是否被采用，取决于会计方法本身技术水平的高低以及社会经济管理水平和管理要求的高低。

二、会计方法体系

会计方法体系是由各种彼此独立又相互联系的会计方法所组成的有机统一整体。会计方法体系的构成与会计内容的构成紧密相关。会计方法体系由以下五部分构成。

（一）会计预测方法

会计预测方法是会计人员利用会计信息和其他社会经济信息，对会计管理活动的基本内容进行科学预测所运用的方法，如因果分析法、趋势分析法等。会计决策方法是按财务指标的一定目标，选择最优方案所运用的方法，一般有本量利分析法、决策树分析法、差量分析法等。

（二）会计核算方法

会计核算方法是对会计对象进行连续、系统、全面、综合的记录、计算、反映和日常监督所应用的方法。一般包括设置账户、复式记账、填制和审核会计凭证、登记账簿、成本计算、财产清查、资产计量、编制会计报表，这八种会计核算方法是相互联系、密切配合的，构成了一个完整的会计核算方法体系。

（1）设置账户。设置账户是对会计对象的具体内容进行科学分类、反映和监督的一种方法。会计对象的具体内容是多种多样的，要对其进行系统的核算和监督，就必须按照经济业务的内容和管理要求，分别设置账户，进行分类登记，以便提供所需的会计信息。

（2）复式记账。复式记账是对每一笔经济业务，用两个或两个以上的账户全面反映其来龙去脉的一种记账方法。复式记账是一种科学的方法，它能如实地、相互联系地记录每一笔经济业务，通过账户的对应关系可以了解经济业务的实际内容，便于检查账户记录的正确性。

（3）填制和审核会计凭证。填制和审核会计凭证是借助会计凭证去办理会计手续，以便及时反映和监督经济业务的发生和完成情况，保证会计记录真实、正确、合理、合法所采用的一种专门方法。填制和审核会计凭证，能够为会计记录提供真实的原始资料，从而保证会计核算的质量。

（4）登记账簿。登记账簿是运用复式记账原理在账簿上连续地、完整地记录和反映经济业务的一种方法。通常，企业单位应登记序时账簿和分类账簿。登记账簿同时是会计信息加工的一项重要程序，对于编制财务报告具有重要的意义。

（5）成本计算。成本计算是把企业在各经营过程（如供应、生产、销售过程）中发生的各种费用，按各种不同的成本计算对象进行归集和分配，借以确定各对象的总成本和单位成本的一种专门方法。通过成本计算与考核，有利于发挥会计的职能作用。

（6）财产清查。财产清查是通过对货币资金、存货、固定资产、债权、票据等的盘点或核对，查明其实有数与账存数是否相符，并查明账实不符的原因的一种方法。通过财产清查可以了解账实相符程度和资产的管理情况。

（7）资产计量。资产计量即会计要素计量，是企业在将符合确认条件的会计要素登记入账并列报于会计报表及其附注时，应当按照规定的会计计量属性进行计量，确定其金额。会计要素计量是会计核算的重要方法。它不仅直接关系到各种资产在账簿和财务报表中以何种价值反映及其数额多少，而且还影响到一系列财务会计指标。

（8）编制会计报表。会计报表是以会计账簿资料为主要依据，以货币为计量单位，全面、总括地反映会计实体在一定时期内财务状况、经营成果和理财过程的报告文件。编制会计报表是提供会计信息的主要形式，是企业财务报告的主要内容。

（三）会计检查方法

会计检查方法是利用会计核算资料（主要是会计凭证），检查单位经济活动的合法性和合理性以及会计记录的完整性和正确性的方法。一般包括核对法、审阅法、分析法、控制计算法等。

（四）会计分析法

会计分析法是利用会计核算资料（主要是会计报表），结合具体情况，比较、研究、评定经济活动状况以及经济效益所运用的方法。一般包括比较法、连环代替法、ABC 分析法。

本书重点论述会计核算方法，其他会计方法将在《企业成本学》《企业财务学》《管理会计》《审计学》中介绍。

（五）会计控制法

会计控制法是通过会计工作，使经济活动与资金运动按既定目标运行所采用的手段。一般有政策与制度控制、计划控制、定额控制等。

本章知识小结

◆ 会计是以货币为主要计量单位，运用专门的方法，核算和监督一个单位的经济活动，为会计信息使用者提供经济信息的一种经济管理活动；会计的职能是指会计在经济管理活动中所具有的内在功能。从会计的基本职能看，会计是对经济运行进行的一种管理活动，主要表现在两个方面：对经济活动进行会计核算和实行会计监督。会计的目标亦称会计目的，是要求会计工作完成的任务或达到的标准。

◆ 会计假设是指对会计设计、会计工作的空间和时间范围、会计方法所作出的最基本限定条件。只有满足会计假设条件，会计核算才能正常地进行下去。为保证会计信息的一致性和符合财务会计报告的目标，财务会计要在一定的假设条件下才能确认、计量、记录和报告会计信息，所以会计假设也称为会计核算的基本前提。我国的企业会计假设有：会计主体、持续经营、会计分期、货币计量。因为在会计主体的经济活动中，经济业务的发生和货币的收支不是完全一致的，即存在着现金流动与经济活动的分离。由此而产生两个确认和记录会计要素的标准：一个标准是以取得收款权利和付款责任作为记录收入或费用的依据，称为权责发生制；另一个标准是根据货币收支是否来作为收入确认和费用确认和记录的依据，称为收付实现制。

◆ 会计核算一般原则要求企业在会计核算时，应当遵循客观性、相关性、明晰性、一贯性、可比性、实质重于形式、重要性、谨慎性、及时性、权责发生制、成本费用配比、历史成本、划分收益性支出与资本性支出等基本原则。

◆ 会计核算方法是对会计对象进行连续、系统、全面、综合地记录、计算、反映和日常监督所应用的方法。一般包括设置账户、复式记账、填制和审核会计凭证、登记账簿、成本计算、财产清查、资产计量、编制会计报表，这八种会计核算方法是相互联系、密切配合的，构成了一个完整的会计核算方法体系。

练　习　题

一、名词解释

1. 会计
2. 会计核算职能
3. 会计监督职能
4. 会计主体
5. 持续经营
6. 会计分期
7. 货币计量
8. 设置账户
9. 复式记账
10. 权责发生制原则
11. 划分收益性支出与资本性支出原则

二、单项选择题

1. 会计的基本职能是（　　）。

A. 核算与监督　　B. 预测与决策

C. 分析与检查　　D. 监督与控制

2. 会计主要采用的计量单位是（　　）。

A. 实物计量单位　　B. 货币计量单位

C. 劳动计量单位　　D. 工时计量单位

3. 会计假设中，（　　）是指会计主体在可预见的将来不会面临破产清算，而将按它既定的目标持续不断地经营下去。

A. 会计主体　　B. 持续经营

C. 会计分期　　D. 货币计量

4. 会计假设中，（　　）是将企业持续不断的经营活动人为地划分为若干个会计期间，以便分期核算资金运动，报告经营成果。

A. 会计主体　　B. 持续经营

C. 会计分期　　D. 货币计量

5. 我国会计分期采用公历日期，会计年度指（　　）。

A. 自公历 1 月 1 日起至 12 月 31 日

B. 自 4 月 1 日起至来年 3 月 31 日

C. 自 10 月 1 日起至来年 9 月 30

D. 自6月1日起至来年5月31日

6. 会计一般原则中，要求会计指标口径一致，以便于不同企业之间进行横向比较的会计原则是（　　）。

A. 一贯性原则　　B. 可比性原则　　C. 配比原则　　D. 权责发生制原则

7. 会计一般原则中，要求会计处理方法前后各期应当一致并不得随意变更的会计原则是（　　）。

A. 可比性原则　　B. 一贯性原则　　C. 配比原则　　D. 历史成本原则

8. 权责发生制原则主要用于确定（　　）。

A. 会计计量方法的选择　　B. 财产盘存制度的选择

C. 收入和费用的归属期　　D. 收益性支出和资本性支出

9. 甲企业在7月份以3 000元销售一批产品，收到货款2 000元，余款暂欠。分别以权责发生制与收付实现制为计算标准，甲企业7月份应各确认收入（　　）。

A. 3 000元、2 000元　　B. 2 000元、3 000元

C. 2 000元、2 000元　　D. 3 000元、3 000元

10. 会计的一般原则中，要求一定时期的收入应当与取得该收入相关的成本、费用相互配比并在同一会计时期登记入账，以便正确确认当期损益的会计原则是（　　）。

A. 配比原则　　B. 可比性原则

C. 权责发生制原则　　D. 历史成本原则

11. 会计的一般原则中，（　　）是指要充分估计可能发生的各项损失和费用，而不要过高估计资产和收益。

A. 谨慎性原则　　B. 配比原则

C. 相关性原则　　D. 客观性原则

12. 会计的一般原则中，（　　）是指各项财产物资，除按国家有关规定所允许的方法进行调整外，原则上均应当按照取得时的实际成本计价。

A. 历史成本原则　　B. 及时性原则

C. 明晰性原则　　D. 重要性原则

13. 凡支出的效益与几个会计年度相关的，应作为（　　）。

A. 营业外支出　　B. 收益性支出

C. 资本性支出　　D. 其他业务支出

14. 固定资产采用加速折旧法，主要体现会计一般原则中的（　　）。

A. 配比原则　　B. 权责发生制原则

C. 谨慎性原则　　D. 及时性原则

15. 下列属于资本性支出的是（　　）。

A. 购置机器支出　　B. 日常办公费支出

C. 水电费支出　　D. 购置材料支出

16. 下列属于收益性支出的是（　　）。

A. 购建厂房支出　　B. 水电费支出

C. 购买机器设备支出　　D. 购买无形资产支出

三、多项选择题

1. 会计核算的基本前提是（　　）。

A. 会计主体　　B. 持续经营　　C. 会计分期　　D. 货币计量

2. 根据权责发生制原则，应计入本期收入和费用的有（　　）。

A. 属于本期应取得的收入，并已收取

B. 属于本期应取得的收入，尚未收取

C. 属于本期应负担的费用，尚未支付

D. 不属于本期应负担的费用，已支付

3. 下列支出中，属于资本性支出的是（　　）。

A. 支付本月的水电费用　　B. 本月给职工发放的工资

C. 购买一项专利权　　D. 购建固定资产支出

4. 确认收入和费用的归属期的会计处理原则包括（　　）。

A. 历史成本原则　　B. 收付实现制原则

C. 配比原则　　D. 权责发生制原则

5. 根据谨慎性原则的要求，对企业发生的损失和费用，作出合理预计，通常做法有（　　）。

A. 对应收账款计提的坏账准备金　　B. 对固定资产采用加速折旧法

C. 对财产物资按历史成本计价　　D. 对存货提取跌价准备金

6. 下列属于会计核算方法的有（　　）。

A. 填制、审核会计凭证和登记账簿

B. 设置会计科目、账户和复式记账

C. 成本计算和财产清查

D. 编制会计报表

四、判断题

1. 会计是人类社会发展到一定历史阶段，人类为了"记数"的客观要求而产生的。（　　）

2. 会计的两大分支是指会计电算化的产生和发展。（　　）

3. 我国会计年度自公历1月1日起至12月31日止。（　　）

4. 会计假设就是指会计核算和监督的前提条件。（　　）

5. 谨慎性原则是指在会计核算中应当尽量低估企业可能发生的费用和损失。（　　）

6. 遵循历史成本原则，物价变动时，除法律、行政法规和国家统一的会计制度另有规定外，不得任意调整账面的历史记录。（　　）

7. 谨慎性原则是指要充分地预计资产和利润，而不能过高地估计负债。（　　）

8. 权责发生制原则是指实际收到货币资金就确认收入，实际支出货币资金就确认费用或支出。（　　）

五、简答题

1. 会计产生和发展的根本动因是什么？

2. 什么是会计？如何理解会计是一个发展的概念？

3. 会计的两项基本职能是什么？二者的关系怎样？

4. 什么是会计基本假设？其具体内容有哪些？主要解决哪些方面的问题？

5. 什么是权责发生制？什么是收付实现制？二者对收入和费用的确认有何区别？

6. 会计核算的一般原则有哪些？

7. 会计核算的主要方法有哪些？它们之间的联系是什么？

六、业务题

习题 1：练习权责发生制与收付实现制确认收入和费用的归属期。

【资料】本月（7 月）发生下列经济业务。

（1）销售产品 4 000 元，货款 3 000 元收存银行，余款 1 000 元未收。

（2）收到上月应收的销货款 1 400 元。

（3）预收货款 8 000 元，准备下月交货。

（4）支付本月电费 400 元。

（5）预付 7 至 12 月份的租金 6 000 元。

（6）本月的银行借款利息为 1 000 元（借款利息的支付在季度末）。

根据上述经济业务内容，按权责发生制和收付实现制原则确认和计算企业本月（7 月）的收入和费用。将计算结果填入下表。

业务号	权责发生制		收付实现制	
	收入	费用	收入	费用
（1）				
（2）				
（3）				
（4）				
（5）				
（6）				
合计				

习题 2：练习权责发生制与收付实现制在经济活动中的具体运用。

【资料】企业第四季度发生下列经济业务（部分）。

（1）10 月份销售产品 8 000 元，货款收存银行。

（2）10 月份销售产品 10 000 元，货款尚未收到。

（3）10 月份支付本季度房屋租金 9 000 元。

（4）11 月份收到上月产品销售款 10 000 元。

（5）11 月份预收货款一笔 12 000 元，发货时间为 12 月。

（6）11 月份支付企业员工冬季取暖补贴费 20 000 元（冬季取暖时间：11 月、12 月、1 月、2 月）。

（7）12 月份将上月预收款单位的货物发往该单位 12 000 元。

（8）12 月份支付明年的报刊杂志费 1 200 元。

（9）12 月底支付本季度的银行借款利息 2 700 元。

要求：将上述经济业务分析结果填入下表。

项目 月份	权责发生制		收付实现制	
	收入	费用	收入	费用
	金额	金额	金额	金额
10 月份				
11 月份				
12 月份				
合　计				

第二章
会计要素与会计等式

本章内容提要

- ◆ 会计对象
- ◆ 会计要素
- ◆ 会计等式
- ◆ 会计科目与账户

第一节 会计对象

会计对象是会计核算和监督的内容。会计是以货币为主要计量单位，对经济活动进行核算和监督的经济管理工作。因此，凡是特定单位能够以货币表现的经济活动都是会计核算和监督的内容，也就是会计的对象。以货币表现的经济活动亦称为价值运动或资金运动。

由于各单位的性质不同以及经济活动的内容不同，因此会计对象的具体内容也不尽相同。下面以工业企业为例，说明工业企业会计对象的具体内容。

企业的资金是指企业所拥有的各项财产物资的货币表现。企业的资金运动表现为资金的投入、资金的循环和周转、资金的退出三个过程，具体过程如图 2-1 所示。

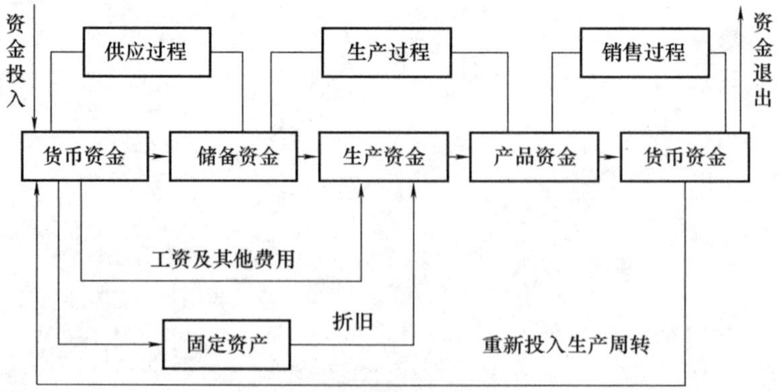

图 2-1 工业企业资金运动图

一、资金的投入

企业资金的投入包括企业接受投资者投入的资金和向债主借入的资金两部分，前者称为企业的所有者权益，后者称为企业的负债。投入企业的资金形成企业的各种资产，包括库存现金、银行存款、原材料、库存商品、机器设备等。所以，可以通俗地认为，资金是资产的价值，资金是资产的货币表现。从其来源看，一个企业的资金表现为所有者权益和负债两部分；从其运用看，又表现为资产这一种存在形式。所以，一个企业的资金总额等于其所有者权益与负债之和，也等于资产价值总额。

二、资金的循环和周转

企业资金的运用是资金投入企业后在供、产、销过程中的不断循环与周转。

在供应过程中，企业要购买原材料等劳动对象，发生材料费、运输费、装卸费等材料采购成本，与供应单位发生货款的结算关系。在生产过程中，劳动者借助于劳动手段将劳动对象加工成特定的产品，发生原材料消耗的材料费、固定资产磨损的折旧费、生产工人劳动耗费的人工费等，构成产品使用价值与价值的统一体，同时还将发生企业与工人之间的工资结算关系、与有关单位之间的劳务结算关系等。在销售过程中，将生产的产品销售出去，发生有关销售费用、收回货款、交纳税金等业务活动，并与购货单位发生货款结算关系、与税务机关发生税务结算关系等。企业获得的销售收入，扣除各项费用成本后的利润，还要提取盈余公积并向所有者分配利润。在供、产、销过程中，资金运动依次经历货币资金、储备资金、生产资金、产品资金，最后又回到货币资金，资金周而复始的循环称为资金的循环。

三、资金的退出

资金的退出包括偿还各项债务、上交各项税金、向所有者分配利润等，这部分资金便离开本企业，退出本企业的资金循环与周转。

企业资金运动的三个阶段是相互支持、相互制约的统一体。没有资金的投入，就没有资金的循环与周转，就不会有债务的偿还、税金的缴纳和利润的分配等；没有资金的退出，就不会有新一轮的资金投入，也不会有企业的发展。

应该注意的是，企业的经济活动包括能够用货币计量的经济活动和不能用货币计量的经济活动。前者称为经济业务，如购进材料、销售产品等；后者称为非经济业务，如制订计划、召开会议等。只有能以货币计量的经济活动，即经济业务，才构成会计核算的内容。

第二节　会 计 要 素

一、会计要素的概念

会计要素是对会计核算内容所做的最基本的分类，是会计核算对象的具体化。按照会计要素设置各类账户，并按账户收集、整理、提供、分类会计信息，在此基础上编制财务报表，用财务报表总括提供企业的财务信息。

会计要素与财务报表要素是有着密切联系的两个概念。

财务报表要素是将交易和其他事项按照经济特性分成大类，是对账户资料进行加工的编表过程，描述和揭示交易及其他事项对财务状况的影响过程。

二、会计要素的分类

我国企业会计准则将会计要素分为六大类，即资产、负债、所有者权益、收入、费用和利润。

事业单位会计要素分为五大类，即资产、负债、净资产、收入和支出。

三、会计要素与资金运动的关系

会计要素与资金运动的关系有静态关系和动态关系两种。

（1）静态关系：从一定时期这一相对静止的状态来看，资产总额与负债和所有者权益的合计必然相等，由此分离出资产、负债及所有者权益三项表现资金运动静止状态的会计要素。

（2）动态关系：企业的各项资产经过一定时期的营运，将发生一定的耗费，生产出特定种类和数量的产品，产品销售后获得货币收入，收支相抵后确认出当期损益，由此分离出收入、费用及利润三项表现资金运动显著变动状态的会计要素。

四、会计要素与财务报表的关系

会计要素与财务报表的关系有以下两种。

（1）反映财务状况。资产、负债及所有者权益三项会计要素构成资产负债表的基本框架，反映企业的财务状况。

（2）反映经营成果。收入、费用及利润三项会计要素构成利润表的基本框架，反映企业的经营成果。

五、反映财务状况的会计要素

（一）资产

资产是指企业过去的交易或者事项形成的、由企业拥有或者控制的、预期会给企业带来经济利益的资源。如企业的现金、银行存款、办公室、桌椅板凳、厂房、机器设备等都是企业的资产。

1．资产的主要特征

（1）资产是由企业拥有或者控制的资源。由企业拥有或者控制，是指一项资源要作为企业资产予以确认，企业应该拥有此项资源的所有权，可以按照自己的意愿使用或处置它。或者虽然不享有某项资源的所有权，但该资源能被企业所控制。如企业对融资租入的机器设备虽然没有所有权，但享有与所有权相关的风险和报酬的权利，即拥有实际控制权，因此应将融资租入的机器设备确认为企业的资产。

（2）资产预期会给企业带来经济利益。预期会给企业带来经济利益，是指直接或间接导致现金或现金等价物流入企业的潜力。这种潜力可以来自企业日常的生产经营活动，也可以是非日常活动。带来经济利益可以是现金或现金等价物形式，也可以是能转化为现金或现金等价物的形式，或者是可以减少现金或现金等价物流出的形式。如企业长期闲置不用的机器设备，不能给企业带来经济利益，因此不应作为资产反映在资产负债表中。

（3）资产是由企业过去的交易或事项形成的。企业过去的交易或事项包括购买、生产、建造行为或者其他交易或事项。换言之，只有过去的交易或事项才能产生资产，企业预期在未来发生的交易或事项不形成资产。

2. 资产的分类

资产按其流动性不同，可分为流动资产和非流动资产。

（1）流动资产是指预计在一个正常营业周期中变现、出售或耗用，或者主要为交易目的而持有，或者预计在资产负债表日起一年内（含一年）变现的资产以及自资产负债表日起一年内交换其他资产或清偿负债的能力不受限制的现金或现金等价物。流动资产主要包括货币资金、交易性金融资产、应收票据、应收账款、预付款项、应收利息、应收股利、其他应收款、存货等。

（2）非流动资产是指流动资产以外的资产，主要包括长期股权投资、固定资产、在建工程、工程物资、无形资产、开发支出等。

3. 资产的确认条件

将一项资源确认（以文字和金额同时描述某一交易或事项，使其金额反映在特定主体财务报表的合计数中的会计程序）为资产，需要符合资产的定义，同时还应满足以下两个条件。

（1）与该资源有关的经济利益很可能流入企业。从资产的定义来看，能否带来经济利益是资产的一个本质特征。但在现实生活中，由于经济环境瞬息万变，与资源有关的经济利益能否流入企业或者能够流入多少实际上都带有不确定性。因此，资产的确认还应与经济利益流入的不确定性程度的判断结合起来。与资源有关的经济利益很可能流入企业，就应当将其作为资产予以确认；反之，则不能确认为资产。

（2）该资源的成本或者价值能够可靠地计量。财务会计系统是一个确认、计量（确定会计确认中用以描述某一交易或事项的金额的会计程序）和报告的系统，其中计量起着枢纽作用，可计量性是所有会计要素确认的重要前提，资产的确认也是如此。只有当有关资源的成本或者价值能够可靠计量时，资产才能予以确认。例如，企业自行创造的品牌，虽然权威机构估价 5 亿元，然而只有在将品牌出售时，其价值才能可靠计量，出售前不符合资产确认条件，不能确认为资产。

符合资产定义和资产确认条件的项目，应当列入资产负债表；符合资产定义，但不符合资产确认条件的项目，不应当列入资产负债表。即仅符合资产定义但不符合资产确认条件的项目，仅能在附注中做相关披露。如上述企业自行创造品牌就只能在附注中披露。

（二）负债

负债是指由企业过去的交易或者事项形成的，预期会导致经济利益流出企业的现时义务。如发行债券筹资、向金融机构借款、采购材料没有支付价款等都形成企业的负债。

1. 负债的主要特征

负债的主要特征有以下几点。

（1）负债是企业承担的现时义务。这是负债的一个基本特征。现时义务是指企业在现行条件下已承担的义务。未来发生的交易或事项形成的义务，不属于现时义务，不应当确认为负债。本期材料采购的未付价款，形成现时义务，属于负债；下期进货的未付款不形成本期的义务，不应确认为债务。

（2）负债预期会导致经济利益流出企业。预期会导致经济利益流出企业是负债的一个本质特征。只有企业在履行义务时会导致经济利益流出企业，才符合负债的定义。如果不会导致经济利益流出企业，就不符合负债的定义。在履行现时义务清偿负债时，导致经济利益流出企业的形式多种多样，例如用现金偿还或以实物资产形式偿还、以提供劳务形式偿还、以部分转移资产和部分提供劳务形式偿还、将负债转为资本偿还等形式。

（3）负债是由过去的交易或者事项形成的。负债应当由企业过去的交易或者事项所形成。换言之，只有过去的交易或者事项才会形成负债。企业在未来发生的承诺、签订的合同等交易或事项，不形成负债。

2. 负债的分类

负债按其流动性不同，可分为流动负债和非流动负债。

（1）流动负债是指预计在一个正常营业周期中清偿，主要为交易目的而持有，自资产负债表日起一年内（含一年）到期应予以清偿，企业无权自主地将清偿推迟至资产负债表日后一年以上的负债。流动负债主要包括短期借款、应付票据、应付账款、预收款项、应付职工薪酬、应交税费、应付利息、应付股利、其他应付款等。

（2）非流动负债是指流动负债以外的负债，主要包括长期借款、应付债券等。

3. 负债的确认条件

将一项现时义务确认为负债，需要符合负债的定义，还应当同时满足以下两个条件。

（1）与该义务有关的经济利益很可能流出企业。从负债的定义可以看出，预期会导致经济利益流出企业是负债的一个本质特征。负债的确认应当与经济利益流出的不确定性程度的判断结合起来，如果有确凿证据表明，与现时义务有关的经济利益很可能流出企业，就应当将其作为负债予以确认；反之，如果企业承担了现时义务，但导致经济利益流出企业的可能性已不复存在，就不符合负债的确认条件，不应将其作为负债进行确认。

（2）未来流出的经济利益的金额能够可靠计量。负债的确认在考虑经济利益流出企业的同时，对未来流出的经济利益的金额应当能够可靠计量。对于与法定义务有关的经济利益流出金额，通常可以根据合同或者法律规定的金额予以确定，考虑到经济利益流出的金额通常在未来期间，而有时未来期间较长，因此有关金额的计量需要考虑货币时间价值等因素的影响。

符合负债定义和负债确认条件的项目，应当列入资产负债表；符合负债定义，但不符合负债确认条件的项目，不应当列入资产负债表。如企业某项经济纠纷官司肯定要输且需要赔偿客户，但金额还有待裁定，这种情况就属于符合负债定义，但不符合负债确认条件的项目，不应当列入资产负债表，只能在附注中说明。

（三）所有者权益

所有者权益是指企业资产扣除负债后，由所有者享有的剩余权益。所有者权益可分为实收资本（或股本）、资本公积、盈余公积和未分配利润等。

通过一个会计报告期的经营，期末资产扣除负债的余额为所有者权益，也是企业的净资产。一般企业的所有者有多种角色，对企业的权利也不一定是按股份划分的，所以称为所有者权益。而我国的公司制企业分为有限责任公司和股份有限公司，对企业的权利按照拥有股份（份额）划分，所以所有者权益又称为股东权益。它在数值上等于企业全部资产减去全部负债后的余额，也称为净资产。

1. 所有者权益的主要特征

（1）除非发生减资、清算或分派现金股利，否则企业不需要偿还所有者权益。

（2）企业清算时，只有在清偿完所有负债后，所有者权益才返还给所有者。

（3）所有者凭借所有者权益能够参与企业利润的分配。

2. 所有者权益的来源构成

（1）所有者投入的资本。所有者投入的资本指所有者投入企业的资本部分，它既包括构成企业注册资本的金额，也包括投入资本超过注册资本的金额，即资本溢价部分。投入的资本，可以是企业自然人自愿投入企业的现金、银行存款，也可以是机器设备等固定资产。虽然也要求回报，但不像借款那样要求有法律保护的还本付息等保障。

（2）直接计入所有者权益的利得和损失。直接计入所有者权益的利得和损失指不应计入当期损益、会导致所有者权益发生增减变动的、与所有者投入资本或者向所有者分配利润无关的利得或者损失。

利得是指由企业非日常活动所形成的、会导致所有者权益增加的、与所有者投入资本无关的经济利益的流入。利得包括直接计入所有者权益的利得和直接计入当期利润的利得，如公司发行股票的发行溢价部分。

损失是指由企业非日常活动所发生的、会导致所有者权益减少的、与向所有者分配利润无关的经济利益的流出。损失包括直接计入所有者权益的损失和直接计入当期利润的损失。

直接计入所有者权益的利得和损失主要包括可供出售金融资产的公允价值变动额、现金流量套期中套期工具公允价值变动额等，如企业的债务重组损失。

（3）留存收益。留存收益指企业历年实现的净利润留存于企业的部分，主要包括累计计提的盈余公积和未分配利润。

3. 所有者权益的计量

由于所有者权益等于资产扣除负债后的余额，所以所有者权益的金额取决于资产和负债的计量。在我国，负债一般以账面价值计量，所以大多数情况下，资产的计量是关键。如在公允价值计量基础指导下，资产价值随市场价值波动；计提减值准备等会计政策也影响资产的价值。因而从某种意义上讲，所有者权益的价值取决于企业所采用的计量基础、计量原则等会计政策。

4．所有者权益的确认条件

所有者权益体现的是所有者在企业中的剩余权益，因此所有者权益的确认主要依赖于其他会计要素，尤其是资产和负债的确认。所有者权益金额的确定也主要取决于资产和负债的计量。

所有者权益反映的是企业所有者对企业资产的索取权，负债反映的是企业债权人对企业资产的索取权，两者在性质上有本质区别。因此，企业在会计确认、计量和报告中应当严格区分负债和所有者权益，以如实反映企业的财务状况，尤其是企业的偿债能力和产权比率等。

六、反映经营成果的会计要素

（一）收入

收入是指企业在日常经营活动中形成的、会导致所有者权益增加的、与所有者投入资本无关的经济利益的总流入。由此定义可知，不是企业日常经营活动形成的经济利益，不能计为收入。如企业把主要设备进行处理，不属于日常经营活动，其得到的款项便不能确认为收入。同时，企业在日常经营活动中形成的、与所有者投入资本有关的经济利益的总流入不能归为收入。如某人向企业投入 20 万元资金，加入该企业所有者行列。这 20 万元不是日常经营活动形成的，是所有者投入的资本，所以不应计为收入。

1．收入确认的特征

（1）收入是企业在日常活动中形成的。日常活动是指企业为完成其经营目标所从事的经常性活动以及与之相关的活动。例如，工业企业制造并销售产品、商业企业销售商品、保险公司签发保单、咨询公司提供咨询服务、软件企业为客户开发软件、安装公司提供安装服务、商业银行对外贷款、租赁公司出租资产等，均属于企业的日常活动。明确界定日常活动是为了将收入与利得相区分，因为企业非日常活动所形成的经济利益的流入不能确定为收入，而应当计入利得。

（2）收入会导致所有者权益的增加。与收入相关的经济利益的流入应当会导致所有者权益的增加，不会导致所有者权益增加的经济利益的流入不符合收入的定义，不应确认为收入。例如，企业向银行借入的款项，尽管也导致了企业经济利益的流入，但该流入并不导致所有者权益的增加，反而使企业承担了一项现时义务。因此，企业对于因借入款项所导致的经济利益的流入，不应将其确认为收入，而应当确认为一项负债。

（3）收入是与所有者投入资本无关的经济利益的总流入。收入应当会导致经济利益的流入，从而导致资产的增加。例如，企业销售商品，应当收到现金或者在未来有权收到现金，才表明该交易符合收入的定义。但是，经济利益的流入有时是所有者投入资本的增加所导致的，所有者投入资本的增加不应当确认为收入，应当将其直接确认为所有者权益。

2．收入确认的条件

企业收入的来源渠道多种多样，不同收入来源的特征有所不同，收入的确认条件也往往存在差别，如销售商品、提供劳务、让渡资产使用权等。一般而言，收入只有在经济利益很可能流入从而导致企业资产增加或者负债减少以及经济利益的流入额能够可靠计量时才能予以确认。

要将一项来源确认为收入，除需要符合收入的定义外，还应当同时满足以下三个条件：

（1）与收入相关的经济利益应当很可能流入企业；

（2）经济利益流入企业的结果会导致资产的增加或者负债的减少；

（3）经济利益的流入额能够可靠计量。

3．收入的分类

收入的分类方法有两种，分别为按企业从事日常活动的性质和按企业经营业务的主次进行分类。

（1）收入按企业从事日常活动的性质不同，可分为销售商品收入、提供劳务收入和让渡资产使用权收入。

销售商品收入是指企业通过销售商品实现的收入。这里的商品包括企业为销售而生产的产品和为转售而购进的商品。企业销售的其他存货，如原材料、包装物等也视同商品。

提供劳务收入是指企业通过提供劳务实现的收入。例如企业通过提供旅游、运输、咨询、代理、培训、产品安装等劳务所实现的收入。

让渡资产使用权收入是指企业通过让渡资产使用权实现的收入，包括利息收入和使用费收入。利息收入主要是指金融企业对外贷款形成的利息收入以及同业之间发生往来形成的利息收入等。使用费收入主要是指企业转让无形资产（如商标权、专利权、专营权、版权）等资产的使用权形成的使用费收入。企业对外出租固定资产收取的租金、进行债权投资收取的利息、进行股权投资取得的现金股利等，也构成让渡资产使用权收入。

（2）收入按企业经营业务的主次不同，分为主营业务收入和其他业务收入。

企业的营业收入一般分为主营业务收入和其他业务收入进行核算。

主营业务收入是指企业为完成其经营目标所从事的经常性活动实现的收入。主营业务收入一般占企业总收入的比重较大，对企业的经济效益有较大影响。不同行业企业的主营业务收入所包括的内容不同，例如：工业企业的主营业务收入主要包括销售商品、自制半成品、代制品、代修品、提供工业性劳务等实现的收入；商业企业的主营业务收入主要包括销售商品实现的收入；咨询公司的主营业务收入主要包括提供咨询服务实现的收入；安装公司的主营业务收入主要包括提供安装服务实现的收入。

其他业务收入是指企业为完成其经营目标所从事的与经常性活动相关的活动实现的收入。其他业务收入属于企业日常活动中次要交易实现的收入，一般占企业总收入的比重较小。不同行业企业的其他业务收入所包括的内容不同，例如工业企业的其他业务收入主要包括对外销售材料，对外出租包装物、商品或固定资产，对外转让无形资产使用权，对外进行权益性投资（取得现金股利）或债权性投资（取得利息），提供非工业性劳务等实现的收入。

（二）费用

经营中的支出和耗费都俗称为费用。以工业企业为例，一定时期的费用通常由产品生产成本和期间费用两部分构成。产品生产成本由直接材料、直接人工和制造费用三个成本项目构成；期间费用包括管理费用、财务费用和销售费用三项。由于费用与利润成反比关系，所以费用的范围如何确定以及确认多少费用，直接影响本期利润。

费用是指企业在日常活动中发生的、会导致所有者权益减少的、与向所有者分配利润无关的经济利益的总流出。与向所有者分配利润相关的经济利益的流出不能归为费用，如向投资者分红。值得注意的是，费用有期间概念，有些本期支出不一定会形成费用，如企业交纳了下半年的保险费，虽然有支出，但不属于本期的耗费，应确认为资产。

1．费用的特征

费用的特征主要有以下几点。

（1）费用是在企业日常活动中形成的。费用必须是企业在其日常活动中所形成的，这些日常活动的界定与收入定义中涉及的日常活动的界定相一致。因日常活动所产生的费用通常包括销售成本、管理费用等。将费用界定为日常活动所形成的，目的是为了将其与损失相区分，企业非日常活动所形成的经济利益的流出不能确认为费用，而应当计入损失。

（2）费用会导致企业所有者权益的减少。与费用相关的经济利益的流出应当会导致所有者权益的减少，不会导致所有者权益减少的经济利益的流出不符合费用的定义，不应当确认为费用。

（3）费用与向所有者分配利润无关。费用的发生应当会导致经济利益的流出，从而导致资产的减少或者负债的增加。其表现形式包括现金或现金等价物的流出，存货、固定资产和无形资产等的流出或者消耗等。鉴于企业向所有者分配利润也会导致经济利益的流出，而该经济利益的流出显然属于所有者权益的抵减项目，不应确认为费用，应当将其排除在费用的定义之外。

2．费用的确认

费用的确认除了应当符合定义外，也应当满足严格的条件，即费用只有在经济利益很可能流出从而导致企业资产减少或者负债增加以及经济利益的流出额能够可靠地计量时才能予以确认。因此，费用的确认除了应当符合定义外，还应当同时满足以下三个条件：

（1）与费用相关的经济利益应当很可能流出企业；

（2）经济利益流出企业的结果会导致资产的减少或者负债的增加；

（3）经济利益的流出额能够可靠地计量。

3．费用的项目

我国规定的费用类项目有主营业务成本、其他业务成本、营业税金及附加、销售费用、管理费用、财务费用、所得税费用等。

（三）利润

利润是指企业在一定会计期间的经营成果。

通常情况下，如果企业实现了利润，表明企业的所有者权益将增加，业绩得到了提升；反之，如果企业发生了亏损，表明企业的所有者权益将减少，业绩下滑了。利润往往是评价企业管理层业绩的一项重要指标，也是投资者等财务报告使用者进行决策时的重要参考。

1．利润的来源构成

利润包括净额、利得和损失等。

净额是指收入减去费用后的净额，反映的是企业日常活动的经营业绩。

利得和损失是指直接计入当期利润的利得和损失，是应当计入当期损益，最终会引起所有者权益发生增减变动的，与所有者投入资本或向所有者分配利润无关的利得和损失。直接计入当期利润的利得和损失反映的是企业非日常活动的经营业绩，即营业外收入和营业外支出。

企业应当严格区分收入和利得、费用和损失，以更加全面地反映企业的经营业绩。

营业利润=主营业务利润+其他业务利润–管理费用–财务费用–销售费用–资产减值损失+公允价值变动收益（–公允价值变动损失）+投资收益（–投资损失）

利润总额 =营业利润+营业外收入–营业外支出

净利润=利润总额–所得税费用

2．利润的确认条件

利润反映的是收入减去费用、利得减去损失后的净额的概念，因此利润的确认主要依赖于收入和费用以及利得和损失的确认，其金额的确认也主要取决于收入、费用、利得和损失金额的计量。

第三节　会 计 等 式

会计要素之间有着不同的性质和特点，但它们并不是独自存在、孤立运作的，而是相互关联、紧密联系在一起的，对企业的经济状况及其活动变化进行反映。

一、会计等式的含义

表明各个会计要素之间的基本关系的等式，就是会计等式，也称为会计平衡公式。

（一）资产、负债、所有者权益之间的关系

企业要从事经营活动，一方面，必须拥有或控制能以货币计量的经济资源，包括各种财产、债权和其他权利，这些资源称为资产；另一方面，这些资产要有来源，会计上将这些来源称为权益，也就是对所提供资产的要求权。因此，从数量方面看，一个企业有多少资产，就必定有多少权益，这是同一经济资源的两个不同方面。这一关系用公式表示出来如下：

资产=权益

资产的来源有：所有者的投入资本；债权人的借入资金；在生产经营中所产生的效益，分配后归属于债权人或所有者。归属于所有者的部分形成所有者权益，归属于债权人的部分形成债权人权益。这一关系用公式表示出来如下：

资产=债权人权益 +所有者权益

债权人的权益即企业的负债，因此这个公式就变为

资产=负债+所有者权益

这一公式称为会计等式（或会计恒等式、基本等式、静态等式），是设置账户、复式记账、试算平衡、编制资产负债表的理论依据。

（二）收入、费用、利润之间的关系

随着企业的经营活动的开展，企业要获取收入，实现盈利。在企业取得收入的同时，必

然会发生相应的费用。企业只有通过收入与费用的比较，才能计算并确定一定会计期间的营利水平，确定当期的利润。把它们的关系用公式表示出来如下：

收入–费用=利润

这一公式从动态反映了经营成果的形成，称为动态会计等式，是编制利润表的理论依据。

（三）六要素之间的关系

企业的经济活动会将上述两个等式联系起来，如收入会使所有者权益增加，费用会使所有者权益减少等，那么可将上述两个等式联系起来，称为扩展等式，表示为

资产=负债+所有者权益+（收入–费用）

如果收入大于费用，企业取得利润，会使所有者权益增加；如果费用大于收入，企业亏损，会使所有者权益减少。在会计期末时，将收入与费用配比，计算出利润，并进行利润分配，转入所有者权益中，上述等式又变为会计基本等式。

二、会计等式例证

企业在生产经营活动中发生的各种具体业务或事项称为经济业务，也称为会计事项。随着经营活动的不断发生，必然会引起有关会计要素发生增减变动，但是无论企业的经济业务引起会计要素的数额如何变化，都不会破坏会计等式的数量平衡关系，仍会回到“资产=负债+所有者权益”。

经济业务的发生都会引起会计等式中各要素的增减变动，但这些变动是有一定规律的，归纳起来，可以分为四大类型，并细化为九种情况。

（一）资产形态变化

资产项目内部一增一减，即一项资产增加，另一项资产减少。

（二）权益类别转化

权益项目内部一增一减，包括以下四种情况：

（1）负债内部一增一减，即一项负债增加，另一项负债减少；

（2）所有者权益内部一增一减，即一项所有者权益增加，另一项所有者权益减少；

（3）一项负债增加，一项所有者权益减少；

（4）一项所有者权益增加，一项负债减少。

（三）资产进入企业

资产和权益项目同时增加，包括以下两种情况：

（1）一项资产增加，一项负债增加；

（2）一项资产增加，一项所有者权益增加。

（四）资产退出企业

资产和权益项目同时减少，包括以下两种情况：

（1）一项资产减少，一项负债减少；

（2）一项资产减少，一项所有者权益减少。

下面用例题说明会计主体经济业务的发生对会计恒等式的影响。

【例 2-1】某公司 201×年 6 月初成立并发生下列经济业务。

（1）201×年 6 月 1 日，收到投资者投入的机床一辆，价值 40 万元。

资产	=	负债	+	所有者权益
固定资产+40				实收资本+40

（2）201×年 6 月 3 日，从银行取得短期贷款 20 万元，存入银行。

资产	=	负债	+	所有者权益
银行存款+20				短期借款+20

（3）201×年 6 月 5 日，购买材料一批 8 万元，以存款支付。

资产	=	负债	+	所有者权益
原材料+8				
银行存款−8				

（4）201×年 6 月 10 日，企业按法定程序报经批准减少注册资本 2 万元，以存款支付。

资产	=	负债	+	所有者权益
银行存款−2				实收资本−2

（5）201×年 6 月 12 日，将上述短期借款申请转为了长期借款。

资产	=	负债	+	所有者权益
		短期借款−20		
		长期借款+20		

（6）201×年 6 月 15 日，向东方公司购入材料一批 15 万元，货款尚未支付。

资产	=	负债	+	所有者权益
原材料+15		应付账款+15		

（7）201×年 6 月 20 日，东方公司将公司所欠货款中的 10 万元，转为对公司的投入资本。

资产	=	负债	+	所有者权益
		应付账款−10		实收资本+10

（8）201×年 6 月 25 日，以银行存款偿还东方公司剩余货款 5 万元。

资产	=	负债	+	所有者权益
银行存款−5		应付账款−5		

6 月末该公司的资产负债表如表 2-1 所示。

表 2-1　资产负债表

编制单位：××公司　　　　201×年 6 月 30 日　　　　单位：万元

资　产	期　末　数	负债及所有者权益	期　末　数
银行存款	5	长期借款	20
原材料	23	负债合计	20
固定资产	40	实收资本	48
		所有者权益合计	48
资产总计	68	负债及所有者权益总计	68

通过以上几个经济业务的发生，证明会计恒等式是恒成立的。虽然一个企业在生产经营中发生的经济业务是多种多样、内容不一的，但从它们引起会计主体的资产、负债、所有者

权益的增减变动来看，只有以下四种类型。

（1）一项经济业务的发生，引起资产和权益，即会计等式两边同时等额增加，资产和权益总额增加，如业务1、2、6。

（2）一项经济业务的发生，引起资产和权益，即会计等式两边同时等额减少，资产和权益总额减少，如业务4、8。

（3）一项经济业务的发生，引起资产内部两个项目，即会计等式左边同时等额增减，资产总额不变，如业务3。

（4）一项经济业务的发生，引起负债或所有者权益内部及负债与所有者权益之间两个项目，即会计等式右边同时等额增减，权益总额不变，如业务5、7。

上述4种类型可用图表示，如图2-2所示：

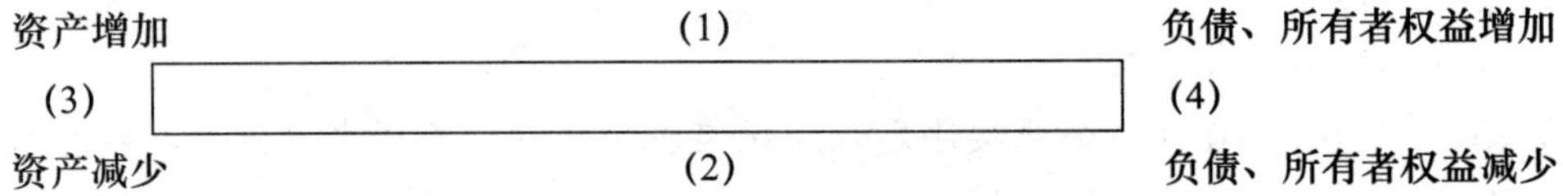

图2-2　资产、负债、所有者权益变动示意图

综上所述，任何经济业务的发生，至少会引起两个或两个以上会计要素具体项目的变化，但不论发生何种经济业务都不会破坏会计恒等式的平衡关系。这一关系是设置账户、复式记账和编制资产负债表的理论基础。

第四节　会计科目与账户

一、会计科目的概念及意义

会计科目是指对会计要素的具体内容进行分类核算的项目，是设置账户的依据，是进行各项会计记录和提供各项会计信息的基础。

会计要素对会计对象作出了基本的分类，但资产、负债、所有者权益、收入、费用、利润这六个会计要素对于纷繁复杂的企业经济业务的反映又显得过于粗略。因此，为了满足经济管理及有关各方对会计信息的质量要求，必须对会计要素进行细化。要采用一定的形式，对每一会计要素所反映的具体内容进一步进行划分，设置会计科目。

会计科目对会计核算和管理有着重要的意义。首先，会计科目是复式记账的基础；其次，会计科目是编制记账凭证的基础；最后，会计科目为成本计算与财产清查提供了前提条件，也为编制会计报表提供了方便。

二、会计科目的设置原则

（一）合法性原则

合法性原则指所设置的会计科目应当符合国家统一的会计制度的规定。为了保证会计信息的可比性，所设置的会计科目应当符合国家相关法律法规的规定，遵循《企业会计准则》

的规定，这是设置会计科目最基本的要求。

（二）相关性原则

相关性原则指所设置的会计科目应为提供有关各方所需要的会计信息服务，满足对外报告与对内管理的要求。对内来说，由于企业所处行业和经济业务性质不同，会计核算对象也可能不尽相同，比如工业企业和商业企业在会计科目设置上就可能存在一定的差异；对外来说，设置会计科目应充分考虑有关各方对会计信息的需求，不但要满足国家宏观经济管理的要求，还要满足企业内部经济管理的要求和考虑投资者、债权人等有关方面对会计信息的需求。

（三）实用性原则

实用性原则指所设置的会计科目应符合单位自身特点，满足单位实际需要。企业在合法性的基础上，可根据本单位的经济管理要求，对统一规定的会计科目进行必要的增设或合并，设置符合企业需要的会计科目。

三、会计科目的分类

（一）按反映的经济内容分类

会计科目按经济内容分类，即按其所归属的会计要素不同可分为资产类、负债类、所有者权益类、成本类、损益类五大类。

（1）资产类科目是指用于核算资产增减变化，提供资产类项目会计信息的会计科目，分为流动资产、非流动资产两类。流动资产类科目包括库存现金、银行存款、应收票据、应收账款、原材料、库存商品等；非流动资产类科目包括固定资产、累计折旧、无形资产等。

（2）负债类科目是指用于核算负债增减变化，提供负债类项目会计信息的会计科目，分为流动负债、非流动负债两类。流动负债类科目包括短期借款、应付票据、应付账款、应付职工薪酬、应付利息、应交税费等；非流动负债类科目包括长期借款等。

（3）所有者权益类是指用于核算所有者权益增减变化，提供所有者权益的有关项目会计信息的会计科目，包括实收资本（或股本）、资本公积、盈余公积、本年利润和利润分配等。

（4）成本类科目是指用于核算成本的发生和归集情况，提供成本相关会计信息的会计科目，包括生产成本、制造费用等。

（5）损益类科目是指用于核算收入、费用的发生和归集，提供一定期间损益相关的会计信息的会计科目。收入类科目包括主营业务收入、其他业务收入等；费用类科目包括主营业务成本、其他业务成本、管理费用等。

企业常用会计科目的名称、分类如表 2-2 所示。

表 2-2 常用会计科目表

编 号	会计科目名称	编 号	会计科目名称
一、资产类		二、负债类	
1001	库存现金	2001	短期借款
1002	银行存款	2002	存入保证金
1012	其他货币资金	2201	应付票据
1101	交易性金融资产	2202	应付账款

续表

编　号	会计科目名称	编　号	会计科目名称
1121	应收票据	2203	预收账款
1122	应收账款	2211	应付职工薪酬
1123	预收账款	2221	应交税费
1131	应收股利	2231	应付利息
1132	应收利息	2232	应付股利
1221	其他应收款	2241	其他应付款
1231	坏账准备	2401	递延收益
1401	材料采购	2501	长期借款
1402	在途物资	2502	应付债券
1403	原材料	2701	长期应付款
1404	材料成本差异	2702	未确认融资费用
1405	库存商品	2711	专项应付款
1406	发出商品	2801	预计负债
1407	商品进销差价	2901	递延所得税负债
1408	委托加工物资	三、所有者权益类	
1411	周转材料	4001	实收资本
1471	存货跌价准备	4002	资本公积
1501	持有至到期投资	4101	盈余公积
1502	持有至到期投资减值准备	4103	本年利润
1503	可供出售金融资产	4104	利润分配
1511	长期股权投资	四、成本类	
1512	长期股权投资减值准备	5001	生产成本
1521	投资性房地产	5101	制造费用
1531	长期应收款	5202	劳务成本
1532	未实现融资收益	5301	研发支出
1601	固定资产	五、损益类	
1602	累计折旧	6001	主营业务收入
1603	固定资产减值准备	6051	其他业务收入
1604	在建工程	6111	投资收益
1605	工程物资	6301	营业外收入
1606	固定资产清理	6401	主营业务成本
1611	未担保余值	6402	其他业务成本
1632	累计折耗	6403	营业税金及附加
1701	无形资产	6601	销售费用
1702	累计摊销	6602	管理费用
1703	无形资产减值准备	6603	财务费用
1711	商誉	6701	资产减值损失
1801	长期待摊费用	6711	营业外支出
1811	递延所得税资产	6801	所得税费用
1901	待处理财产损益	6901	以前年度损益调整

（二）按反映经济内容的详略程度分类

会计科目按提供资料的详略程度的不同，一般可分为总分类科目和明细分类科目两大类。

总分类科目又称一级科目或总账科目，是对会计要素具体内容进行总括分类，提供总括信息的会计科目，原则上由国家统一制定，如“应收账款”“原材料”“应付账款”等。

明细分类科目又称二级科目或子目，是在总分类科目的基础上，对总分类科目作进一步分类，提供更为详细、具体的会计信息的科目。总分类科目的性质决定明细科目的性质，明细分类科目是对总分类科目的进一步分类说明。

明细科目的设置，企业也要遵循统一性和灵活性相结合的原则。有些明细科目原则上由国家制定，如“应交税费”这个总账科目下设“应交营业税”“应交增值税”“应交消费税”等明细科目；有些明细科目是企业根据经营管理需要自行设置的，如“应收账款”科目按债务人名称或姓名设置明细科目，反映应收账款的具体对象，“原材料”科目按原料及材料类别、品种和规格等设置明细分类科目，反映各种原材料的具体构成内容，“应付账款”科目按债权人名称或姓名设置明细科目。

如果需要提供更加详尽的资料，还可将二级明细科目再分类，设置三级科目，必要时还可以设置四级明细科目。

四、账户的概念及分类

账户是按照会计科目的名称开设的，具有一定格式和结构，用来分类记录经济业务的记账实体，设置会计账户是会计核算的一种专门方法。

会计科目只是对会计要素的再分类，不能用来具体记录经济业务，没有格式和结构，因此必须借助一定格式和结构的账户来全面、序时、连续、系统地反映和监督会计要素的增减变动。

账户是根据会计科目设置的，因此账户的分类应与科目的分类一致。会计科目可以按照所反映会计要素具体内容的详细程度进行分类，账户也与之对应分为总分类账户和明细分类账户。按经济内容划分，账户分为资产类账户、负债类账户、所有者权益类账户、成本类账户、损益类账户五大类。

五、账户的基本结构

账户的结构就是账户的格式，即在账户中如何记录会计要素的增加、减少及余额情况等。

由于企业各项经济业务的发生必然引起会计对象各要素的变动，而这种变动从数量上看无非是增加和减少及其结余。因此，反映会计要素的增加额、减少额和结余额的增加栏、减少栏和余额栏三部分就是账户的核心部分，也是账户的基本结构。

在实际工作中，账户的具体格式如表 2-3 所示。

表 2-3　账户格式

年		凭证号	摘　要	增加额	减少额	余　额
月	日					

从表 2-3 可以看出，账户的一般结构包括以下内容：

（1）账户的名称（即会计科目）；

（2）记录经济业务的日期；

（3）所依据记账凭证的编号；

（4）经济业务摘要；

（5）增加和减少的金额；

（6）余额（包括期初余额和期末余额）。

登记本期增加的金额，叫做本期增加额，又称本期增加发生额；登记本期减少的金额，叫做本期减少额，又称本期减少发生额；增加额和减少额相抵后的差额叫做余额，余额按表示的时间不同，分为期初余额和期末余额，一定会计期间结束时的期末余额，就是下一个会计期间开始时的期初余额，一个会计期间的期末余额是根据本期期初余额及本期增加额和本期减少额计算的，公式如下：

期末余额=期初余额+本期增加发生额–本期减少发生额

为便于理解，举一简例。

【例 2-2】某企业“库存现金”账户 201×年 1 月 31 日余额为 500 元，2 月 3 日从银行提取现金 1 000 元，2 月 10 日一职工出差预借差旅费 800 元，2 月 20 日出售废旧物资收到现金 60 元。

根据上述资料，可以得出该账户：

2 月 1 日期初余额为 500 元；

2 月份本期增加发生额为 1060（=1 000+60）元；

2 月份本期减少发生额为 800 元；

2 月末余额为 760（500+1 060 –800）元。

在教学中，为了叙述方便和汇总时简化手续、提高效率，上述账户的基本结构可以简化为 T 型账户，如图 2-3 所示。

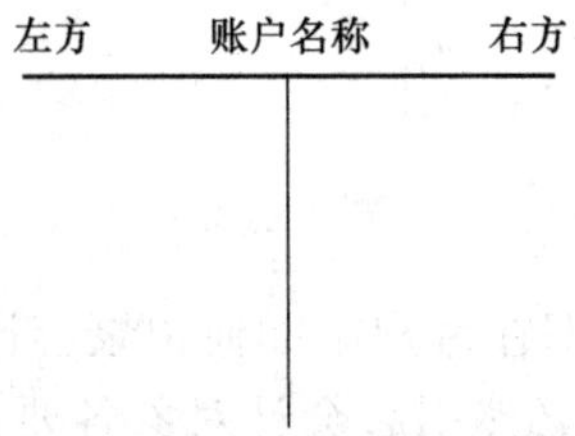

图 2-3　T 型账户示意图

至于左、右两方，哪方反映增加、哪方反映减少以及用什么符号来表示则取决于不同的记账方法和账户所记录的经济业务内容。

六、账户与会计科目的联系和区别

账户和科目这两个概念，在实务中常常等同起来使用。这说明两者之间有着紧密的联系，但两者之间又有着本质的区别，它们是一对既有联系又有区别的概念。

会计科目与账户都是对会计对象具体内容的项目分类，两者口径一致、性质相同。会计科目是账户的名称，也是设置账户的依据；账户是会计科目的具体运用。

两者的区别是：会计科目是在会计核算前，事先确定的对经济业务进行的分类核算项目；账户则是在经济业务发生之后，所进行的分类记录。会计科目仅仅是账户的名称，不存在结构；而账户则具有一定的格式和结构。

本章知识小结

◆　会计对象是会计所核算和监督的内容，是指企业以货币表现的资金运动，包括资金的投入、资金的运用、资金的退出等过程。

◆　会计要素是对会计核算内容所做的最基本的分类，是会计核算对象的具体化。我国企业会计准则将会计要素分为六大类，即资产、负债、所有者权益、收入、费用和利润。事业单位会计要素分为五大类，即资产、负债、净资产、收入和支出。

◆　每个企业的资产总量与权益总量相等，即“资产=权益”，企业的资产有两个来源，即所有者权益与债权人权益，因此会计等式可以表示为“资产=负债+所有者权益”。企业发生的经济业务表现形式多种多样，可以划分为 4 大类型，并细化为 9 种情况。经济业务的发生，虽然影响会计要素的变动，但不会破坏会计等式的平衡关系。

◆　会计科目是对会计要素的具体内容进行详细具体的划分而形成的项目。各会计科目均有明确的经济含义、清楚的概念，并且要适应宏观和微观经济管理的需要。会计科目按其反映的经济内容不同分为资产类、负债类、所有者权益类、成本类和损益类；按提供数据资料的详细程度不同分为总分类科目和明细分类科目。

◆　会计账户是根据会计科目开设的，是对科目的具体应用，具有一定的结构，可以连续、系统、分类地记录和反映会计要素增减变动情况，是会计核算的一种专门方法。会计账户与会计科目既有联系又有区别。

练　习　题

一、名词解释

1. 会计对象
2. 会计要素
3. 会计等式
4. 会计科目
5. 会计账户

二、单项选择题

1. 下列经济业务中，能够使企业资产总额减少的是（　　）。
   A. 向银行借款存入开户银行　　　B. 以银行存款购入固定资产
   C. 以银行存款偿还借款　　　　　D. 接受投资者投入的现金
2. 下列各项中，符合会计要素中收入定义的是（　　）。
   A. 出售材料的收入　　　　　　　B. 出售无形资产的收入

C. 出售固定资产的收入　　D. 向购货方收回的代垫运费

3. 下列项目不属于资产要素的是（　　）。

A. 应收账款　　B. 预收账款　　C. 预付账款　　D. 专利权

4. 负债是指企业由于过去交易或事项形成的（　　）。

A. 现时义务　　B. 过去义务　　C. 将来义务　　D. 永久义务

5. 下列项目不属于收入要素的是（　　）。

A. 商品销售收入　　B. 劳务收入　　C. 租金收入　　D. 代收款项

6. 利得是由企业的非日常活动所形成的、会导致（　　）增加的、与所有者投入资本无关的经济利益的流入。

A. 利润　　B. 资产　　C. 所有者权益　　D. 营业外收入

7. 某公司某年年末流动资产为 400 万元，非流动资产为 900 万元，流动负债为 300 万元，非流动负债为 400 万元。则此年年末所有者权益为（　　）万元。

A. 2 000　　B. 1 300　　C. 100　　D. 600

8. 下列经济业务的发生，不会使会计等式两边总额发生变化的是（　　）。

A. 收回应收账款存入银行

B. 从银行取得借款存入银行

C. 收到投资者以固定资产进行的投资

D. 以银行存款偿还应付账款

9. 账户是根据（　　）开设的。

A. 经济业务　　B. 会计对象　　C. 会计要素　　D. 会计科目

10. 下列会计科目属于成本类的是（　　）。

A. 管理费用　　B. 制造费用

C. 待处理财产损益　　D. 本年利润

11. 会计科目是对（　　）的具体内容进行分类核算的项目。

A. 经济业务　　B. 会计主体　　C. 会计对象　　D. 会计要素

12. 反映资产情况的账户是（　　）。

A. 利润分配　　B. 实收资本　　C. 累计折旧　　D. 营业成本

13. 凡支出的效益与几个会计年度相关的，应作为（　　）。

A. 营业外支出　　B. 收益性支出　　C. 资本性支出　　D. 其他业务支出

14. 会计科目与账户的本质区别在于（　　）。

A. 反映的经济内容不同　　B. 记录资产和权益的内容不同

C. 记录资产和权益的方法不同　　D. 账户有结构，而会计科目无结构

15. 账户的基本结构一般（　　）。

A. 分为发生额和余额两部分　　B. 分为期初余额和期末余额两部分

C. 分为上、下两部分　　D. 分为左、右两部分

16. 下列属于收益性支出的是（　　）。

A. 购建厂房支出　　B. 水电费支出

C. 购买机器设备支出　　D. 购买无形资产支出

三、多项选择题

1．下列各项中，反映企业经营成果的会计要素有（　　）。
A．收入　　B．费用　　C．负债　　D．利润

2．下列属于正确的会计等式有（　　）。
A．资产=权益　　B．资产=负债+所有者权益
C．资产=负债+权益　　D．收入–费用=利润

3．所有者权益的来源包括（　　）。
A．所有者投入的资本　　B．直接计入所有者权益的利得
C．直接计入所有者权益的损失　　D．留存收益

4．下列经济业务中，会引起会计等式左右两边同时发生增减变动的有（　　）。
A．收到应收销货款存入银行　　B．购进材料尚未付款
C．用银行存款偿还长期借款　　D．用资本公积转增资本

5．下列经济业务中，使资产与权益同时减少的有（　　）。
A．收回购货单位前欠货款，存入银行
B．以现金支付应付工资
C．以银行存款购买固定资产
D．以银行存款偿还之前欠购料款

6．下列属于损益类账户的有（　　）。
A．坏账准备、累计折旧　　B．制造费用、本年利润
C．主营业务成本、营业外收入　　D．财务费用、投资收益

7．资产是（　　）的经济资源。
A．企业拥有或控制　　B．由于过去的交易、事项形成的
C．预期会给企业带来经济利益　　D．具有实物形态

8．下列项目中，属于资产类别的有（　　）。
A．流动资产　　B．长期投资
C．实收资本　　D．固定资产

9．收入是指（　　）等企业从日常活动中产生的经济利益的总流入。
A．对外销售商品　　B．提供劳务
C．让渡资产的使用权　　D．为第三方和客户代收的款项

10．下列费用中，能够计入产品生产成本的是（　　）。
A．直接材料　　B．直接人工　　C．制造费用　　D．期间费用

11．下列费用中，属于期间费用的是（　　）。
A．管理费用　　B．财务费用　　C．营业费用　　D．制造费用

12．明细分类核算可以用（　　）。
A．货币度量　　B．实务度量
C．只能用货币度量　　D．只能用实务度量

13．总分类核算可以用（　　）。
A．货币度量　　B．实务度量

C. 只能用货币度量　　D. 只能用实务度量

14. 下列项目，属于所有者权益的有（　　）。

A. 实收资本　　B. 无形资产　　C. 资本公积　　D. 盈余公积

E. 未分配利润　　F. 银行存款

15. 下列属于固定资产的是（　　）。

A. 房屋建筑物　　B. 机器设备　　C. 原材料　　D. 运输设备

16. 下列属于流动资产的是（　　）。

A. 现金　　B. 应收账款　　C. 应付账款　　D. 原材料

17. 下列属于流动负债的是（　　）。

A. 短期借款　　B. 应收账款　　C. 预收账款　　D. 预付账款

18. 企业营业收入包括（　　）。

A. 主营业务收入　　B. 其他业务收入

C. 营业外收入　　D. 补贴收入

19. 构成利润总额的项目包括（　　）。

A. 营业利润　　B. 投资净收益

C. 净利润　　D. 营业外收支净额

四、判断题

1. 费用与企业向所有者分配利润无关。（　　）
2. 企业预期在未来发生的交易和事项不形成资产。（　　）
3. 所有者权益金额取决于资产、负债和利润的计量。（　　）
4. 企业的利得和损失直接计入当期损益。（　　）
5. 所有经济业务的发生，都会引起会计恒等式两边发生变化。（　　）
6. 账户的简单格式分为左、右两方，其中左方表示增加，右方表示减少。（　　）
7. 所有会计账户都是根据会计科目开设的。（　　）
8. 为了满足管理的需要，企业会计账户的设置越细越好。（　　）

五、简答题

1. 会计的对象是资金运动，以工业企业为例，说明资金运动的过程。
2. 什么是会计要素？我国《企业会计准则》对企业的会计要素是如何划分的？说明每个会计要素的具体含义。
3. 简述资产的主要特征、确认条件。
4. 简述负债的主要特征、确认条件。
5. 简述收入的主要特征、确认条件。
6. 简述费用的主要特征、确认条件。
7. 会计科目与账户之间有什么关系？
8. 什么是总分类账户？什么是明细分类账户？二者之间有什么关系？

六、业务题

习题 1：飞达公司 201×年 12 月 1 日成立时，拥有资产 8 000 000 元，其中 A、B 两投资人共投资 5 000 000 元，从银行借入 3 000 000 元。该公司成立之后，发生了下列经济业务。

（1）12 月 3 日，从蓝湖公司购入设备一台，价值 120 000 元，款项暂未支付。

（2）12 月 5 日，用银行存款 100 000 元归还部分设备款。

（3）12 月 6 日，用银行存款购入原材料一批，价值 80 000 元。

（4）12 月 7 日，前欠蓝湖公司设备款 20 000 元，经协商转作蓝湖公司对飞达公司投资。

（5）12 月 10 日，收到 A 投资者追加投资 300 000 元，存入银行。

（6）12 月 15 日，经工商行政管理局审核批准，企业将 500 000 元现金资本返还 B 投资人。

（7）12 月 30 日，企业将利润 200 000 元用于股东分红。

请分析以上七笔经济业务所属的业务类型，并计算每笔业务发生后对资产、负债和所有者权益的影响。

习题 2：蓝天公司 201×年有关账户的余额及发生额情况见下表：

账户名称	期初余额	本期增加发生额	本期减少发生额	期末余额
银行存款	60 000	5 000	80 000	
应收账款	65 000	4 000		30 000
固定资产	300 000		30 000	385 000
短期借款	40 000		30 000	76 000
应付账款	4 000	0	0	
应付职工薪酬	36 000	9 000		41 000
本年利润		0	2 000	

要求：根据各类账户的结构关系，计算并填列上面表格中的空格。

习题 3：用直线连接，说明下列项目应归属于哪个会计要素。

项目	会计要素
（1）管理费用	A. 资产
（2）持有至到期投资	B. 负债
（3）流动负债	C. 所有者权益
（4）盈余公积	D. 收入
（5）主营业务收入	E. 费用
（6）营业利润	F. 利润

第三章 复式记账法

本章内容提要

- 复式记账原理
- 借贷记账法
- 试算平衡

第一节 复式记账原理

企业按照会计科目设置账户后，如何将发生的经济业务进行系统、连续地登记就涉及记账方法的问题。所谓记账方法，就是根据一定的原理、记账符号、记账规则，在账簿中登记经济业务的方法。记账方法可以分为单式记账法和复式记账法。

单式记账法是对所发生的每一项经济业务只在一个账户中进行登记的记账方法。这种方法只将现金、银行存款的收支、债权、债务的结算在账户中登记，而对实物的收付一般不作登记。如以现金 100 元购买办公用品，只登记现金减少 100 元，而不登记这 100 元现金用于何处。单式记账法下，只对货币收付和债权、债务的增减进行记录，不能全面地反映经济业务的来龙去脉，也不便于检查账簿记录的正确性。它是一种不完整的记账方法，因此目前各企业均不再采用单式记账法核算。

复式记账法是“单式记账法”的对称。即对每项经济业务按相等金额在两个或两个以上有关账户中同时进行登记的方法。如用银行存款 30 000 元购买一批材料，不但要登记银行存款减少了 30 000 元，还要登记原材料增加了 30 000 元。在复式记账法下，由于对每项经济业务都要在两个或两个以上相互联系的账户中以相等的金额作双重的记录，账户之间存在相互勾稽的关系，不仅可以了解每项经济业务的来龙去脉，还可以完整、系统地反映各项经济活动的过程和结果。

复式记账法的理论依据是会计基本等式。任何经济业务的发生都会引起两个或两个以上会计要素具体项目的增减变动且变动金额相等。结合会计恒等式看，或者是会计恒等式两边的会计要素有关项目同增同减，或者是资产或负债或所有者权益有关项目发生增减变化。尽管会计等式左右两边的构成或总额可能会发生变化，但却不影响左右两边总额的平衡关系。

复式记账法与单式记账法相比，有两个明显的特点：第一，对发生的经济业务，都要在两个或两个以上相互联系的账户中同时登记，从而能够全面、清晰地反映出经济业务的来龙去脉；第二，每项业务发生后，都要以相等的金额在相互联系的账户中同时登记，因此可以对记录的结果进行试算平衡，以检查账户记录的正确性。

复式记账法按记账符号、记账规则、试算平衡方法的不同，可分为借贷记账法、增减记账法和收付记账法。借贷记账法是国际上普遍采用的复式记账法，1992 年 11 月 30 日财政部颁布的《企业会计准则——基本准则》规定，自 1993 年 7 月 1 日起我国所有企业在会计核算上均采用借贷记账法。

第二节 借贷记账法及试算平衡

一、借贷记账法

（一）概念

借贷记账法是复式记账法的一种。它是以“借”“贷”为记账符号，以“资产=负债+所有者权益”的会计等式为理论依据，以“有借必有贷，借贷必相等”为记账规则的一种科学的复式记账法。

（二）记账符号

记账符号是用来表示经济业务发生时，涉及的金额应该记入有关账户的记账方位。借贷记账法是以“借”“贷”作为记账符号，“借”“贷”二字既是借贷记账法的由来，也是借贷记账法区别于其他记账方法的标志。

“借”“贷”的含义最初是从借贷资本家的角度来解释的，它仅仅表示债权和债务的增减变动。对于借进的款项，记在贷主名下，表示自身的债务增加；对于贷出的款项，则记在借主名下，表示自身债权的增加。随着经济活动的发展，经济活动内容日益复杂，“借”“贷”二字已失去了原有的含义，而演变成纯粹的记账符号，成为会计上专用的特定术语，仅用来表示账户的左方和右方，以便反映经济业务的增加和减少。

（三）账户结构

借贷记账法下，账户的基本结构分为左方和右方，并规定左方为借方，右方为贷方，一切账户的借方和贷方都要作相反方向的记录，即有一方登记增加额，另一方就登记减少额。如果借方用来登记增加，贷方就用来登记减少；如果贷方用来登记增加，借方就用来登记减少。究竟哪一个账户，哪一方登记增加数，哪一方登记减少数，要取决于账户的性质，也就是按账户所反映的经济内容来确定。具体如表 3-1 所示。

表 3-1 借贷记账法账户结构

账户性质类别		“借”方	“贷”方
资产类		增	减
负债类		减	增
所有者权益类		减	增
成本类		增	减
损益类	收入类	减	增
	费用支出类	增	减

1．资产类账户

资产类账户的结构是：借方记录资产的增加额，贷方记录资产的减少额，若有余额，一般为借方余额，表示资产的结余数额。

图 3-1 反映借贷记账法下资产类账户的基本结构。

借方		资产类账户	贷方
期初余额	×××		
本期增加额	×××	本期减少额	×××
……	×××	……	×××
借方本期发生额合计	×××	贷方本期发生额合计	×××
期末余额	×××		

图 3-1　资产类账户结构

资产类账户期末余额计算公式如下：

资产类账户期末余额=期初余额+本期借方发生额−本期贷方发生额

2．负债类账户

负债类账户的结构是：贷方记录负债的增加额，借方记录负债的减少额，若有余额，一般为贷方余额，表示负债的结余数额。

图 3-2 反映借贷记账法下负债类账户的基本结构。

借方		负债类账户	贷方
		期初余额	×××
本期减少额	×××	本期增加额	×××
……	×××	……	×××
借方本期发生额合计	×××	贷方本期发生额合计	×××
		期末余额	×××

图 3-2　负债类账户结构

负债类账户期末余额计算公式如下：

负债类账户期末余额=期初余额+本期贷方发生额−本期借方发生额

3．所有者权益类账户

所有者权益类账户的结构是：贷方记录所有者权益的增加额，借方记录所有者权益的减少额，若有余额，一般为贷方余额，表示所有者权益的结余数额。

图 3-3 反映借贷记账法下所有者权益类账户的基本结构。

借方		所有者权益类账户	贷方
		期初余额	×××
本期减少额	×××	本期增加额	×××
……	×××	……	×××
借方本期发生额合计	×××	贷方本期发生额合计	×××
		期末余额	×××

图 3-3　所有者权益类账户结构

所有者权益类账户期末余额计算公式如下：

所有者权益类账户期末余额=期初余额+本期贷方发生额-本期借方发生额

4．成本类账户

成本类账户的结构是：借方记录发生的各项成本即成本的增加额，贷方记录完工结转的成本即成本的减少额，若有余额，一般为借方余额，表示尚未完工的产品成本数额。

图 3-4 反映借贷记账法下成本类账户的基本结构。

借方	成本类账户		贷方
期初余额	×××		
本期增加额	×××	本期减少额	×××
……	×××	……	×××
借方本期发生额合计	×××	贷方本期发生额合计	×××
期末余额	×××		

图 3-4 成本类账户结构

成本类账户期末余额计算公式如下：

成本类账户期末余额=期初余额+本期借方发生额-本期贷方发生额

5．收入类账户

企业的收入将导致企业利润的增加，最终将引起所有者权益的增加。因此，收入类账户的结构与所有者权益类账户相似，贷方记录增加额，借方记录减少额，平时的余额记在账户的贷方，但在期末要将全部余额转入“本年利润”账户的贷方，以便结算本期利润。

图 3-5 反映借贷记账法下收入类账户的基本结构。

借方	收入类账户		贷方
本期减少额	×××	本期增加额	×××
期末转销额	×××		
借方本期发生额合计	×××	贷方本期发生额合计	×××

图 3-5 收入类账户结构

6．费用类账户

费用是为了取得收入而发生的，在计算利润时将从收入总额中抵减掉。因此，费用类账户的结构与收入类账户相反，即借方登记费用的增加额，贷方登记费用的减少额，平时余额在借方，期末余额要转入“本年利润”账户的借方以结算本期利润。

图 3-6 反映借贷记账法下费用类账户的基本结构。

借方	费用类账户		贷方
本期增加额	×××	本期减少额	×××
		期末转销额	×××
借方本期发生额合计	×××	贷方本期发生额合计	×××

图 3-6 费用类账户结构

7．本年利润账户

本年利润账户的结构是：贷方登记由收入类账户转来的企业本期内的全部收入数额，借方登记由费用类账户转来的企业本期内发生的全部费用支出数额，通过对比即可求得企业的利润额或亏损额。当收入大于费用时，余额在贷方，反映的是企业利润的数额。当费用大于收入时，余额在借方，反映亏损数额。利润在分配前属于所有者权益的一部分，故归入所有者权益类账户。

图 3-7 反映借贷记账法下本年利润账户的基本结构。

借方	本年利润账户	贷方
由费用类账户转入数 ×××	本期减少额 ×××	
	期末转销额 ×××	
借方本期发生额合计 ×××	贷方本期发生额合计 ×××	
期末余额（亏损） ×××	期末余额（利润） ×××	

图 3-7　本年利润账户结构

图 3-8 概括说明了借贷记账法下各类账户的结构。

借方	账户	贷方
资产类账户增加	资产类账户减少	
负债类账户减少	负债类账户增加	
所有者权益类账户减少	所有者权益类账户增加	
收入类账户减少	收入类账户增加	
费用类账户增加	费用类账户减少	

图 3-8　借贷记账法下各类账户的结构

（四）记账规则

借贷记账法的记账规则是：有借必有贷，借贷必相等。根据复式记账法原理，结合其在借贷记账法下的账户结构，对于任何一项经济业务，都应当按照它的内容，一方面记入一个账户或几个账户的借方，另一方面必然要记入一个账户或几个账户的贷方，而且记入借方和贷方的数额也必然是相等的。

运用借贷记账法的记账规则登记经济业务时，一般按以下步骤进行：首先，分析经济业务中所涉及的账户名称，并判断账户的性质；其次，判断账户中所涉及的金额是增加还是减少；最后，根据账户的结构确定记入账户的方向。图 3-9 反映了采用借贷记账法对四种类型的经济业务的处理。

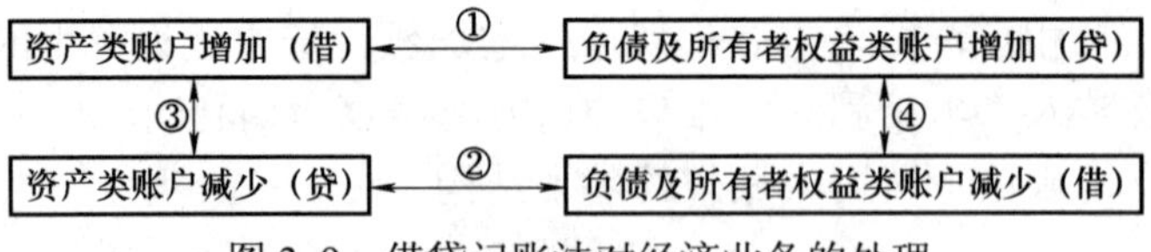

图 3-9　借贷记账法对经济业务的处理

现举例说明借贷记账法的记账规则。

【例 3-1】甲公司 201×年 10 月发生下述业务。

（1）10 月 5 日从银行存款中提取现金 2 000 元备用。

该经济业务的发生，使一项资产“库存现金”增加了 2 000 元，使另一项资产“银行存款”减少了 2 000 元。这项业务涉及“库存现金”和“银行存款”两个账户，“库存现金”增加了应记借方，“银行存款”减少了应记贷方。登记入账的结果如图 3-10 所示。

借方	本年利润账户	贷方

借方	银行存款	贷方
		（1）2 000

借方	库存现金	贷方
（1）2 000		

图 3-10　账务处理

（2）10 月 10 日收到从外单位投入资本金 50 000 元，存入银行。

该经济业务的发生，使一项资产“银行存款”增加了 50 000 元，使另一项所有者权益“实收资本”也增加了 50 000 元。这项业务涉及“实收资本”和“银行存款”两个账户，“银行存款”增加了应记借方，“实收资本”增加了应记贷方。登记入账的结果如图 3-11 所示。

借方	银行存款	贷方
（2）50 000		（1）2 000

借方	实收资本	贷方
		（2）50 000

图 3-11　账务处理

（3）10 月 16 日向 A 公司购入原材料一批，价值 4 000 元，货款尚未支付，材料已验收入库。

该经济业务的发生，使一项资产“原材料”增加了 4 000 元，使另一项负债“应付账款”也增加了 4 000 元。这项业务涉及“原材料”和“应付账款”两个账户，“原材料”增加了应记借方，“应付账款”增加了应记贷方。登记入账的结果如图 3-12 所示。

借方	应付账款	贷方
		（3）4 000

借方	原材料	贷方
（3）4 000		

图 3-12　账务处理

（4）10 月 19 日向银行借入短期借款 4 000 元，用于归还上述材料款。

该经济业务的发生，使一项负债“短期借款”增加了 4 000 元，使另一项负债“应付账款”减少了 4 000 元。这项业务涉及“短期借款”和“应付账款”两个账户，“短期借款”增加了应记贷方，“应付账款”减少了应记借方。登记入账的结果如图 3-13 所示。

借方	短期借款	贷方
		（4）4 000

借方	应付账款	贷方
（4）4 000		（3）4 000

图 3-13　账务处理

（5）10 月 23 日以存款偿还银行借款 1 500 元。

该经济业务的发生，使一项资产“银行存款”减少了 1 500 元，使另一项负债“短期借款”减少了 1 500 元。这项业务涉及“短期借款”和“银行存款”两个账户，“短期借款”减少了应记借方，“银行存款”减少了应记贷方。登记入账的结果如图 3-14 所示。

借方	银行存款	贷方
（2）50 000		（1）2 000
		（5）1 500

借方	短期借款	贷方
（5）1 500		（4）4 000

图 3-14　账务处理

（6）10 月 27 日收到购货单位偿还之前所欠货款 3 200 元，其中现金 200 元，转账支票 3 000

元，存入银行。

该经济业务的发生，使一项资产“库存现金”增加了 200 元，使一项资产“银行存款”增加了 3 000 元，使另一项资产“应收账款”减少了 3 200 元。这项业务涉及“库存现金”“银行存款”“应收账款”三个账户，“库存现金”增加了应记借方，“银行存款”增加了应记借方，“应收账款”减少了应记贷方。登记入账的结果如图 3-15 所示。

借方	银行存款 贷方
（2）50 000	（1）2 000
（6）3 000	（5）1 500

借方	库存现金 贷方
（1）2 000	
（6）200	

借方	应收账款 贷方
	（6）3 200

图 3-15　账务处理

（五）对应关系及会计分录

在借贷记账法下，发生的每项经济业务，都要记录在一个或几个账户的借方与另一个或几个账户的贷方。对每项经济业务记录所形成的这种“借”记账户和“贷”记账户之间的联系，称为账户的对应关系，存在着这种对应关系的账户称为对应账户，通过账户的对应关系，可以了解经济业务的内容和资金运动的来龙去脉。

例如用银行存款购进原材料这一经济业务，在会计核算时，应在“原材料”账户的借方和“银行存款”账户的贷方进行登记，由此形成了“原材料”账户和“银行存款”账户之间的对应关系，这两个账户互称为对应账户。通过两个账户的对应关系，可以知道这笔经济业务是企业用银行存款购进原材料。

在会计实务工作中，为了保证账户记录的正确性，对每一项经济业务，在记入有关账户之前，首先要根据经济业务发生时取得或填制的原始凭证编制会计分录。会计分录就是对某项经济业务事项标明其应借、应贷的账户及其金额的记录，简称分录。

借贷记账法下，编制会计分录的步骤包括以下四个：

（1）分析经济业务涉及的是资产（费用、成本）还是权益（收入）；

（2）确定涉及哪些账户，是增加，还是减少；

（3）确定记入哪个（或哪些）账户的借方，哪个（或哪些）账户的贷方；

（4）确定应借、应贷账户是否正确，借、贷方金额是否相等。

因此，每笔分录主要包括三个要素：会计科目；应借、应贷的记账方位；记账金额。

按照所涉及账户的多少，会计分录分为简单会计分录和复合会计分录。简单会计分录指只涉及一个账户借方和另一个账户贷方的会计分录，即一借一贷的会计分录；复合会计分录指由两个以上（不含两个）对应账户所组成的会计分录，即一借多贷、一贷多借或多借多贷的会计分录。

现以【例 3-1】中甲公司 201×年 10 月份发生的经济业务为例，说明会计分录的编制方法如下。

（1）借：库存现金　　2 000

　　贷：银行存款　　2 000

（2）借：银行存款 50 000
　　贷：实收资本 50 000
（3）借：原材料 4 000
　　贷：应付账款 4 000
（4）借：应付账款 4 000
　　贷：短期借款 4 000
（5）借：短期借款 1 500
　　贷：银行存款 1 500
（6）借：库存现金 200
　　银行存款 3 000
　　贷：应收账款 3 200

二、试算平衡

所谓试算平衡，就是运用资产、负债和所有者权益之间的恒等关系来检查各类账户记录是否正确的一种方法，根据借贷记账法的规则，每笔经济业务的会计分录，借贷双方都是相等的。因此，将一定时期（如一个月）内的经济内容登记入账后，所有账户的借方本期发生额合计数和贷方本期发生额合计数必然相等。同理，期末结账时，所有账户的借方期末余额合计数和所有账户的贷方期末余额合计数必然相等。

试算平衡公式表示如下：

全部账户借方本期发生额合计=全部账户贷方本期发生额合计
全部账户的借方期初余额合计=全部账户的贷方期初余额合计
全部账户的借方期末余额合计=全部账户的贷方期末余额合计

按上述借贷金额必然相等的关系进行试算平衡，即可以检查每一项经济业务的记录是否正确。若不平衡，说明记账有误，应查找原因并予以更正。但并不是说，试算平衡了，就能保证账户记录的绝对正确，因为若重记、漏记或记反方向，试算结果仍然可以平衡，因此还应通过其他方法发现记账错误。

在实际工作中，试算平衡通常是在月末进行的，通过试算平衡表来完成，格式如表 3-2 所示。

表 3-2　本期发生额和余额试算平衡表

账户	期初余额		本期发生额		期末余额	
	借方	贷方	借方	贷方	借方	贷方
合计						

下面仍以【例 3-1】中甲公司 201×年 10 月份的经济业务为例，说明编制试算平衡表的方法。甲公司 201×年 10 月 1 日资产、负债及所有者权益有关账户的余额见表 3-3。

表 3-3　甲公司有关账户余额

资产	余额	负债及所有者权益	余额
库存现金	1 000	短期借款	7 000
银行存款	10 000	应付账款	5 000
应收账款	25 000	实收资本	30 000
原材料	6 000		
总计	42 000	总计	42 000

根据上述资料，将有关账户的期初余额和本期发生额全部登账（T 型账户）并结计出期末余额，如图 3-16 所示。根据图 3-16 编制试算平衡表，见表 3-4。

借方　库存现金　贷方

借方	贷方
期初余额 1 000 （1）2 000 （6）200	
本期发生额 2 200	
期末余额 3 200	

借方　银行存款　贷方

借方	贷方
期初余额 10 000 （2）50 000 （6）3 000	（1）2 000 （5）1 500
本期发生额 53 000	本期发生额 3 500
期末余额 59 500	

借方　应收账款　贷方

借方	贷方
期初余额 25 000	（6）3 200
	本期发生额 3 200
期末余额 21 800	

借方　原材料　贷方

借方	贷方
期初余额 6 000 （3）4 000	
本期发生额 4 000	
期末余额 10 000	

借方　短期借款　贷方

借方	贷方
（5）1 500	期初余额 7 000 （4）4 000
本期发生额 1 500	本期发生额 4 000
	期末余额 9 500

借方　应付账款　贷方

借方	贷方
（4）4 000	期初余额 5 000 （3）4 000
本期发生额 4 000	本期发生额 4 000
	期末余额 5 000

借方　实收资本　贷方

借方	贷方
	期初余额 30 000 （2）50 000
	本期发生额 50 000
	期末余额 80 000

图 3-16　账务处理

表 3-4　试算平衡表

账户	期初余额		本期发生额		期末余额	
	借方	贷方	借方	贷方	借方	贷方
库存现金	1 000		2 200		3 200	
银行存款	10 000		53 000	3 500	59 500	
应收账款	25 000			3 200	21 800	
原材料	6 000		4 000		10 000	
短期借款		7 000	1 500	4 000		9 500
应付账款		5 000	4 000	4 000		5 000
实收资本		30 000		50 000		80 000
合计	42 000	42 000	64 700	64 700	94 500	94 500

本章知识小结

◆ 会计科目是指对会计要素的具体内容进行分类核算的项目，是设置账户的依据，是进行各项会计记录和提供各项会计信息的基础。会计科目按提供资料的详略程度的不同，一般可分为总分类科目和明细分类科目两大类。按经济内容分类，可分为资产类、负债类、所有者权益类、成本类、损益类五大类。账户是按照会计科目的名称开设的，具有一定的格式和结构，用来分类记录经济业务的记账实体。账户和科目是一对既有联系又有区别的概念。两者都是对会计对象具体内容的项目分类，口径一致，性质相同，会计科目是账户的名称，也是设置账户的依据，账户是会计科目的具体运用。两者的区别是：先有科目后有账户，科目仅仅是账户的名称，不存在结构，而账户则具有一定的格式和结构。

◆ 复式记账法是对每项经济业务按相等金额在两个或两个以上有关账户中同时进行登记的方法。按记账符号、记账规则、试算平衡方法的不同，可分为借贷记账法、增减记账法和收付记账法。借贷记账法是复式记账法的一种，它是以“借”“贷”为记账符号，以“资产=负债+所有者权益”的会计等式为理论依据，以“有借必有贷，借贷必相等”为记账规则的一种科学的复式记账法。会计分录就是对某项经济业务事项标明其应借、应贷的账户及其金额的记录。每笔分录主要包括三个要素：会计科目；应借、应贷的记账方位；记账金额。会计分录分为简单会计分录和复合会计分录。简单会计分录指只涉及一个账户借方和另一个账户贷方的会计分录；复合会计分录指由两个以上（不含两个）对应账户所组成的会计分录。

◆ 试算平衡，就是运用资产和负债、所有者权益之间的恒等关系来检查各类账户记录是否正确的一种方法，包括发生额、期初余额、期末余额的平衡。可以检查每一项经济业务的记录是否正确。如果试算平衡，只能保证账户记录的基本正确，重记、漏记或记反方向等无法通过试算平衡检验出来。

练 习 题

一、名词解释

1. 复式记账法
2. 借贷记账法
3. 会计分录
4. 试算平衡

二、单项选择题

1. 下列关于单式记账法说法中正确的是（　　）。
   A. 经济业务发生只在一个账户中登记
   B. 经济业务发生只在两个账户中登记
   C. 经济业务发生至少两个账户中登记
   D. 经济业务发生在相关账户中登记

2. 根据借贷记账法的原理，记录在账户贷方的是（　　）。

A. 费用的增加　　B. 收入的增加

C. 负债的减少　　D. 所有者权益的减少

3. 在借贷记账法中，账户的哪一方记录增加，哪一方记录减少，是由（　　）决定的。

A. 账户的性质　　B. 记账规则

C. 账户的结构　　D. 业务的性质

4. 按照借贷记账法的记录方法，下列四组账户中，增加额均记在贷方的是（　　）。

A. 资产类和负债类　　B. 负债类和所有者权益类

C. 成本类和损益类　　D. 损益类中的收入类和支出类

5. 在借贷记账法下，"借"表示（　　）。

A. 资产的减少　　B. 费用的增加

C. 负债的增加　　D. 收入的增加

6. 目前我国会计制度规定，企业会计采用的记账方法是（　　）。

A. 增减记账法　　B. 现金收付记账法

C. 借贷记账法　　D. 财产收付记账法

7. 甲公司期末借方余额为 20 00 元，乙公司期末贷方余额为 70 000 元。结账后发现乙公司明细账的借方本期发生额多记了 30 000 元，则"应付账款"总账的期末应为（　　）元。

A. 借方余额 20 000　　B. 贷方余额 20 000

C. 借方余额 80 000　　D. 贷方余额 80 000

8. 复式记账法是指对每一笔业务都要以相等的金额在相互联系的（　　）中进行登记的方法。

A. 一个账户　　B. 两个账户

C. 三个账户　　D. 两个或两个以上的账户

9. 下列会计分录属于简单会计分录的是（　　）对应关系的分录。

A. 一借一贷　　B. 一借多贷

C. 一贷多借　　D. 多借多贷

10. 某企业"应收账款"账户所属甲、乙、丙明细账户的期末余额分别为：借方余额 500 元、贷方余额 1 200 元、借方余额 4 000 元。按照平行登记原则，"应收账款"总账账户期末余额应为（　　）元。

A. 借方 5 700　　B. 借方 4 500

C. 借方 3 300　　D. 借方 1 200

三、多项选择题

1. 借方登记本期减少的账户有（　　）。

A. 资产类账户　　B. 负债类账户

C. 收入类账户　　D. 所有者权益类账户

2. 某项经济业务发生后，一个资产账户记借方，则可能（　　）。

A. 另一个资产账户记贷方　　B. 另一个负债账户记贷方

C. 另一个所有者权益账户记贷方　　D. 涉及的其他账户都记借方

3. 每笔会计分录都包括（ ）。
A. 记账科目 B. 记账方向
C. 记账金额 D. 核算方法
4. 会计科目设置应遵循的原则有（ ）。
A. 合法性原则 B. 相关性原则
C. 全面性原则 D. 实用性原则
5. “固定资产——房屋建筑物”属于（ ）科目。
A. 资产类 B. 所有者权益类
C. 总分类 D. 明细分类
6. 复式记账法按照记账符号不同，可分为（ ）。
A. 借贷记账法 B. 复币记账法
C. 收付记账法 D. 增减记账法
7. 权益是指企业外部利益主体对企业资产的要求权，包括（ ）。
A. 债权人权益 B. 政府权益
C. 社会公众权益 D. 所有者权益
8. 下列对账户余额的表述，正确的是（ ）。
A. 资产类账户的期末余额=期初余额+本期借方发生额−本期贷方发生额
B. 资产类账户的期末余额=期初余额+本期贷方发生额−本期借方发生额
C. 权益类账户的期末余额=期初余额+本期借方发生额−本期贷方发生额
D. 权益类账户的期末余额=期初余额+本期贷方发生额−本期借方发生额
9. 以下会计分录中，属于复合会计分录的有（ ）。
A. 借：原材料 5 000 贷：银行存款 5 000
B. 借：银行存款 1 000 贷：库存现金 1 000
C. 借：生产成本 5 000 制造费用 1 500 贷：原材料 6 500
D. 借：生产成本 7 200 制造费用 1 200 贷：累计折旧 8 400
10. 在发生（ ）的情况下，试算平衡表依然是平衡的。
A. 少记某账户发生额 B. 整笔经济业务漏记
C. 整笔经济业务重记 D. 某一账户的金额记错

四、判断题

1. 会计科目与同名称的账户反映的经济内容是相同的。（ ）
2. 经济业务的发生，可能对会计等式的平衡产生影响。（ ）
3. 总分类科目是对会计对象进行的总括分类、提供总括信息的会计科目。（ ）
4. 会计账户就是会计科目。（ ）
5. 根据总分类科目设置的账户称为总分类账户，根据明细分类科目设置的账户称为明细分类账户。（ ）
6. 损益收入类账户在期末结转后，一般无余额。（ ）
7. 设置账户是会计核算的重要方法之一。（ ）
8. 成本类账户结构与损益支出类账户结构完全相同。（ ）

9. 所有者权益类账户的余额在贷方，表示所有者权益的结存数。 (　　)

10. 如果试算平衡表是平衡的，则说明账户记录是正确的。 (　　)

五、简答题

1. 什么是借贷记账法？它有哪些特点？
2. 说明借贷记账法各类账户结构。
3. 如何进行试算平衡？

六、业务题

某工业企业发生下列各项经济业务:

(1) 存放在出纳处的现金 500 元;
(2) 存放在银行里的款项 144 500 元;
(3) 向银行借入 3 个月期限的临时借款 600 000 元;
(4) 仓库中存放的材料 380 000 元;
(5) 仓库中存放的已完工产品 60 000 元;
(6) 正在加工中的产品 75 000 元;
(7) 向银行借入期限 1 年以上的借款 1 450 000 元;
(8) 房屋及建筑物 2 400 000 元;
(9) 所有者投入的资本 2 000 000 元;
(10) 应收外单位的货款 140 000 元;
(11) 应付给外单位的材料款 120 000 元;
(12) 以前年度积累的未分配利润 280 000 元;
(13) 对外长期投资 500 000 元。

要求: (1) 判断以上各项经济业务的科目名称及所属要素，填入下表;

(2) 试算资产总额是否等于负债+所有者权益总额。

经济业务序号	会计科目	资产	负债	所有者权益
1				
2				
3				
4				
5				
6				
7				
8				
9				
10				
11				
12				
13				
总计				

第四章
企业主要经营业务核算

本章内容提要

- 银行结算方式
- 资金筹集核算
- 供应过程核算
- 生产过程核算
- 销售过程核算
- 财务成果核算
- 资金退出核算
- 成本计算

第一节　银行结算方式

一、结算的概念及其意义

（一）什么是结算业务

结算是企业与有关单位发生商品交易、劳务供应、资金缴拨等经济业务后，以货币进行清算和了结的业务活动。结算，按照货币支付的形式，分为现金结算和转账结算两大类。现金结算是指直接用现金进行货币收付的结算行为。转账结算又称非现金结算或划拨结算，是收付款双方通过银行以转账方式将款项从付款单位账户划转到收款单位账户的结算活动。在我国各企事业单位的往来结算业务，除根据现金管理的有关规定可以用现金直接支付的以外，都应当通过银行办理转账结算。

（二）采用转账结算的意义及应注意的问题

采用转账结算的意义主要有以下四点。

（1）有利于加强银行对货币资金的监督，促使购销双方遵守结算纪律，认真履行合同，及时结清货款以加速资金周转，维护购销双方的正当权益。

（2）有利于减少现金流通量，节省清点、运送及保管现金的人力、物力。

（3）有利于银行集中各企业单位暂时闲置的资金，有计划地开展信贷活动，充分发挥资金的作用。

（4）由于通过银行办理结算业务，都有比较严密的手续制度和规范的程序，有利于防范非法活动，保护货币资金的安全。

企业通过银行办理转账结算，必须严格执行《中华人民共和国票据法》和银行结算办法的规定，遵守结算纪律。应根据不同的交易特点选择使用不同的转账结算方式，以加速款项划拨，合理、节约地使用资金。

二、主要转账结算方式

按照现行规定，在企业单位应用比较广泛的转账结算方式主要有支票结算方式、银行汇票及银行本票结算方式、商业汇票结算方式、汇兑结算方式、异地托收承付及委托收款结算方式和专用委托收款结算方式等，现分别加以介绍。

（一）支票结算方式

支票结算是同城结算中广泛使用的一种结算方式。支票是由银行的存款人签发给收款人据以向银行支取款项或办理转账的票据。

支票分为现金支票和转账支票两种。现金支票可从银行提取现金；转账支票只能用于转账，不能提取现金。支票一律记名，它适用于同一城市商品交易、劳务供应和其他往来款项的结算以及本单位从银行提取现金。支票有效期为十天，可以背书转让，具有用途广泛、灵活方便的特点。

企业向银行购用空白支票，必须先填写“支票领用单”，并加盖预先留在银行的印鉴，经开户银行审查后售给支票。签发支票，应使用墨汁或碳素墨水，字体必须端正清楚，“收款人”要写明接收支票单位的全称或个人姓名，“用途”也要填写清楚。支票小写金额之前应加一“￥”符号，小写金额中的“0”字，在大写金额中应写成“零”字，大写金额有角、分的，分位后面不要写“整”字。企业的空白支票要指定专人保管，不得将空白支票事先盖好印鉴备用。支票在流转过程中，经管人员要将其放在专用的支票夹内，防止折叠或损坏，当企业因故需要结清账户时，必须将用剩的空白支票加盖注销印记后全部交回开户银行。收款人通过转账支票收入款项时，应填制“进账单”连同所收支票送存开户银行，根据回单借记银行存款账户。转账支票结算程序如图 4-1 所示。

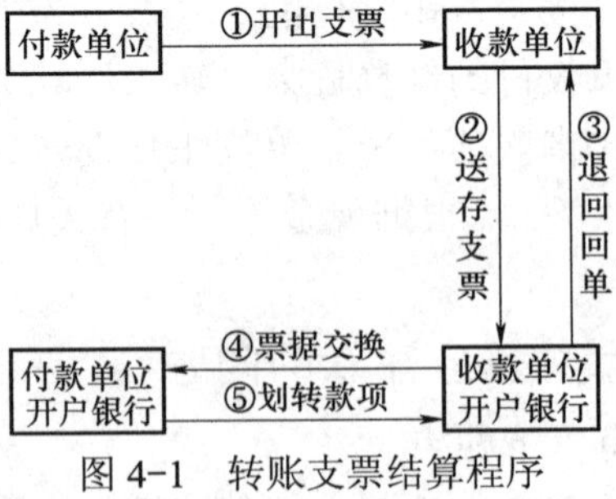

图 4-1　转账支票结算程序

（二）银行汇票结算方式

银行汇票是汇款人将款项交存银行，由银行签发给汇款人持往异地办理结算或支取现金的票据。银行汇票一律记名，起点为500元，付款期为一个月，对逾期银行汇票，兑付银行不再受理。

企业单位、个体经营户和个人需要异地支付的商品交易、劳务供应及其他款项，都可用银行汇票结算。其特点是票随人走、安全方便。

汇款人申请办理汇票，应向开户银行申请并填写银行汇票委托书，填明兑付地点、收款单位或收款人名称、用途等内容。需要兑付现金的，应在“汇款金额”栏先填上“现金”，再填上汇款金额。银行在审查汇票委托书并收妥款项后，就据以签发汇票，加盖印鉴和用压数机压上金额，然后再将汇票和汇款解讫通知联交汇款人持往外地办理结算业务。

收款单位收到银行汇票时应先进行审查，除审查各项必备内容外，必须将汇票和汇款解讫通知两者同时提交兑付银行，缺一不可。经过审查无误后，即可办理结算，并将实际支付的金额和余额填入银行汇票和汇款解讫通知的有关栏目，然后在汇票背面加盖预留银行的印鉴，连同汇款解讫通知、进账单一并送开户银行办理转账。银行汇票的多余金额由签发汇票的银行退交汇款人。汇款人因汇票过期或其他原因要求退款时，可持原汇票和汇款解讫通知到签发银行办理。汇款人对银行签发的汇票，必须妥善保管，严防丢失。如果遗失注明“现金”的汇票应立即向兑付或签发银行申请挂失，在银行受理挂失前被冒领的，银行不负责任。如果遗失了填明收款单位或个体户名称的汇票，银行不予挂失。但在付款期满后一个月确未被冒领时，可以办理退款手续。银行汇票的结算程序如图4-2所示。

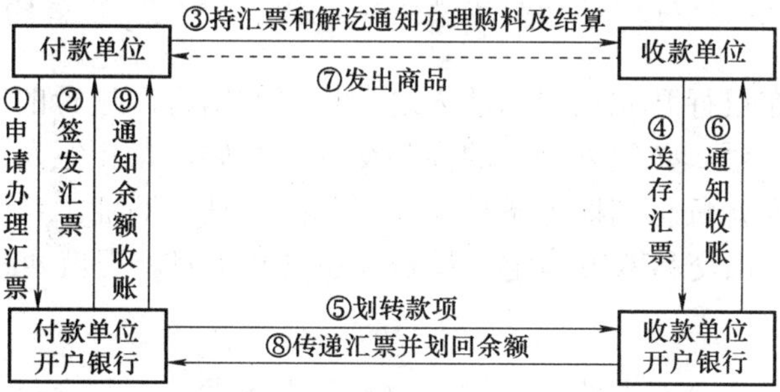

图4-2 银行汇票结算程序

（三）银行本票结算方式

银行本票是申请人将款项交存银行，由银行签发的凭其办理转账结算或支取现金的票据。银行本票分为定额和不定额两种。定额银行本票有500元、1 000元、5 000元和10 000元四种。银行本票一律记名，允许背书转让，付款期为1个月，不分大月小月，都按次月对日计算，遇节假日顺延。过期的银行本票，兑付银行不再受理，但签发银行可办理退款手续。

银行本票适用于同城范围内企业单位及个人的商品交易、劳务供应及其他款项的结算业务。其特点是：银行签发、保证兑付，购货方可凭票提货，销货方可凭票付货，债权债务双方可凭票结清债款。企业办理银行本票，应填写“银行本票申请书”，需支取现金的，并应填明“现金”字样。银行受理本票申请书，在收妥款项后，据以签发银行本票，对需要支取现金的，在本票上划去“转账”字样，加盖印鉴。不定额本票用压数机压印金额后，将银行本票交给申请人。

企业单位或个体经营户在接收银行本票时应注意审查。审查的内容包括：本票的名称、无条件支付的承诺、确定的金额、收款人、出票日期及出票人签章。未载明上述内容之一的银行本票无效。经审查无误后，在本票背面加盖预留在银行的印鉴，填写进账单一并送开户银行办理转账。

银行本票见票即付，不予挂失。申请人因银行本票超过付款期限或其他原因要求退款时，可到签发银行办理退款手续。遗失的不定额本票在付款期满一个月后确未被冒领的，可以办理退款。银行本票结算程序如图 4-3 所示。

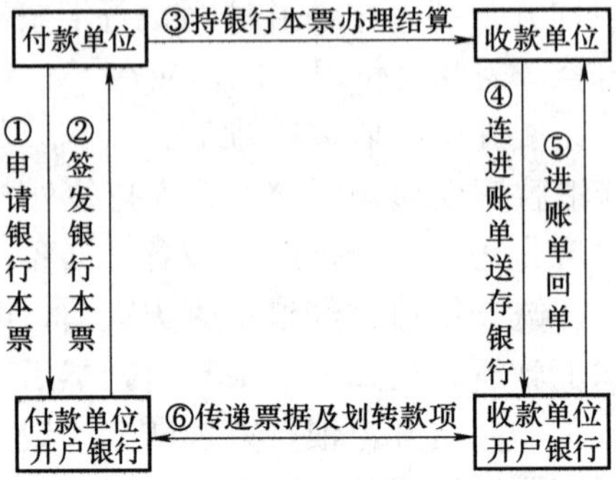

图 4-3　银行本票结算程序

（四）商业汇票结算方式

商业汇票是由收款人或付款人（或承兑申请人）签发，由承兑人承兑，于到期日无条件向收款人支付款项的票据。按照汇票承兑人的不同，商业汇票分为商业承兑汇票和银行承兑汇票两种。除银行承兑之外，由其他企事业单位承兑的汇票是商业承兑汇票，它与银行承兑汇票统称为商业汇票。

商业汇票适用于在银行开立账户的法人之间根据购销合同进行的同城或异地延期付款的结算业务。使用商业汇票，必须以合法的商品交易为基础，禁止签发没有商品交易的汇票。汇票一经承兑，承兑人就负有到期无条件兑现票款的责任。商业汇票一律记名，允许背书转让。汇票的兑付期限，由交易双方商定，最长不超过 9 个月。现就两种承兑汇票分述如下。

1．商业承兑汇票

商业承兑汇票是由交易双方约定签发，由收款人签发的，须交付款人承兑；由付款人签发的，须经本人承兑。付款人必须在票面上的正面签署“承兑”字样，并加盖预先留在银行的印鉴后，将汇票交收款人。并且应该在汇票到期前将票款足额存入开户银行，以备支付。收款人则在商业汇票将要到期时，将该汇票送交开户银行办理收款。付款单位开户银行在汇票到期日即将票款划转给收款人或其开户银行。如果汇票到期日付款人账户存款不足支付时，其开户银行应将商业汇票退还收款人，由其自行处理。同时，按票面金额的 5%，但不低于 50 元对付款承兑人处以罚款。

2．银行承兑汇票

银行承兑汇票是由收款人或承兑申请人签发，并由承兑申请人向开户银行申请，经银行审查同意到期无条件向收款人支付款项的票据。

办理银行承兑汇票时，收付款双方应约定汇票签发人，然后再由承兑申请人持汇票和购销合同向其开户银行申请承兑。银行按规定进行审查后，如认为符合承兑条件，就与承兑申请人签订承兑协议，并在汇票上加盖印鉴和用压数机压印承兑金额，将银行承兑汇票和解讫通知交由承兑申请人转交收款人。收款人在汇票到期时，将汇票和解讫通知连同填写的进账单送交开户银行转账。承兑申请人即付款人应在银行承兑汇票到期前将款项足额交存开户银行，承兑银行在汇票到期日凭票将款项付给收款人。如果承兑申请人在汇票到期日未能足额交存票款时，承兑银行除了无条件向收款人付款外，还要根据承兑协议的规定，对承兑申请人执行扣款，并对未能扣回的金额按日计收罚息。由于使用银行承兑汇票结算方式时银行要承担一定的风险和责任，所以银行一般比较慎用。

商业汇票的结算程序如图 4-4 和图 4-5 所示。

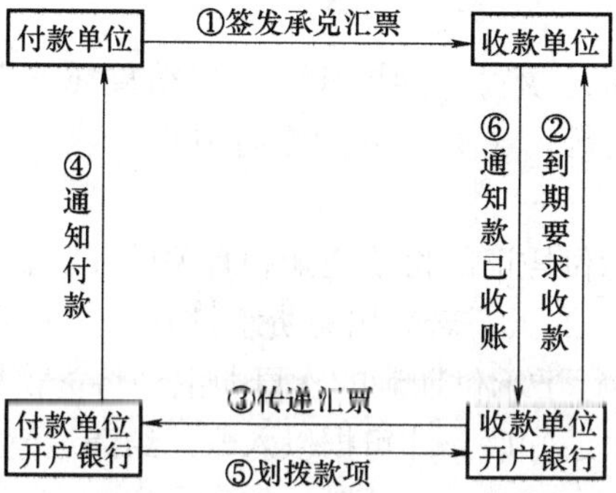

图 4-4　商业承兑汇票结算程序

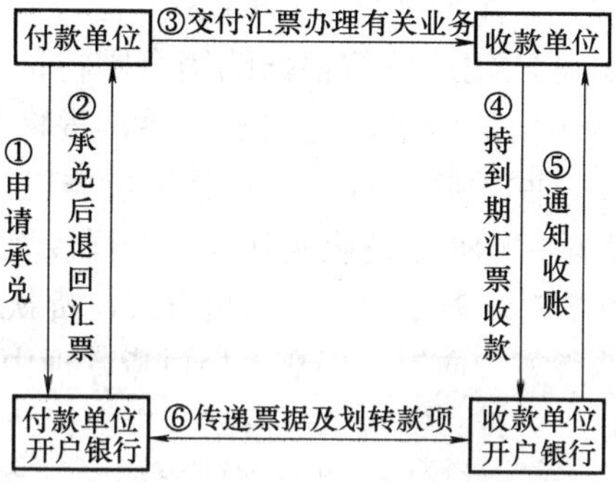

图 4-5　银行承兑汇票结算程序

（五）汇兑结算方式

汇兑结算方式是汇款单位委托银行将款项汇往外地指定的收款单位或个人的一种结算方式。它适用于异地单位、个体经营者或个人的各种款项的结算。汇兑方式分为信汇和电汇两种，汇款人可根据情况选用，无起点限制，是一种手续简便、方式灵活、结算较为迅速且用途比较广泛的结算方式。

委托银行办理汇兑结算，首先要填写一式数联的信汇或电汇凭证，填明款项汇入地址及银行名称、收款单位或收款人、汇款金额及用途等内容，再加盖预留在银行的印鉴后送开户银行办理汇款。经银行审查受理后，在回单联加盖银行印鉴退还汇款单位，作为贷记银行存款的原始凭证。汇入银行在收取汇款后，将款项直接记入收款单位或收款人账户，并通知收款人，收款单位根据收账通知联借记“银行存款”账户。汇入行对于未在银行开户的收款人，可凭信汇或电汇取款通知或“留行待取”的凭证及本人的身份证件，办理支取手续。汇兑结算业务的程序如图 4-6 所示。

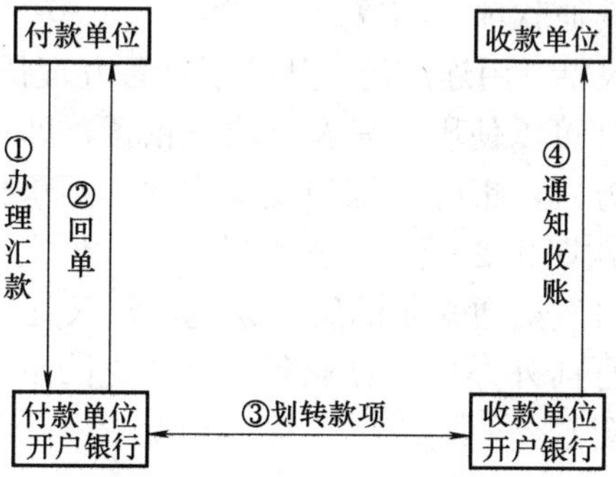

图 4-6　汇兑结算业务程序

（六）异地托收承付结算方式

异地托收承付结算方式是销货单位根据经济合同将商品发出后，委托开户银行向购货单位收取款项，购货单位经过审核单证或者检验商品物资以后，向银行承认付款的一种结算方式。这种结算方式适用于异地企业之间商品交易的款项结算。它是以双方签订有经济合同、信用度高和具有发出商品证明三个条件为结算前提，贯彻“发货结算、钱货两清”的原则，购销双方恪守信用，银行负责监督，结算起点为 10 万元。

异地托收承付结算方式的程序，包括“托收”和“承付”两个环节，有邮划和电划两种划款方式。其主要业务程序如下。

（1）托收销货单位根据购销合同将货发出以后，填写“异地托收承付结算凭证”一式数联，加盖预留的印鉴，连同发货票、货物发运单据等，一并送开户银行办理托收手续。银行受理后，在回单联盖章退还收款单位据以入账。

（2）承付购货单位收到其开户银行转来的托收承付凭证的付款通知和有关单证以后，应根据合同进行核对。若采用验单承付方式，货款承付期为 3 天；若采用验货承付方式，承付期为 10 天。如购货方未向银行提交“拒付货款理由书”，银行于承付期满的次日即主动将货款划转销货单位的开户银行。销货单位根据开户银行转来的收账通知联，即可据以入账，结清这笔业务。

异地托收承付结算方式的程序如图 4-7 所示。

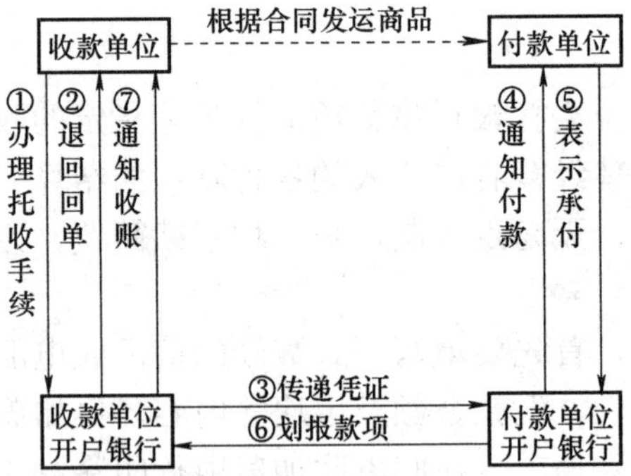

图 4-7　异地托收承付结算方式程序

（七）委托收款结算方式

委托收款结算方式是由收款单位向银行提供收款依据，委托银行向付款单位收取款项的一种结算方式。它适用于同城或异地在银行或其他金融机构开立账户的单位、个体经营者之间的商品交易、劳务供应及其他款项的结算。

委托收款结算方式简便灵活、用途广泛，凡是不具备办理托收承付结算条件的商品交易、劳务供应及其他款项的结算都可以使用，只要有收款依据，即可委托银行办理，而且不受金额起点的限制。用这种结算方式，银行只承担受托收款，不承担审查拒付和其他监督责任。委托银行收款只有 3 天的付款期和 2 天的无款支付退还凭证期。付款人逾期不退回单证的，开户银行应按委托收款金额自发出通知起的第三天起，每天处以万分之五，但不低于 5 元的罚金，并暂停付款人委托银行向外办理结算业务，直至退回单证时为止。其结算程序与托收承付结算大体相同，故不再图示。

（八）专用委托收款结算方式

专用委托收款结算是某些地区公用事业单位，根据委托收款结算的办法，由收款人即公用事业单位委托向付款人即用户收取款项的一种方式。由于这种结算方式不得用于商品交易，所以一般企事业单位都处于付款人地位。

专用委托收款结算方式只限于某些公用事业、邮电、房地产和交通运输部门在同城使用，如根据合同向用户单位收取电费、自来水费、电话费、煤气费、房租、运输费等劳务费用，不得用于商品交易。

办理专用委托收款结算，一般应由收付款单位事先签订使用这种结算方式的合同，并经银行批准。

收款单位在委托银行收款时，应填写专用委托收款凭证，注明合同号码，连同有关单证一并送开户银行。付款单位的开户银行收到专用委托收款凭证后，即从付款单位账户将款划出，并将付款通知和有关单证转付款单位，无须付款单位承付，所以过去也把这种结算方式称为托收无承付结算方式。付款单位收到有关付款单证时，通常都是据以如数入账。如有异议，应在付款的次日起 10 天内向银行提出，如确系错付，由银行如数向收款人划回。发生纠纷时，由收付款双方自行解决。

这种结算方式，适用于有比较精确的计量和相对固定的计价标准，且收付双方较少发生争议的劳务款项的结算。由于它实质上采取的是扣款办法，从而简化了结算过程，有利于节约人力和收款单位的资金回收。

委托收款结算方式、专用委托收款结算方式的业务程序与托收承付结算方式基本相同，只是没有付款单位承付的环节，所以在此不再作介绍。付款单位收到银行转来的专用委托收款付款通知后，直接填制记账凭证入账即可。

第二节 资金筹集的核算

一、企业资金筹集业务简介

企业从事生产经营活动，就必须拥有一定数量的经营资金，作为生产经营活动的物质基础，也是企业生产经营的必要条件。《企业法人登记管理条例》规定，企业申请成立，必须具备符合国家规定的并与其生产经营和服务规模相适应的资金数额。《中华人民共和国公司法》规定：有限责任公司注册资本的最低限额为人民币 3 万元，一人有限责任公司的注册资本最低限额为人民币 10 万元，股份有限公司的注册资本最低限额为人民币 500 万元。因此，资金筹集是企业开展生产经营活动的前提。

企业筹集资金的方式主要有权益筹资和债务筹资两种。权益筹资是从企业所有者处筹集的资金，是所有者投入的资金，通常称为实收资本（股份制企业称股本）。投资者将其资本投入企业，以其投资比例参与企业的经营决策并分配利润。债务筹资是从企业债权人处筹集的资金，是企业向银行或其他金融机构等债权人借入的资金，属于企业的负债，如短期借款、长期借款等。

（1）所有者投入的资金。实收资本是指企业实际收到的投资者投入的资本，它是企业所有者权益中的主要部分。所有者投入企业的资本金，按照投资主体的不同，分为国家投入资本、法人投入资本、个人投入资本和外商投入资本等。按照投入资本的不同形态，一般分为货币资金投资、实物投资、证券投资和无形资产投资等。投资者投入的资本金，可以一次或分次注入企业，除了法律、法规另有规定者外，这部分资本将形成企业的永久性资本，不得任意撤资，以充分体现资本保全和资本完整。

（2）企业借入的资金。企业在生产经营过程中，为了弥补生产周转资金的不足，经常需要向银行或其他金融机构等债权人借入资金。期限在 1 年以下（含 1 年）的各种借款为短期借款。期限在 1 年以上的各种借款为长期借款。企业借入的各种款项必须按照规定的用途使用，按期支付利息和到期归还本金。

二、资金筹集核算的账户设置

（一）“实收资本”账户

“实收资本”账户属于所有者权益类账户，是用来核算所有者投入资本的增减变动情况及其结果的账户。贷方登记所有者投入资金的增加额以及转增的资本金，借方一般没有发生额，由于所有者的投资是一种永久性资本，只有所有者按照法律程序抽回投资时，借方才反映投入资本的减少，期末余额在贷方，表示期末所有者投入资金的实有数额。该账户按照投资者设置明细账，进行明细分类核算。“实收资本”账户结构如图 4-8 所示。

借方　　　　实收资本　　　　贷方

借方	贷方
本期发生额：按照法律程序减少注册资本的数额	期初余额：期初资本金的实有数额 本期发生额：投资者投入的资本金以及转增的资本金
	期末余额：期末资本金的实有数额

图 4-8 “实收资本”账户结构

（二）“资本公积”账户

“资本公积”账户属于所有者权益类账户，是用来核算企业实际收到的投资者出资额超出其在注册资本（或股本）中所占的份额以及直接计入所有者权益的利得和损失等。贷方反映资本公积的增加，借方反映资本公积转增资本的数额和支付与发行股票直接相关的手续费、佣金等交易费用，期末余额在贷方，表示期末企业拥有的资本公积的余额。该账户按照资本公积的来源设置明细账，进行明细核算。依据财政部发布的《会计科目和主要账务处理》规定，“资本公积”账户应设置“资本溢价（或股本溢价）”和“其他资本公积”两个明细账户进行明细核算。“资本公积”账户结构如图 4-9 所示。

借方　　　　资本公积　　　　贷方

借方	贷方
本期发生额：按照法律程序转增资本等原因而减少的资本公积数额	期初余额：期初实有的资本公积 本期发生额：企业因资本溢价等原因而增加的资本公积数额
	期末余额：期末实有的资本公积数额

图 4-9 “资本公积”账户结构

（三）“库存现金”账户

“库存现金”账户属于资产类账户，是用来核算企业库存现金的增减变动情况及其结果的账户。借方登记库存现金的增加，贷方登记库存现金减少，期末余额在借方，表示库存现金的结余额。“库存现金”账户结构如图 4-10 所示。

库存现金

借方	贷方
期初余额：期初库存现金实有数额 本期发生额：库存现金的增加额	本期发生额：库存现金的减少额
期末余额：库存现金的实有数额	

图 4-10 “库存现金”账户结构

（四）“银行存款”账户

“银行存款”账户属于资产类账户，是用来核算企业银行存款的增减变动情况及其结果的账户。借方登记银行存款的增加，贷方登记银行存款减少，期末余额在借方，表示银行存款的结余额。“银行存款”账户结构如图 4-11 所示。

银行存款

借方	贷方
期初余额：期初银行存款实有数额 本期发生额：银行存款的增加额	本期发生额：银行存款的减少额
期末余额：银行存款的实有数额	

图 4-11 “银行存款”账户结构

（五）“固定资产”账户

“固定资产”账户属于资产类账户，是用来核算企业固定资产原始价值的增减变动情况及其结果的账户。借方登记增加的固定资产原始价值，贷方登记减少的固定资产原始价值，期末余额在借方，表示固定资产账面资产原始价值的结存额。该账户按照固定资产的类别设置明细账，进行明细账分类核算。接收投资者投入的固定资产的原价，应当按照投资合同或协议约定的价值确定。“固定资产”账户结构如图 4-12 所示。

固定资产

借方	贷方
期初余额：期初固定资产原始价值的结存额 本期发生额：固定资产原始价值的增加数额	本期发生额：固定资产原始价值的减少数额
期末余额：固定资产原始价值的结存额	

图 4-12 “固定资产”账户结构

（六）“无形资产”账户

“无形资产”账户属于资产类账户，是用来核算企业持有的无形资产成本的账户，包括专利权、非专利技术、商标权、著作权、土地使用权等。借方登记企业取得无形资产的成本，贷方登记处置无形资产的成本，期末余额在借方，反映企业无形资产的成本。该账户按照无形资产的项目设置明细账，进行明细账分类核算。接收投资者投入的无形资产的成本，应当按照投资合同或协议约定的价值确定。“无形资产”账户结构如图 4-13 所示。

无形资产

借方	贷方
期初余额：无形资产成本 本期发生额：取得无形资产的成本	本期发生额：处置无形资产的成本
期末余额：无形资产成本	

图 4-13 “无形资产”账户结构

（七）“短期借款”账户

“短期借款”账户属于负债类账户，是用来核算企业向银行或其他金融机构借入的期限在1年以内（含1年）的各种借款的账户。取得短期借款表明流动负债增加，应记入“短期借款”账户的贷方。归还借款时，表明流动负债的减少，应记入“短期借款”账户的借方。期末余额在贷方，表示尚未归还的短期借款。该账户按照债权人设置明细账，并按借款的种类进行明细分类核算。“短期借款”账户结构如图4-14所示。

借方	短期借款　　贷方
本期发生额：短期借款的归还数额	期初余额：期初尚未归还的短期借款 本期发生额：短期借款的借入数额
	期末余额：期末尚未归还的短期借款

图4-14 “短期借款”账户结构

（八）“长期借款”账户

“长期借款”账户属于负债类账户，是用来核算企业向银行或其他金融机构借入的期限在1年以上（不含1年）的各种借款的账户。贷方登记企业借入的各种长期借款的本金及计提的利息，借方登记归还的各种长期借款的本金及利息，期末余额在贷方，表示尚未归还的长期借款的本息。该账户按照债权人设置明细账，并按借款的种类进行明细账分类核算。“长期借款”账户结构如图4-15所示。

借方	长期借款　　贷方
本期发生额：归还长期借款的本金和利息数额	期初余额：期初未归还长期借款本息 本期发生额：借入的长期借款本金和计提的利息
	期末余额：尚未归还的长期借款本金和利息数额

图4-15 “长期借款”账户结构

（九）“财务费用”账户

“财务费用”账户属于损益类账户，是用来核算企业为筹集生产经营所需资金等而发生的筹资费用的账户，包括利息费用及相关的手续费等。借方登记企业筹资费用的发生及增加，如利息支出、汇兑差额及相关的手续费等，期末余额在贷方，贷方反映财务费用的冲减，如利息收益及期末转入“本年利润”的转销额，期末结转后无余额。该账户按照财务费用的项目设置明细账，进行明细账分类核算。“财务费用”账户结构如图4-16所示。

借方	财务费用　　贷方
本期发生额：本期发生的财务费用	本期发生额：财务费用的冲减 期末转入“本年利润”账户的金额

图4-16 “财务费用”账户结构

（十）“应付利息”账户

“应付利息”账户属于负债类账户，是用来核算企业按照合同约定应支付的利息的账户。贷方登记按合同利率计算确定的应付未付利息，借方登记企业实际支付的应付利息，期末余额在贷方，表示企业应付未付的利息。该账户按照债权人设置明细账，并按借款的种类进行明细账分类核算。“应付利息”账户结构如图4-17所示。

借方	应付利息 贷方
本期发生额：本期支付的应付利息	期初余额：应付利息数额 本期发生额：本期发生的应付利息
	期末余额：应付利息数额

图 4-17 “应付利息”账户结构

三、资金筹集的账务处理

201×年 3 月 1 日，A、B、C 三方投资者签订协议共同出资 6 000 000 元，设立新华公司，A 方以货币形式出资，出资比例为 30%；B 方以厂房、机器设备出资，出资比例为 65%；C 方以专利权出资，出资比例为 5%。

以下内容以新华公司为例。

（一）所有者投入资金的账务处理

（1）以货币资金投入。应按实际收到的款项作为投资者的投资入账。

【例 4-1】3 月 5 日收到 A 方投资者投入现金 1 800 000 元，款项已存入银行。

这项经济业务的发生，一方面使企业的银行存款增加了 1 800 000 元，另一方面使 A 方投资者对企业的投资增加了 1 800 000 元。因此，这项经济业务涉及“银行存款”和“实收资本”两个账户。银行存款增加是资产的增加，应记入“银行存款”账户的借方；A 方投资者对企业投资的增加是所有者权益的增加，应记入“实收资本”账户的贷方。这项业务应编制的会计分录如下。

借：银行存款 1 800 000

　　贷：实收资本 1 800 000

（2）以实物资产投入。应按双方认可的公允价值作为实际投资额入账。

【例 4-2】3 月 10 日收到 B 方投资者以厂房、机器设备投入资本，评估价值为 3 900 000 元。产权转移手续已经办妥。

这项经济业务的发生，一方面使企业的固定资产增加了 3 900 000 元，另一方面使 B 方投资者对企业的投资也增加了 3 900 000 元。因此，这项经济业务涉及“固定资产”和“实收资本”两个账户。固定资产增加是资产的增加，应记入“固定资产”账户的借方；B 方投资者对企业投资的增加是所有者权益的增加，应记入“实收资本”账户的贷方。这项业务应编制的会计分录如下。

借：固定资产 3 900 000

　　贷：实收资本 3 900 000

（3）以无形资产投入。应按双方认可的公允价值作为实际投资额入账。

【例 4-3】3 月 12 日收到 C 方投资者以专利投入资本，评估价值为 300 000 元。产权转移手续已经办妥。

这项经济业务的发生，一方面使企业的无形资产增加了 300 000 元，另一方面使 C 方投资者对企业的投资也增加了 300 000 元。因此，这项经济业务涉及“无形资产”和“实收资本”两个账户。无形资产增加是资产的增加，应记入“无形资产”账户的借方；C 方投资者对企业投资的增加是所有者权益的增加，应记入“实收资本”账户的贷方。这项业务应编制的会计分录如下。

借：无形资产　　300 000
　　贷：实收资本　　300 000

（4）注册资金变化。

【例 4-4】新华公司成立两年后，因业务发展需要将公司注册资本增加至 8 000 000 元，此时投资人 D 欲加入该公司并希望占有 25%的股份。经协商，D 方投资者需缴纳 2 600 000 元，其中 2 000 000 元作为实收资本，以此享有 25%的股份，其余 600 000 元作为资本公积。

这些业务的发生，一方面使企业的银行存款增加了 2 600 000 元，另一方面使 D 方投资者对企业的投资也增加了 2 600 000 元。因此，这项业务涉及“银行存款”“实收资本”和“资本公积”账户。银行存款的增加是资产的增加，应计入“银行存款”账户的借方；D 方投资者对企业投资的增加是所有者权益的增加，应记入“实收资本”账户的贷方；D 方投资者对企业投资超出其在注册资本中所占的份额计入“资本公积”账户的贷方。这项业务应编制的会计分录如下。

借：银行存款　　2 600 000
　　贷：实收资本　　2 000 000
　　　　资本公积　　600 000

（二）向债权人借入资金的账务处理

（1）短期借款。

【例 4-5】201×年 4 月 1 日新华公司从银行取得借款 100 000 元，期限为 6 个月，年利率为 6%，利息每季结算一次，所得借款已存入银行。

这项经济业务的发生，一方面使银行存款增加了 100 000 元，另一方面使企业的短期借款增加了 100 000 元。因此，这项业务涉及“银行存款”和“短期借款”两个账户。银行存款增加是资产的增加，应记入“银行存款”账户的借方；短期借款增加是负债的增加，应记入“短期借款”账户的贷方。这项业务应编制的会计分录如下。

借：银行存款　　100 000
　　贷：短期借款　　100 000

【例 4-6】201×年 4 月 30 日新华公司确认本月应负担的短期借款利息支出 500 元。

这项经济业务表明，该企业由于向银行借款，本月应向银行支付利息 500 元。因为利息按季支付，所以在按照权责发生制确认本月应负担的利息支出记入财务费用时，应确认应付利息。财务费用增加，应记入“财务费用”账户的借方；应付利息增加，应记入“应付利息”账户的贷方。这项业务应编制的会计分录如下。

借：财务费用　　500
　　贷：应付利息　　500

5 月末、7 月末、8 月末账务处理同上。

【例 4-7】201×年 6 月 30 日新华公司以银行存款支付第二季度借款利息 1 500 元。

这项业务表明，由于利息按季支付，所以 6 月末支付利息时，既包括当月应当负担的利息支出 500 元，也包括 4、5 月份的应付利息 1 000 元。支付当月的利息费用，应记入“财务费用”账户的借方；支付以前的应付利息，应记入“应付利息”账户的借方；因支付利息银行存款减少 1 500 元，应记入“银行存款”账户的贷方。这项业务应编制的会计分录如下。

借：财务费用　　500

　　应付利息　　1 000

　　贷：银行存款　　1 500

9 月末账务处理同上。

【例 4-8】201×年 10 月 1 日上述借款到期，新华公司以银行存款归还银行 100 000 元。

这项业务表明，该企业归还银行借款，一方面企业短期借款减少了 100 000 元，另一方面企业的银行存款减少了 100 000 元。因此，这项业务涉及“短期借款”和“银行存款”两个账户。短期借款减少是负债的减少，应记入“短期借款”账户的借方；银行存款减少是资产的减少，应记入“银行存款”账户的贷方。这项业务应编制的会计分录如下。

借：短期借款　　100 000

　　贷：银行存款　　100 000

（2）长期借款。

【例 4-9】201×年 4 月 1 日新华公司为了购入某项设备，从银行取得借款 1 000 000 元，期限为 3 年，年利率为 9%，借款已存入银行。

这项经济业务的发生，一方面使银行存款增加了 1 000 000 元，另一方面使企业的长期借款增加了 1 000 000 元。因此，这项业务涉及“银行存款”和“长期借款”两个账户，银行存款增加是资产的增加，应记入“银行存款”账户的借方；长期借款增加是负债的增加，应记入“长期借款”账户的贷方。这项业务应编制的会计分录如下。

借：银行存款　　1 000 000

　　贷：长期借款　　1 000 000

月末按照权责发生制确认本月应负担的长期借款利息 7 500 元，会计分录如下。

借：财务费用　　7 500

　　贷：应付利息　　7 500

季末支付本季利息 22 500 元，会计分录如下。

借：财务费用　　7 500

　　应付利息　　15 000

　　贷：银行存款　　22 500

到期归还长期借款 1 000 000 元，会计分录如下。

借：长期借款　　1 000 000

　　贷：银行存款　　1 000 000

企业借款业务有关账户对应关系如图 4-18 所示。

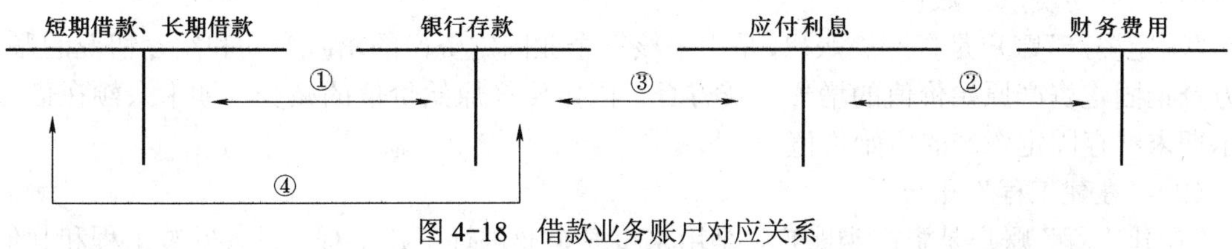

图 4-18　借款业务账户对应关系

说明：①向银行或非银行金融机构借入短期借款、长期借款；②按权责发生制确认财务费用和应付利息；③支付利息；④归还短期借款、长期借款。

第三节　供应过程的核算

为了进行生产经营活动，企业必须建造厂房及建筑物、购置机械设备和进行材料采购。因此，固定资产购建业务和材料采购业务的核算就构成了供应过程核算的主要内容。

一、固定资产购建业务的核算

（一）固定资产购建业务概述

固定资产一般是指使用期限较长、单位价值较高，能在若干个生产周期中发挥作用，并保持其原有实物形态的劳动资料。

1．固定资产特征

（1）使用寿命较长，一般超过一个会计年度。

（2）单位价值在规定的限额以上。

（3）属于有形资产，在使用过程中原有的实物形态不发生改变。

2．固定资产类别

固定资产包括：房屋及建筑物、机器设备、运输设备、工具器具等。

3．固定资产购建形式

固定资产购建形式，一般分为两种情况：一种是不需要安装即可投入生产使用的固定资产；另一种则需要经过安装、调试以后才能投入生产使用的固定资产。对于购入的需要安装的固定资产，只有在安装、调试之后达到设计要求或合同规定的标准，才算达到预定可使用状态。为了反映固定资产购建业务，需要设置“在建工程”“固定资产”两个账户。

4．固定资产购建成本计算

与其他资产一样，固定资产也应按取得时的实际成本（即原始价值）入账。企业外购固定资产的成本包括购买价款、相关税费（允许抵扣的增值税除外）以及使固定资产达到预定可使用状态前所发生的可归属于该项资产的运输费、装卸费、安装费和专业人员服务费等。企业自行建造固定资产的成本，由建造该项资产达到预定可使用状态前所发生的必要支出构成。

（二）固定资产核算的账户设置

（1）“固定资产”账户

“固定资产”账户是资产类账户，是用来核算企业固定资产的增减变动和结存情况的账户。借方登记固定资产原始价值的增加，贷方登记固定资产原始价值的减少，期末余额在借方，表示期末结存固定资产的原始价值。

（2）“在建工程”账户

“在建工程”账户是资产类账户，是用来核算企业进行基建工程、设备安装工程和其他工程等活动所发生的实际支出的账户。借方登记建造和安装固定资产工程所发生的实际支出，包括买价、运杂费、包装费和安装费等，贷方登记工程完工验收交付使用转入“固定资产”账户的实际成本，期末余额在借方，表示期末尚未完工的建造和安装工程已经发生的实际支出。该账户按在建工程的项目设置明细账，进行明细分类核算。“在建工程”账户结构如图 4-19 所示。

借方　　　　　在建工程	贷方
期初余额：期初未完工的固定资产的实际成本 本期发生额：建造安装固定资产买价、运杂费、包装费和安装费等	本期发生额：完工验收交付使用转入“固定资产”账户的实际成本
期末余额：尚未完工的建造、安装工程所发生的实际支出	

图 4-19　“在建工程”账户结构

（三）固定资产购建业务的账务处理

下面以新华公司 201×年 12 月份发生的经济业务为例。

（1）购建不需要安装的固定资产。

【例 4-10】企业购入机器设备一台，买价为 100 000 元，增值税额为 17 000 元，包装费和运杂费共计 1 200 元，全部款项已用银行存款支付，设备随即投入使用。

这项经济业务的发生，固定资产的购建成本=买入价+运杂费+包装费=100 000+1 200=101 200（元）作为固定资产的原始价值，一方面使企业的固定资产增加了 101 200 元，增值税进项税款增加 17 000 元，另一方面使企业的银行存款减少了 118 200 元。因此，这项经济业务涉及“固定资产”“应交税费”和“银行存款”三个账户。固定资产的增加是资产的增加，应按其原始价值记入“固定资产”账户的借方。购买设备增值税是进项税，记入“应交税费—应交增值税”账户的借方。银行存款的减少是资产的减少，应按照全部支出，记入“银行存款”账户的贷方。该项业务应编制的会计分录如下。

借：固定资产　　101 200
　　应交税费——应交增值税（进项税额）　　17 000
　　贷：银行存款　　118 200

（2）购建需要安装的固定资产。购入需要安装的设备，需要通过“在建工程”账户。这个账户借方登记购进时支付的价款、包装费、运杂费、安装费等各项费用。在安装完工交付使用时，再将购进和安装时所发生的全部支出，从“在建工程”账户的贷方转入“固定资产”账户的借方。

【例 4-11】企业购入需要安装的机器设备一台，买价 200 000 万元，增值税额 34 000 元，包装费和运杂费共计 7 420 元，全部款项已用银行存款支付，设备投入安装。

该项经济业务的发生，一方面使企业的在建工程增加了 207 420 元，增值税进项税款增加 34 000 元，另一方面使企业银行存款减少了 241 420 元。在建工程增加是资产增加，应记入“在建工程”账户的借方。增值税进项税，记入“应交税费——应交增值税”账户的借方。银行存款的减少是资产的减少，应记入“银行存款”账户的贷方。该项业务应编制的会计分录如下。

借：在建工程　　207 420
　　应交税费——应交增值税（进项税额）　　34 000
　　贷：银行存款　　241 420

【例4-12】在安装过程中，耗用材料7 000元，用现金支付安装工人工资800元。

该项经济业务的发生，一方面使库存材料减少了 7 000 元，另一方面使现金减少了 800 元。材料的消耗和工资费用的发生是购建固定资产费用的增加，应记入“在建工程”账户的借方。现金和库存材料的减少是资产的减少，应分别记入“库存现金”和“原材料”账户的贷方。该项业务应编制的会计分录如下。

借：在建工程　　7 800

　　贷：原材料　　7 000

　　　　库存现金　　800

【例4-13】一个月后机器设备安装完毕，经过验收合格交付车间使用。

工程安装完毕，经过验收合格以后交付使用时，应按照该项工程的实际成本215 220元（固定产购建成本=买价+运杂费+包装费+安装费=200 000+7 420+7 000+800=215 220）作为固定资产的原始价值，借记“固定资产”账户，贷记“在建工程”账户。该项业务应编制的会计分录如下。

借：固定资产　　215 220

　　贷：在建工程　　215 220

二、材料采购业务的核算

（一）材料采购经济业务简介

企业为了进行正常的生产经营活动，就必须购买和储备一定种类和数量的材料。在材料采购过程中，一方面是企业从供应单位购进各种材料物资；另一方面是企业要支付材料的买价、增值税额和各种采购费用，并与供应单位发生货款的结算。

（1）材料采购成本计算。企业购进的材料，经过验收入库以后，成为可供生产领用的库存材料。购入材料的成本一般包括材料的买价和各种采购费用。

① 材料的买价是指企业在采购材料时，供应单位发票上所记录的购入价格。

② 采购费用是指企业在采购材料过程中所支付的各项费用，包括材料的运输费、装卸费、保险费、包装费、仓储费等。按《企业会计准则》规定企业材料的采购费用应计入材料采购成本。

③ 增值税是指材料在采购过程中根据材料买价和税率计算的数额。按《企业会计准则》规定企业材料的采购增值税不计入材料采购成本。

材料采购成本=买价+运输费+装卸费+保险费+包装费+仓储费

（2）材料采购的业务方式。由于支付方式不同，材料的入库时间和付款时间也可能不一致，主要有以下几种情况：

① 货款支付的同时，材料入库。

② 货款支付，但材料没入库。

③ 材料入库，货款尚未支付，形成企业的应付账款。

（二）材料采购业务核算的账户设置

（1）“原材料”账户是资产类账户，是用来核算企业库存材料的增减变动和结存情况的账户。借方登记已验收入库材料的实际采购成本，贷方登记发出材料的实际成本，该账户期末余额在借方，表示期末库存材料的实际成本。“原材料”账户应按照材料的保管地点或者材料的类别、品种和规格设置明细账，进行明细核算。“原材料”账户结构如图 4-20 所示。

原材料

借方	贷方
期初余额：期初库存材料的实际成本 本期发生额：验收入库材料的实际成本	本期发生额：发出材料的实际成本
期末余额：期末库存材料的实际成本	

图 4-20　“原材料”账户结构

（2）“在途物资”账户是资产类账户，是用来核算企业购入的尚未运达企业或尚未验收入库的各种材料物资的实际成本的账户。借方登记购入材料发生的实际支出，贷方登记已验收入库材料的实际成本，如有余额一定在借方，表示材料款已付，尚未运达企业，或者已经运达企业，但是还没有验收入库材料的实际成本。“在途物资”账户应按照材料的品种设置明细账，进行明细核算。“在途物资”账户结构如图 4-21 所示。

在途物资

借方	贷方
期初余额：未验收入库材料的实际成本 本期发生额：购入材料各项支出	本期发生额：验收入库材料的实际成本
期末余额：尚未验收入库材料的实际成本	

图 4-21　“在途物资”账户结构

（3）“应付账款”账户是负债类账户，是用来核算企业因采购材料物资、接受劳务而与供应单位发生的结算债务资金的增减变动情况的账户。贷方登记应付供应单位的款项，包括买价和代垫运杂费，借方登记已偿还供应单位的款项，期末余额在贷方，表示尚未偿还的应付款项。“应付账款”账户应按供应单位设置明细账，进行明细核算。“应付账款”账户结构如图 4-22 所示。

应付账款

借方	贷方
本期发生额：已偿还的款项	期初余额：期初尚未偿还的款项 本期发生额：应付而未付的款项
	期末余额：期末尚未偿还的应付款项

图 4-22　“应付账款”账户结构

（4）“应付票据”账户是负债类账户，是用来核算企业因采购材料、商品和接受劳务等业务而开出的承兑汇票的账户（包括商业承兑汇票和银行承兑汇票）。贷方登记企业因采购材料等业务而开出的承兑汇票款，借方登记汇票到期，已偿还汇票款，期末如有贷方余额，表示尚未到期的商业汇票的票面金额。企业应设置应付票据备查簿，详细登记每一票据的种类、签发时期、票面金额、收款人、付款日期和金额等详细资料，应付票据到期付清的时候，应在备查簿中逐笔注销。“应付票据”账户应按债权单位设置明细账，进行明细核算。“应付票据”账户结构如图 4-23 所示。

应付票据

借方	贷方
本期发生额：已偿还汇票款	期初余额：期初尚未到期汇票款 本期发生额：开出的承兑汇票款
	期末余额：期末尚未到期的应付票据金额

图 4-23　“应付票据”账户结构

（5）“应交税费”账户是负债类账户，是用来核算企业与税务机关之间有关各种税费的应交和实交的结算情况的账户。贷方登记应交纳的各种税费，借方登记实际上交的各种税费，期末贷方余额为未交的税费。该账户应按照税费名称设置明细账，进行明细分类核算。“应交税费”账户结构如图 4-24 所示。

借方　　　　应交税费	贷方
本期发生额：实际交纳的各种税费	期初余额：期初尚未交纳应交税款 本期发生额：应交纳的各种税费
	期末余额：应交而未交的各种税费

图 4-24 “应交税费”账户结构

如在材料采购业务中，涉及的主要是“应交增值税”，是“应交税费”的一个明细账户，该账户是用来反映和监督企业应交和实交增值税情况的账户。在材料采购时，将购入物资已支付的进项税额记入“应交税费——应交增值税”账户的借方；将销售产品所收取的销项税额记入“应交税费——应交增值税”账户的贷方。

增值税是就货物和应税劳务的增值额作为课税对象的一种流转税，是一种价外税，不影响企业损益。其征税范围是：凡在我国境内销售货物和提供加工、修理修配劳务以及进口货物的单位和个人。从计税原理上讲，增值税是对商品的增值额或商品劳务附加值征收的一种流转税，但在计税实践中新增价值或商品附加值难以准确计算。因此，增值税采用间接计算的办法，由销售方代收代缴并实行税款抵扣制，即纳税人根据货物或应税劳务销售额乘以适用税率计算出销项税额，然后从中扣除已缴纳的进项税额，其差额即为应纳增值税额。

增值税纳税人按生产经营规模大小及会计核算是否健全，分为一般纳税人和小规模纳税人。一般纳税人按照规范的征收管理办法计算缴纳增值税，即采用税款抵扣制。在实际征收中，采用凭增值税专用发票或其他合法扣税凭证注明的税款进行抵扣的办法计算缴纳增值税，其基本税率为 17%。为了反映一般纳税人增值税的计算与缴纳情况，需要在“应交税费——应交增值税”账户下设置“进项税额”“销项税额”“已交税金”等明细账户。

具体计算公式如下：

当期应纳增值税额=当期销项税额-当期进项税额

销项税额=销售额×适用税率

进项税额=购进货物或劳务的价款×适用税率

小规模纳税人采用简易的征收管理办法，不实行税款抵扣制，直接以销售额与适用税率的乘积计算缴纳增值税，一般税率是 3%。因此，在反映增值税的计算与缴纳时，不需要在“应交税费——应交增值税”账户下设置“进项税额”“销项税额”等明细账户。

具体计算公式如下：

当期应纳增值税额=不含增值税的销售额×适用税率

“应交税费——应交增值税”账户结构如图 4-25 所示。

借方　　　　应交税费——应交增值税	贷方
期初余额：尚未抵扣的增值税 本期发生额：购进货物或接受应税劳务 　　　　　　支付的进项税 　　　　　　实际已交纳的增值税	期初余额：期初尚未交纳的增值税 本期发生额：销售货物或提供应税劳务 　　　　　　应交纳的销项税额
期末余额：尚未抵扣的增值税	期末余额：应交而未交的增值税

图 4-25 “应交税费——应交增值税”账户结构

（三）材料采购业务的账务处理

下面以新华公司201×年12月份发生的经济业务为例。

材料的购入业务由于支付购料款、材料入库和运费等情况的不同，将材料采购业务分为以下几种情况。

（1）购进材料的同时，支付购料款。这是材料采购时最基本的经济业务，其他业务是在该项业务的基础上变化而来的。

【例4-14】企业从宏达公司购进A、B两种材料。A材料买价为30 000元，增值税额为5 100元；B材料买价为40 000元，增值税额为6 800元，上述款项已用银行存款支付，材料已运达企业，并已验收入库。

这项经济业务的发生，一方面使库存材料增加，其实际成本为买价70 000元，库存材料的增加是资产增加，应记入"原材料"账户的借方，增值税进项税额增加11 900元，应记入"应交税费——应交增值税"账户的借方；另一方面，企业的银行存款减少了81 900元，是资产的减少，应记入"银行存款"账户的贷方。该项业务应编制会计分录如下。

借：原材料——A材料　　30 000
　　原材料——B材料　　40 000
　　应交税费——应交增值税（进项税额）　　11 900
　　贷：银行存款　　81 900

这项经济业务的完成，企业的资金从货币资金形态转变为储备资金形态。

（2）材料已购进并已验收入库，但是材料货款尚未支付。这项经济业务的发生，一方面表现为企业库存材料的增加；另一方面，由于未付货款，就形成了企业的债务，所以企业的债务同时增加。由于采取不同的结算方式，又可以分为两种形式：第一种形式为商业汇票结算方式，即在取得材料的同时开出，在以后某一时间支付款项的商业汇票；第二种形式是形成企业的债务，通过"应付账款"账户进行结算。

【例4-15】企业从维达公司购买A材料2 000千克，单价50元，计价100 000元，增值税额17 000元，采用商业承兑汇票结算方式，企业就开出了半年期的商业承兑汇票一张，A材料已经运达企业并已验收入库。

这项经济业务的发生，一方面使企业原材料增加，其买价100 000元，应记入"原材料"账户的借方，增值税额17 000元是进项税额的增加，应记入"应交税费——应交增值税"账户的借方；另一方面，使企业的应付票据款增加117 000元，是企业的债务增加，应记入"应付票据"账户的贷方。该项业务应编制会计分录如下。

借：原材料——A材料　　100 000
　　应交税费——应交增值税（进项税额）　　17 000
　　贷：应付票据——0维达公司　　117 000

【例4-16】上述票据到期时，企业通过开户银行转账支付维达公司117 000元。

这项业务的发生，一方面使企业负债减少117 000元，应记入"应付票据"账户的借方；另一方面也使企业资产减少117 000元，应记入"银行存款"账户的贷方。该项业务应编制会计分录如下。

借：应付票据——维达公司　　117 000

　　贷：银行存款　　　　　　　　　　　　　　　　　　　　117 000

【例 4-17】企业从宏达公司购进 B 材料 3 000 千克，单价 20 元，计价 60 000 元，增值税额 10 200 元，材料已运达企业并验收入库。但是由于暂时的资金紧张，材料款项尚未支付。

这项经济业务的发生，一方面使企业库存材料增加了，增加的总成本是 60 000 元，应记入“原材料”账户的借方，增值税进项税款增加 10 200 元，应记入“应交税费——应交增值税”账户的借方；另一方面，欠供应单位的货税款增加了 70 200 元，企业的债务增加，应记入“应付账款”账户的贷方。该项业务应编制会计分录如下。

借：原材料——B 材料　　　　　　　　　　　　　　60 000
　　应交税费——应交增值税（进项税额）　　　　　10 200
　　贷：应付账款——宏达公司　　　　　　　　　　　70 200

（3）款已经支付，但材料尚未验收入库。这类业务的发生需要经过“在途物资”账户，购入材料发生的实际支出先记入“在途物资”账户的借方，待材料验收入库时，再转入“原材料”账户，此时“材料采购”账户成为一个过渡账户。

【例 4-18】企业从维达公司购买 A 材料 3 000 千克，单价 50 元，计价 150 000 元，增值税额 25 500 元，企业用银行存款支付，材料尚未验收入库。

这项经济业务的发生，一方面使企业在途材料增加，增加的总成本是 150 000 元，应记入“材料采购”账户的借方，增值税进项税额增加 25 500 元，应记入“应交税费——应交增值税”账户的借方；另一方面使企业的银行存款减少，共计减少 175 500 元，应记入“银行存款”账户的贷方。

① 材料采购业务发生后，应编制会计分录如下。

借：在途物资——A 材料　　　　　　　　　　　　　150 000
　　应交税费——应交增值税（进项税额）　　　　　　25 500
　　贷：银行存款　　　　　　　　　　　　　　　　　175 500

② 上述材料验收入库时，应编制会计分录如下。

借：原材料——A 材料　　　　　　　　　　　　　　150 000
　　贷：在途物资——A 材料　　　　　　　　　　　　150 000

（4）采购费用的核算。

① 采购费用的账务处理方式。采购费用（包括运输费、装卸费、保险费、包装费等）一般分为两种情况处理：一种是材料直接入库，则采购费用直接记入“原材料”账户的借方；另一种是材料尚未入库，则采购费用先记入“在途物资”账户的借方，待材料入库时，再将所采购物资的实际成本总额转入“原材料”账户的借方。

② 采购费用的成本计算方式。计算材料采购成本时，一般分为两种情况处理：一种是各项费用凡是能够分清为采购哪种材料所支付的费用，可以根据原始凭证直接计入该种材料的采购成本；另一种是凡是不能分清是为哪一种材料所支付的费用，就应采用合理的分配标准，在各种材料之间进行分配，再计入各种材料成本。

【例 4-19】企业购买 B 材料 3 000 千克，单价 20 元，计价 60 000 元，增值税额 10 200 元，运费 600 元，各项费用已用银行存款支付，材料已经运达企业并已验收入库。

这项经济业务的发生，一方面使企业材料增加，增加的买价为 60 000 元，运费为 600 元，总成本是 60 600 元，应记入“原材料”账户的借方。增值税进项税额增加 10 200 元，应记入“应交税费——应交增值税”账户的借方；另一方面使企业的银行存款减少了 70 800 元，应记入“银行存款”账户的贷方。该项业务应编制会计分录如下。

借：原材料——B 材料　　60 600
　　应交税费——应交增值税（进项税额）　　10 200
　　贷：银行存款　　70 800

【例 4-20】企业从维达公司购进 A 材料 2 000 千克，单价 50 元，价款 100 000 元，购进 B 材料 3 000 千克，单价 20 元，价款 60 000 元，增值税税率 17%，材料尚未运达企业，货税款项尚未支付。另用银行存款支付材料运费 500 元（按重量分配）。10 天后，A 材料和 B 材料运达企业并验收入库。

这项经济业务的发生，表明企业从维达公司购进的材料尚未入库，使企业在途材料增加了 160 000 元，应记入“在途物资”账户的借方，增值税额增加了 27 200 元，应记入“应交税费——应交增值税”账户的借方，欠供应单位的货税款增加了 187 200 元，企业的债务增加，应记入“应付账款”账户的贷方。

① 货税款业务应编制会计分录如下。

借：在途物资——A 材料　　100 000
　　在途物资——B 材料　　60 000
　　应交税费——应交增值税（进项税额）　　27 200
　　贷：应付账款——维达公司　　187 200

② 支付材料运费 500 元，按材料重量分配：

每千克应分配运费=500÷（2 000+3 000）=0.1（元/千克）

A 材料应分配运费=2 000×0.1=200（元）

B 材料应分配运费=500−200=300（元）或 3 000×0.1=300（元）

支付运费表示企业费用的增加，应记入“在途物资”账户的借方。运费业务应编制的会计分录如下。

借：在途物资——A 材料　　200
　　在途物资——B 材料　　300
　　贷：银行存款　　500

上述两套会计分录可合并处理如下。

借：在途物资——A 材料　　100 200
　　在途物资——B 材料　　60 300
　　应交税费——应交增值税（进项税额）　　27 200
　　贷：应付账款——维达公司　　187 200
　　　　银行存款　　500

③ 10 天后，A 材料和 B 材料运达企业并验收入库。其成本为买价与运费之和，应将其成本记入“原材料”账户的借方，记入“在途物资”账户的贷方。该项业务应编制会计分录如下。

借：原材料——A 材料　　100 200
　　原材料——B 材料　　60 300

贷：在途物资——A 材料	100 200
在途物资——B 材料	60 300

第四节　生产过程的核算

一、生产过程业务简介

生产阶段是指从材料的投入生产到产品完工入库的全过程，是企业资金周转的第二阶段。在这一阶段，资金形态相应的由储备资金、货币资金等转化为生产资金形态，产品完工入库后，资金形态又从生产资金形态转化为成品资金形态。

企业要生产产品就会发生各种耗费，包括生产资料中的劳动手段和劳动对象的耗费以及劳动力等方面的耗费。企业在一定时期内发生的，用货币表现的生产耗费称为生产费用。这些费用最终都要归集、分配到一定种类的产品上去，形成各种产品的成本。我们将企业为生产一定种类、一定数量产品所支出的各种生产费用的总和称为产品的生产成本。产品生产过程核算的主要内容包括生产过程中费用的发生、归集和分配以及产品生产成本的形成。生产费用在生产过程核算中分为制造成本和期间费用两部分。

（一）制造成本

制造成本是指产品在生产过程中发生的直接材料费、直接人工费和制造费用等。

（1）直接材料费用是指直接为生产产品而领用的各种原材料和辅助材料。

（2）直接人工费用是指直接为生产产品的工人所发生的工资和福利费。

（3）制造费用是指生产车间范围内为组织和管理生产经营活动所发生的各项费用。如车间管理人员的工资，车间固定资产的折旧费、修理费，车间发生的办公费、水电费、取暖费、差旅费等，这些费用是企业制造部门为生产多种产品而发生的共同性费用，应当按照合理的方法在各种产品之间进行分配，记入每种产品的生产成本。只有产品的制造成本，才能计入产品的生产成本。

（二）期间费用

期间费用是指不能直接归属于某个特定产品成本的费用，包括管理费用、财务费用和销售费用。期间费用不应计入产品的生产成本。

（1）管理费用是指企业管理层为组织和管理整个企业的生产经营活动所发生的各项费用。如行政管理人员的工资及福利费用、行政管理部门使用的固定资产的折旧费、修理费、办公费、招待费、差旅费、会议费、聘请中介机构费、咨询费、诉讼费、研究费、排污费等。

（2）财务费用是指企业为筹集生产经营所需资金而发生的费用。如借款利息、银行手续费等。

（3）销售费用是指企业为销售产品而发生的各项费用。如企业为销售产品而发生的广告费用、包装费用、保险费用、销售人员的工资及福利费用等。

管理费用、财务费用以及企业销售过程中发生的销售费用，与企业产品生产没有直接关系，均不构成产品成本，属于期间费用，直接计入当期损益。

因此，企业产品生产业务核算的主要任务是正确核算产品成本，注意区分应计入产品成本的费用和不应计入产品成本的费用。由于企业生产是连续不断进行的，而产品成本要按期核算，所以还要注意区分不同期间的产品成本、完工产品成本和在产品成本等。

二、生产过程核算的账户设置

（一）“生产成本”账户

“生产成本”账户是成本类账户，是用来归集和分配产品生产过程中所发生的各项生产费用，确定产品的实际成本的账户。借方登记为生产产品发生的直接材料费、直接人工费和期末分配转入的制造费用，完工入库产品的实际成本从其贷方转出，期末账户余额在借方，表示期末在产品的成本。该账户按产品的品种设置明细账，进行明细分类核算，以确定各产品的生产成本。“生产成本”账户结构如图 4-26 所示。

借方　　生产成本　　贷方

借方	贷方
期初余额：期初在产品的成本 本期发生额：为生产产品发生的各项制造成本	本期发生额：生产完工验收入库产品的实际成本
期末余额：未完工产品的生产成本余额	

图 4-26　“生产成本”账户结构

（二）“制造费用”账户

“制造费用”账户是成本类账户，是用来归集和分配生产车间范围内为生产产品和提供劳务而发生的各项间接费用及车间为组织和管理生产经营活动所发生的各项费用的账户。它包括车间管理人员的工资及福利费，车间固定资产的折旧费，车间固定资产以及生产工具发生的修理费，车间的办公费、水电费及物料消耗费、劳动保护费、季节性的停工损失等。借方登记实际发生的各项制造费用，贷方登记由借方归集各项制造费用，月末在本车间所生产的各种产品之间进行分配，分配后全部转入“生产成本”账户的借方，计入各种产品的成本，账户期末一般没有余额。该账户应按不同的车间设置明细账，进行明细分类核算。“制造费用”账户结构如图 4-27 所示。

借方　　制造费用　　贷方

借方	贷方
本期发生额：车间发生的各项间接费用及为组织和管理生产经营活动所发生的费用	本期发生额：月末分配的制造费用
期末一般无余额	

图 4-27　“制造费用”账户结构

（三）“应付职工薪酬”账户

“应付职工薪酬”账户是负债类账户，是用来核算企业应付职工的各种薪酬的账户。包括应付工资总额内的各种工资、奖金、津贴、职工福利、社会保险费、住房公积金、工会经费、职工教育经费、非货币性福利、辞退福利、股份支付等。贷方登记本月结算的应付职工的各种薪酬，借方登记实际支付给职工的各种薪酬，期末余额一般在贷方，表示应付未付的职工薪酬。“应付职工薪酬”账户结构如图 4-28 所示。

借方	应付职工薪酬	贷方
本期发生额：实际支付给职工的各种薪酬		期初余额：期初应付未付的职工薪酬 本期发生额：本月结算的应付职工的各种薪酬
		期末余额：应付未付的职工薪酬

图 4-28 “应付职工薪酬”账户结构

（四）“累计折旧”账户

固定资产的特点是单位价值大，在企业生产经营管理中长期使用而其实物形态基本保持不变，但是其价值会随着使用和时间推移逐渐发生损耗。在固定资产使用寿命内按照确定的方法对其价值进行系统分摊，称为按期计提固定资产折旧，即按期计算固定资产的磨损价值。应当计提折旧的固定资产的原价扣除其预计净残值后的金额称为应计折旧总额。企业应当合理选择固定资产折旧方法，可选用的折旧方法包括年限平均法、工作量法、双倍余额递减法和年数总和法等。

将应计折旧总额按固定资产预计使用年限平均分摊的方法称为年限平均法。如企业厂房原价 2 000 万元，预计使用年限 50 年，预计净残值 200 万元，采用年限平均法计提折旧，每年应计提折旧（2 000−200）/50=36（万元），每月应计提折旧 36/12=3（万元）。

固定资产折旧应根据固定资产用途计入产品成本或当期损益，如生产用固定资产折旧应计入制造费用，行政管理用固定资产折旧应计入管理费用。

固定资产计提折旧，表明成本费用增加，同时固定资产价值相应减少，按理固定资产价值减少应记入“固定资产”账户的贷方，但是考虑到固定资产原价能比较客观地反映出企业的经营规模，只有在固定资产清理处置时，才将退出企业生产经营过程的固定资产原价记入“固定资产”账户的贷方，所以“固定资产”账户只反映其原价的增减变动以及结存情况，不反映其磨损价值。

“累计折旧”账户用来专门核算固定资产的磨损价值，该账户是资产类账户。由于固定资产磨损价值增加，意味着固定资产实际价值的减少，所以“累计折旧”账户实际上是“固定资产”账户的调整账户，核算企业固定资产的累计折旧。贷方登记每月提取的固定资产折旧，借方登记固定资产出售、报废、盘亏、损毁、投资转出等原因减少固定资产已提取的折旧额，期末余额一般在贷方，表示现有固定资产累计提取的折旧额。用“固定资产”账户借方余额反映的固定资产原价减去“累计折旧”账户贷方余额反映的固定资产的磨损价值，就是固定资产的折余价值，即固定资产净值。账户按所计提固定资产的类别设置明细账，进行明细分类核算。“累计折旧”账户结构如图 4-29 所示。

借方	累计折旧	贷方
本期发生额：固定资产减少时冲减的折旧		期初余额：期初累计提取的折旧额 本期发生额：本月提取的固定资产折旧额
		期末余额：现有固定资产累计提取的折旧额

图 4-29 “累计折旧”账户结构

（五）“预付账款”账户

“预付账款”账户是资产类账户，是用来核算企业按照合同规定预付的款项的账户。借方登记企业按照合同规定预付的款项以及补付的款项，贷方登记收到所购物资后需支付给供应单位的款项，期末余额如在借方，反映企业预付的款项，期末余额如在贷方，反映企业尚未补付的款项。该账户应按供应单位设置明细账，进行明细分类核算。“预付账款”账户结构如图 4-30 所示。

预付账款

借方	贷方
期初余额：期初已预付的款项 本期发生额：预付款项的增加	本期发生额：预付款项的减少
期末余额：预付款项数额	

图 4-30　“预付账款”账户结构

（六）“库存商品”账户

“库存商品”账户是资产类账户，是用来反映和监督企业库存商品实际成本的增减变动及其结存情况的账户。借方登记已完工并验收入库的产品的实际成本，贷方登记出库产品的实际成本，期末余额一般在借方，表示库存产品的实际成本。“库存商品”账户应按产品的品种、规格设置明细账，进行明细分类核算。“库存商品”账户结构如图 4-31 所示。

库存商品

借方	贷方
期初余额：期初库存产品实际成本 本期发生额：完工验收入库产品的实际成本	本期发生额：发出产成品的实际成本
期末余额：库存产品的实际成本	

图 4-31　“库存商品”账户结构

（七）“其他应收款”账户

“其他应收款”账户是资产类账户，是用来核算企业除应收票据、应收账款等以外的各种应收及暂付款项的账户。借方登记企业发生的其他应收及暂付款项，贷方登记收回或转销的数额，期末余额在借方，表示尚未收回的其他应收款项。该账户可按对方单位（或个人）设置明细账，进行明细分类核算。“其他应收款”账户结构如图 4-32 所示。

其他应收款

借方	贷方
期初余额：尚未收回的其他应收款 本期发生额：其他应收款的增加	本期发生额：收回或转销的其他应收款
期末余额：尚未收回的其他应收款	

图 4-32　“其他应收款”账户结构

（八）“管理费用”账户

“管理费用”账户是损益类账户，是用来核算企业为组织和管理生产经营活动所发生的各项费用的账户。借方登记当期发生的各项管理费用，贷方登记期末全部转入“本年利润”账户的金额，期末结转后，账户无余额。“管理费用”账户应按照费用的种类设置明细账，进行明细分类核算。“管理费用”账户结构如图 4-33 所示。

管理费用

借方	贷方
本期发生额：本月各项管理费用的发生额	本期发生额：期末将借方发生额全部转入“本年利润”账户
期末无余额	

图 4-33　“管理费用”账户结构

三、生产过程业务的账务处理

产品成本核算是企业生产过程核算的主要任务，基本思路是直接材料和直接人工等直接费用发生时直接记入“生产成本”账户，各项间接费用发生时先在“制造费用”账户中归集，期末按照合理的方法分配记入“生产成本”账户，产品完工验收入库，应将其成本从“生产成本”账户转入“库存商品”；各项期间费用发生时，分别记入“管理费用”“财务费用”等账户，不计入产品成本，直接计入当期损益。

下面以新华公司201×年12月份发生的经济业务为例。

（一）材料的领用

平时各部门领用材料，不编制会计分录，月末仓库将本月发出的材料进行汇总，编制“材料发出汇总表”，企业会计部门根据“材料发出汇总表”，每月一般只编制一个领用材料的会计分录。

【例4-21】本月发出材料汇总表，如表4-1所示。

表4-1　材料发出汇总表

单位：元

项　　目	A 材　料	B 材　料	C 材　料	合　　计
甲产品	43 000	53 000	23 000	119 000
乙产品	25 000	35 000	36 000	96 000
车间一般消耗			5 000	5 000
厂部一般消耗			8 000	8 000
合　　计	68 000	88 000	72 000	228 000

根据“材料发出汇总表”，生产耗用材料表示成本费用的增加，甲产品和乙产品生产耗料直接记入“生产成本”账户的借方，车间一般消耗材料记入“制造费用”账户的借方，厂部一般消耗材料记入“管理费用”账户的借方，材料库存减少表示资产的减少，记入“原材料”账户的贷方。该项业务应编制的会计分录如下。

借：生产成本——甲产品　　119 000
　　生产成本——乙产品　　96 000
　　制造费用　　5 000
　　管理费用　　8 000
　　贷：原材料——A材料　　68 000
　　　　原材料——B材料　　88 000
　　　　原材料——C材料　　72 000

（二）职工工资的核算

企业每月应进行工资核算。首先，计算每个职工的工资，编制“工资结算单”；然后，计算各部门的工资，编制“工资结算汇总表”；最后，编制“工资分配表”，按部门分配本月工资。有关工资的核算，分为以下几个步骤。

1. 结算本月应付职工工资数额

【例 4-22】结算本月应付职工工资 200 000 元，其中生产工人工资 150 000 元，车间管理人员工资 20 000 元，厂部管理人员工资 30 000 元。生产工人工资按甲、乙两种产品的生产工时进行分配（甲产品 80 000 工时，乙产品 70 000 工时）。

生产工人因共同生产不同的产品，需要划分不同产品之间的工资数量，故共同性工资应在不同产品之间进行分配，以确定每种产品应承担的工资。分配标准有生产工时、产品的产量等，一般按产品的生产工时进行分配。

本例题按甲、乙两种产品生产工时分配生产工人的工资。

分配率=生产工人工资总额÷生产工时总数

某种产品应分配的生产工人工资=该产品生产工时数×分配率

该企业工资分配率=150 000÷（80 000+70 000）=1（元/工时）

甲产品应分配的工资=1×80 000=80 000（元）

乙产品应分配的工资=150 000–80 000=70 000（元）或 1×70 000=70 000（元）

这项经济业务的发生，一方面使企业的费用增加，所涉及的生产工人工资应直接记入“生产成本”账户的借方，车间管理人员工资应先在制造费用中归集，记入“制造费用”账户的借方，厂部管理人员工资在管理费用中归集，记入“管理费用”账户的借方；另一方面形成一种负债，分配的工资应记入“应付职工薪酬”账户的贷方。该项业务应编制的会计分录如下。

借：生产成本——甲产品	80 000	
生产成本——乙产品	70 000	
制造费用	20 000	
管理费用	30 000	
贷：应付职工薪酬——工资		200 000

2. 发放工资前到银行提取现金，准备发工资

【例 4-23】企业从银行提取现金 200 000 元，准备发放工资。

这项经济业务的发生，一方面使现金增加 200 000 元，另一方面使银行存款减少 200 000 元。该项业务应编制的会计分录如下。

借：库存现金	200 000	
贷：银行存款		200 000

3. 发放工资

【例 4-24】企业以库存现金发放工资 200 000 元。

这项经济业务的发生，一方面使库存现金减少 200 000 元，另一方面支付工资 200 000 元，使负债减少，记入“应付职工薪酬”账户的借方。该项业务应编制的会计分录如下。

借：应付职工薪酬——工资	200 000	
贷：库存现金		200 000

（三）社会保险费、住房公积金、工会经费和职工福利费的核算

（1）国家统一规定了计提基础和计提比例的应付职工薪酬的计提。企业应向社会保险经办机构缴纳的医疗保险费、养老保险费、失业保险费、工伤保险费、生育保险费等社会保险

费，应向住房公积金管理部门缴存的住房公积金，应向工会管理部门缴纳的工会经费等，国家统一规定了计提基础和计提比例，应当按照国家规定标准计提。

【例 4-25】根据国家规定的计提标准计算，企业应向社会保险经办机构缴纳的职工基本养老保险费共计 40 000 元。其中，生产甲产品的工人计提额为 16 000 元，生产乙产品的工人计提额为 14 000 元，车间管理人员计提额为 4 000 元，厂部管理人员计提额为 6 000 元。

这项经济业务的发生，使企业的费用增加，所涉及的生产工人基本养老保险费，应直接记入“生产成本”账户的借方，车间管理人员基本养老保险费应先在制造费用中归集，记入“制造费用”账户的借方，厂部管理人员基本养老保险费在管理费用中归集，记入“管理费用”账户的借方；另一方面形成一种负债，计提的基本养老保险费，记入“应付职工薪酬”账户的贷方。该项业务应编制的会计分录如下。

① 计提的基本养老保险费会计分录如下。

借：生产成本——甲产品	16 000	
生产成本——乙产品	14 000	
制造费用	4 000	
管理费用	6 000	
贷：应付职工薪酬——社会保险费（基本养老保险）		40 000

② 向社会保险经办机构缴纳基本养老保险费会计分录如下。

借：应付职工薪酬——社会保险费（基本养老保险）	40 000	
贷：银行存款		40 000

（2）国家没有明确规定计提基础和计提比例的应付职工薪酬的计提。职工福利费等职工薪酬，国家没有明确规定计提基础和计提比例，企业应当根据历史经验数据和实际情况，合理预计当期应付职工薪酬。当期实际发生金额大于预计金额的，应当补提应付职工薪酬；当期实际发生金额小于预计金额的，应当冲回多提的应付职工薪酬。

【例 4-26】企业根据在岗职工分布情况、相关历史经验和数据等计提当月职工福利费共计 28 000 元。其中，生产甲产品的工人计提额为 11 200 元，生产乙产品的工人计提额为 9 800 元，车间管理人员计提额为 2 800 元，厂部管理人员计提额为 4 200 元。

这项经济业务的发生，使企业的职工福利费增加，所涉及的生产工人职工福利费，应直接记入“生产成本”账户的借方，车间管理人员职工福利费应先在制造费用中归集，记入“制造费用”账户的借方，厂部管理人员职工福利费在管理费用中归集，记入“管理费用”账户的借方；另一方面形成一种负债，计提的职工福利费，应记入“应付职工薪酬”账户的贷方。该项业务应编制的会计分录如下。

借：生产成本——甲产品	11 200	
生产成本——乙产品	9 800	
制造费用	2 800	
管理费用	4 200	
贷：应付职工薪酬——职工福利费		28 000

（四）固定资产折旧的核算

固定资产在使用过程中，由于磨损而减少的那部分价值称为固定资产折旧。固定资产损耗的那部分价值，应按规定进行计算，将折旧费作为产品成本的重要组成部分，当产品销售后，从销售收入中得到补偿。“固定资产”账户按原始价值反映固定资产增减变动和结存情况，固定资产因磨损而减少的价值不直接记入“固定资产”账户，而是设置“累计折旧”账户核算固定资产磨损的价值。

【例 4-27】月末，企业按规定计算的固定资产折旧额共计 32 000 元。其中，车间使用的厂房、机器设备等固定资产应提折旧额为 20 000 元，厂部使用的房屋、车辆等固定资产应提折旧额为 12 000 元。

这项经济业务的发生，一方面使车间的费用增加了 20 000 元，厂部的费用增加了 12 000 元，费用增加分别记入“制造费用”和“管理费用”账户的借方；另一方面使企业固定资产的折旧额增加了 32 000 元，应记入“累计折旧”账户的贷方。该项业务应编制的会计分录如下。

借：制造费用　　20 000

　　管理费用　　12 000

　　贷：累计折旧　　32 000

（五）预付款项的核算

企业发生的保险费、报纸杂志费等往往要预付，这类费用企业已经支出或发生，能使若干个会计期间受益，按权责发生制基础要求，为正确计算各个会计期间的盈亏，要将这些支出在其各个受益的会计期间进行分配，会计上称这类费用为成本分摊费用。

【例 4-28】企业本月用银行存款预订明年上半年报纸杂志费 1 800 元，分摊本月应承担的报纸杂志费 300 元。

这项经济业务的发生，一方面预付了明年上半年报纸杂志费 1 800 元，应记入“预付账款”账户的借方和“银行存款”账户的贷方；另一方面本月应分摊报纸杂志费 300 元，应记入“管理费用”账户的借方和“预付账款”账户的贷方。该项业务应编制的会计分录如下。

① 预付明年上半年报纸杂志费会计分录如下。

借：预付账款——报纸杂志费　　1 800

　　贷：银行存款　　1 800

② 分摊本月成本分摊费用会计分录如下。

借：管理费用——报纸杂志费　　300

　　贷：预付账款——报纸杂志费　　300

（六）预提借款利息的核算

银行借款的利息，按银行现行管理制度规定，一个季度结算一次。而借款利息是企业为筹集资金而发生的一项费用，根据权责发生制基础要求，为了划清各个会计期间的费用界限，借款利息要根据受益情况，预先分期记入成本费用账户，根据合同或者有关规定，可以以后支付的费用。

【例 4-29】预提应由本月负担的短期借款利息 5 600 元。

这项经济业务的发生，一方面按照权责发生制原则，提取了应由本期负担的短期借款利息 5 600 元，短期借款利息是企业为筹集资金而发生的一项费用，应记入“财务费用”账户的借方；另一方面要增加预提利息 5 600 元，应记入“应付利息”账户的贷方。该项业务应编制的会计分录如下。

借：财务费用　　5 600

贷：应付利息　　5 600

（七）管理费用核算

在企业实际工作中，企业会发生各种管理费用，如办公费、电话费、水电费、交通费等。根据发生的用途、地点不同，应分别记入不同账户，厂部的费用一般记入“管理费用”账户，车间发生的费用一般记入“制造费用”账户。

【例 4-30】用银行存款支付生产车间的办公费 800 元、电话费 500 元、水电费 960 元、交通费 300 元，共计 2 560 元；支付厂部行政管理部门的办公费 480 元、电话费 1 500 元、交通费 350 元、水电费 870 元，共计 3 200 元。

这项经济业务的发生，生产车间的费用项目都属于生产车间本月实际发生并负担的费用，直接记入“制造费用”账户的借方，厂部行政管理部门的费用项目属于厂部本月实际发生并负担的费用，直接记入“管理费用”账户的借方，该项业务使银行存款减少了 5 760 元，应记入“银行存款”账户的贷方。该项业务应编制的会计分录如下。

借：制造费用　　2 560
　　管理费用　　3 200
　　贷：银行存款　　5 760

（八）差旅费核算

在实际工作中，企业发生差旅费业务较多。差旅费核算一般分为以下几步：首先是出差借款，然后是报销差旅费，最后是结算借款。

【例 4-31】企业采购员王永民出差借差旅费 3 500 元，用现金支付。

这项经济业务的发生，使企业的其他应收款增加，应记入“其他应收款”账户的借方，支付现金 3 500 元，使库存现金减少了 3 500 元，应记入“库存现金”账户的贷方。该项业务应编制的会计分录如下。

借：其他应收款——王永民　　3 500
　　贷：库存现金　　3 500

【例 4-32】王永民出差归来，报销差旅费 3 320 元，退回现金 180 元。

差旅费作为企业管理工作中发生的一项费用，一般应记入“管理费用”账户的借方，退回现金，作为企业库存现金的增加，应记入“库存现金”账户的借方，两项合计 3 500 元，正好冲销原借款，应记入“其他应收款”账户的贷方。该项业务应编制的会计分录如下。

借：管理费用　　3 320
　　库存现金　　180
　　贷：其他应收款——王永民　　3 500

（九）月末结转制造费用

制造费用本月发生时通过“制造费用”账户进行归集核算，月末应根据“制造费用”账户借方登记的费用进行汇总。制造费用总额一般按产品的生产工时数在不同产品中进行分配，计入各种产品的生产成本。

制造费用分配率=本月制造费用发生的总额÷各产品的生产工时总数

某产品分配的制造费用=制造费用分配率×该产品的生产工时数

【例 4-33】本月制造费用归集总额为 54 360 元，按甲、乙产品的生产工时分配本月制造费用（甲产品的生产工时为 80 000，乙产品的生产工时为 70 000）。

制造费用分配率=54 360 ÷（80 000+70 000）=0.362 4（元/工时）

甲产品分配的制造费用=80 000 ×0.362 4=28 992（元）

乙产品分配的制造费用=54 360 − 28 992=25 368（元）或 70 000×0.362 4=25 368（元）

该项业务应编制的会计分录如下。

借：生产成本——甲产品　　28 992
　　生产成本——乙产品　　25 368
　　贷：制造费用　　54 360

（十）月末结转完工产品的生产成本

在实际工作中，平时产品完工入库不编制会计分录，只将生产产品发生的全部费用登记到“生产成本”账户的借方，按产品的品种设置各种产品生产成本明细账，月末归集发生的生产成本，按一定标准分配生产费用，计算出完工产品成本，从“生产成本”账户的贷方转入“库存商品”账户的借方。

【例 4-34】本月生产的甲、乙产品全部完工，结转完工产品成本（生产成本月初无余额）。

通过“T”字形账归集甲产品的“生产成本”账户的借方发生额为 255 192 元，乙产品的“生产成本”账户的借方发生额为 215 168 元。

由于甲、乙产品全部完工，所以归集甲、乙产品的生产成本，全部转入“库存商品”账户。该项业务应编制的会计分录如下。

借：库存商品——甲产品　　255 192
　　库存商品——乙产品　　215 168
　　贷：生产成本——甲产品　　255 192
　　　　生产成本——乙产品　　215 168

第五节　销售过程的核算

一、销售过程经济业务简介

产品销售过程是产品价值的实现过程。在这一过程中，一方面企业要将产品销售给购买单位；另一方面要根据销售价格和销售合同向购买单位收取货款。这时，企业的生产经营资金就从成品资金形态转化为货币资金形态，完成了资金的一次循环。

工业企业的销售业务分为主营业务和其他业务。主营业务具有经常性、连续性的特点，在企业经营活动中占主导地位，具体包括销售产品、自制半成品、代制品、代修品和提供工业性劳务等，主营业务形成的销售收入、相应的销售成本称为主营业务收入、主营业务成本。主营业务以外占比重较小、不经常发生的经营业务称为其他业务，其他业务具体包括材料销售、商品和包装出租、固定资产出租、无形资产出租（即转让无形资产的使用权）、提供非工业性劳务等。其他业务形成的销售收入、相应的销售成本称为其他业务收入和其他业务成本。经营过程中发生的依法应向国家交纳的相关税金及附加称为营业税金及附加。在产品销售过程中，核算的内容主要包括：确认产品销售收入的核算与购买单位办理款项结算、结转销售成本、支付销售费用、计算和交纳产品销售税金等五个方面的核算工作。

二、销售过程核算应设置的账户

（一）“主营业务收入”账户

“主营业务收入”账户是损益类账户，是用来反映和监督企业销售产品和提供劳务等主营业务所发生收入的账户。账户的贷方登记企业销售产品和提供劳务所实现的收入，借方登记发生销售退回时应冲减的本期收入和月末将本期所发生的销售收入全部转入“本年利润”账户的金额，期末结转后账户没有余额。该账户按产品品种或者劳务类别开设明细账，进行明细分类核算。“主营业务收入”账户结构如图 4-34 所示。

借方　　　　主营业务收入	贷方
本期发生额：发生销售退回或销售折让；贷方发生额全部转入“本年利润”账户	本期发生额：本月销售产品和提供劳务所实现的收入
	期末无余额

图 4-34　“主营业务收入”账户结构

（二）“主营业务成本”账户

“主营业务成本”账户是损益类账户，是用来反映和监督企业已经销售产品或提供劳务等日常活动发生的实际成本的账户。借方登记本月已销售的各种产品或已提供劳务的实际成本；本期发生的销售退回，如已结转销售成本的，应冲减主营业务成本，记入该账户的贷方；期末余额转入“本年利润”账户的金额，期末结转后没有余额。该账户应按产品的品种或者劳务的类别设置明细账，进行明细分类核算。“主营业务成本”账户结构如图 4-35 所示。

借方　　　　主营业务成本	贷方
本期发生额：本期已售出产品或劳务的实际成本	本期发生额：已结转销售成本的销售退回；期末将借方发生额全部转入“本年利润”账户
期末无余额	

图 4-35　“主营业务成本”账户结构

（三）“应收账款”账户

“应收账款”账户是资产类账户，是用来反映和监督企业因销售产品、提供劳务等经营活动向购买单位收取货款的账户。借方登记由于销售产品、提供劳务等经营活动而发生的应收货款、增值税、代垫费用及应收票据到期未收到转入的款项等，贷方登记收回的应收款项，期末余额在借方，表示尚未收回的应收账款。该账户应按照不同的购买单位设置明细账，进行明细分类核算。“应收账款”账户结构如图 4-36 所示。

借方　　　　应收账款	贷方
期初余额：期初尚未收回的应收账款 本期发生额：本月销售产品、提供劳务等尚未收到的应收款	本期发生额：本期收回的应收款
期末余额：尚未收回的应收款	

图 4-36　“应收账款”账户结构

（四）“应收票据”账户

“应收票据”账户是资产类账户，是用来反映和监督企业因销售产品和提供劳务等而收到的商业汇票（包括商业承兑汇票和银行承兑汇票）的账户。企业销售产品收到商业汇票时，应记入该账户的借方，贷方登记商业汇票到期收到的票面金额以及到期未收到转入应收账款的款项，或经背书转让或贴现的商业汇票的票面金额，期末余额在借方，表示由于尚未到期而尚未收到款项的商业汇票的金额。企业应当设置“应收票据被查簿”，逐笔登记商业汇票的种类、号数和出票日、票面金额、交易合同号和付款人、承兑人、背书人的姓名或单位名称、到期日、背书转让日、贴现日、贴现率和贴现净额以及收款日和收回金额、退票情况等资料，商业汇票到期结清票款或退票后，应在备查簿中予以注销。“应收票据”账户结构如图 4-37 所示。

应收票据

借方	贷方
期初余额：期初商业汇票的余额 本期发生额，本期销售产品、提供劳务等收到的商业汇票的数额	本期发生额：商业汇票到期、收回或转让等
期末余额：尚未到期商业汇票金额	

图 4-37　“应收票据”账户结构

（五）“销售费用”账户

“销售费用”账户是损益类账户，是用来反映和监督企业为销售产品、提供劳务等而发生的各种费用的账户。它包括应由企业负担的产品保险费、运输费、装卸费、包装费、广告费、商品维修费、预计产品质量保证损失以及专设销售机构的经费等（包括专设销售机构的职工薪酬、业务费、折旧费等）。各种销售费用发生时记入该账户的借方，贷方登记期末转入“本年利润”账户借方的金额，期末结转后没有余额。该账户应按照费用的类别设置明细账，进行明细分类核算。“销售费用”账户结构如图 4-38 所示。

销售费用

借方	贷方
本期发生额：本期发生的各种销售费用	本期发生额：期末将借方发生额全部转入“本年利润”账户
期末无余额	

图 4-38　“销售费用”账户结构

（六）“营业税金及附加”账户

“营业税金及附加”账户是损益类账户，是用来反映和监督应由销售产品和提供劳务等业务所负担的各种销售税金的账户，如营业税、消费税、城市维护建设税、资源税、教育费附加等。借方登记企业按照规定应计提的各项税金及附加，贷方登记期末转入“本年利润”账户借方的金额，期末结转后没有余额。“营业税金及附加”账户结构如图 4-39 所示。

营业税金及附加

借方	贷方
本期发生额：本期计提的消费税、城市维护建设税、教育费附加等	本期发生额：期末将借方发生额全部转入“本年利润”账户
期末无余额	

图 4-39　“营业税金及附加”账户结构

三、销售业务的账务处理

仍以新华公司201×年12月份发生的经济业务为例。

(一) 产品销售

企业产品销售，根据款项是否收到，分为三种情况。

1. 售出产品的同时收回货税款

【例4-35】企业销售甲产品400台，每台售价1 000元，计货款400 000元，增值税额68 000元，款项已通过银行转账收讫。

这项经济业务的发生，使企业的银行存款增加了468 000元，银行存款的增加是资产的增加，应记入“银行存款”账户的借方；企业实现销售收入，收到400 000元，销售收入的增加是收入的增加，应记入“主营业务收入”账户的贷方，增值税销项税额68 000元，增值税销项税额的增加是负债的增加，应记入“应交税费”账户的贷方。该项业务应编制的会计分录如下。

借：银行存款	468 000	
贷：主营业务收入——甲产品		400 000
应交税费——应交增值税（销项税额）		68 000

2. 售出产品，货款尚未收到

【例4-36】企业向富通公司销售甲产品20台，每台售价1 000元，销售乙产品100台，每台售价600元，增值税税率17%，款项尚未收到。

这项经济业务的发生，使企业应收款增加了93 600元，应收款增加是资产的增加，应记入“应收账款”账户的借方；企业取得的销售收入，应收价款合计80 000元，销售收入的增加是收入的增加，应记入“主营业务收入”账户的贷方，增值税销项税额13 600元，增值税销项税额的增加是负债的增加，应记入“应交税费”账户的贷方。该项业务应编制的会计分录如下。

借：应收账款——富通公司	93 600	
贷：主营业务收入——甲产品		20 000
主营业务收入——乙产品		60 000
应交税费——应交增值税（销项税额）		13 600

3. 售出产品，收到商业汇票

【例4-37】企业向致远公司销售乙产品320台，每台售价600元，增值税税率17%，收到致远公司签发的商业承兑汇票一张，汇票的期限为6个月。

这项经济业务的发生，一方面使企业的应收票据增加224 640元，应收票据的增加是资产的增加，应记入“应收票据”账户的借方；另一方面，企业的销售收入增加192 000元，销售收入的增加是收入的增加，应记入“主营业务收入”账户的贷方，销项税额增加32 640元，增值税销项税额的增加是负债的增加，应记入“应交税费”账户的贷方。该项业务应编制的会计分录如下。

借：应收票据——致远公司	224 640	

贷：主营业务收入——乙产品　　192 000

　　应交税费——应交增值税（销项税额）　　32 640

（二）企业收回应收款项

【例 4-38】6 个月后企业收到致远公司的商业承兑汇票款 224 640 元，款项存入银行；半个月后收到富通公司货税款 93 600 元，款项存入银行。

这项经济业务的发生，使企业的银行存款增加 318 240 元（224 640+93 600），银行存款的增加是资产的增加，应记入“银行存款”账户的借方；应收账款收回 93 600 元，应收账款的收回是资产的减少，应记入“应收账款”账户的贷方；应收票据收回 224 640 元，应收票据的收回是资产的减少，应记入“应收票据”账户的贷方。该项业务应编制的会计分录如下。

借：银行存款　　318 240

　　贷：应收票据——致远公司　　224 640

　　　　应收账款——富通公司　　93 600

（三）销售费用

销售费用是指企业在销售过程中发生的，应该由本企业负担的产品的运输费、装卸费、包装费、广告费、展销费以及专设销售机构的经费等。

【例 4-39】企业用银行存款支付产品广告费 10 000 元，用现金支付销售货运费 500 元。

这项经济业务的发生，使销售费用发生 10 500 元，广告费和货运费的增加是成本费用的增加，应记入“销售费用”账户的借方，现金支付运费 500 元，现金的减少是资产的减少，应记入“库存现金”账户的贷方，银行存款支付广告费 10 000 元，银行存款的减少是资产的减少，应记入“银行存款”账户的贷方。该项业务应编制的会计分录如下。

借：销售费用　　10 500

　　贷：库存现金　　500

　　　　银行存款　　10 000

（四）月末结转已销售产品的生产成本

平时企业销售产品，不结转销售成本，月末根据已销售产品的数量和单位生产成本，计算并结转本月已销售产品的成本。

【例 4-40】月末，结转本月销售成本，甲产品单位成本 500 元，乙产品单位成本 200 元。

根据以上业务计算本月已销售产品的生产成本：

甲产品的生产成本=（400+20）×500=210 000（元）

乙产品的生产成本=（100+320）×200=84 000（元）

结转已销售产品的生产成本，表示库存商品转化为主营业务成本，主营业务成本增加 294 000 元，主营业务成本的增加是成本费用的增加，应记入“主营业务成本”账户的借方；同时表示库存商品的减少，库存商品的减少是资产的减少，应记入“库存商品”账户的贷方。该项业务应编制的会计分录如下。

借：主营业务成本——甲产品　　210 000

　　主营业务成本——乙产品　　84 000

贷：库存商品——甲产品　　210 000
　　库存商品——乙产品　　84 000

（五）月末计提城市维护建设税和教育费附加

【例 4-41】月末，根据规定的计提比例计算应由本企业负担的城市维护建设税 2 000 元和教育费附加 1 000 元。

这项经济业务的发生，使营业税金及附加增加 3 000 元，营业税金及附加的增加是成本费用的增加，应记入“营业税金及附加”账户的借方；同时，企业应交的城市维护建设税增加 2 000 元，城市维护建设税的增加是负债的增加，应记入“应交税费”账户的贷方，企业应交的教育费附加增加 1 000 元，教育费附加的增加是负债的增加，应记入“应交税费”账户的贷方。该项业务应编制的会计分录如下。

借：营业税金及附加　　3 000
　　贷：应交税费——城市维护建设税　　2 000
　　　　应交税费——教育费附加　　1 000

第六节　财务成果的核算

一、财务成果的经济业务简介

财务成果又称为利润或亏损。利润是企业在一定会计期间的经营成果，是企业在一定时期内将实现的收入和当期应补偿的耗费进行配比后所确定的结果。当收入大于应补偿的耗费时，财务成果表现为“利润”；当收入小于应补偿的耗费时，财务成果则表现为“亏损”。通常情况下，如果企业实现了利润，表明企业的所有者权益将增加，业绩得到了提升；反之，如果企业发生了亏损，表明企业的所有者权益将减少，业绩下滑。利润往往是评价企业管理层的一项重要指标，也是投资者等财务报告使用者进行决策的重要参考。

（一）利润的构成

利润包括收入减去费用后的净额以及直接计入当期利润的利得和损失等。

直接计入当期利润的利得和损失是指应当计入当期损益，最终会引起所有者权益发生增减变动的，与所有者投入资本或者向所有者分配利润无关的利得或者损失。企业只有严格地区别了收入和利得、费用和损失，才能更加全面地反映企业的经营业绩。

（二）利润的确认条件

利润反映的是收入减去费用、利得减去损失后的净额。因此，利润的确认主要依赖于收入和费用以及利得和损失的确认，其金额的确定也主要取决于收入、费用、利得、损失的计量。

（三）利润的计算公式

利润包括营业利润、利润总额和净利润几个层次。

1．营业利润

营业利润=营业收入–营业成本–营业税金及附加–管理费用–财务费用–销售费用–资产减值损失+公允价值变动收益（–公允价值变动损失）+投资收益（–投资损失）

其中：

（1）营业收入=主营业务收入+其他业务收入；

（2）营业成本=主营业务成本+其他业务成本；

（3）其他业务收入是指企业除主营业务活动以外的其他经营活动实现的收入，包括销售的材料、包装物等存货实现的收入，出租包装物、商品、固定资产、无形资产等实现的收入，用材料进行非货币性交换或债务重组等实现的收入；

（4）其他业务成本是指企业除主营业务活动以外的其他经营活动所发生的支出，包括销售材料的成本、出租固定资产的折旧额、出租无形资产的摊销额、出租包装物的成本或摊销额等；

（5）资产减值损失是指企业计提各项资产减值准备所形成的损失；

（6）公允价值变动收益（或损失）是指企业交易性金融资产等公允价值变动形成的应计入当期损益的利得（或损失）；

（7）投资收益（或损失）是指企业以各种方式对外投资取得的收益（或损失）。

2．利润总额

利润总额=营业利润+营业外收入–营业外支出

其中：

（1）营业外收入是指企业发生的与其日常活动无直接关系的各项利得，主要包括非流动资产处置利得、盘盈利得、罚没利得、捐赠利得、确实无法支付而按规定程序经批准后转作营业外收入的应付款项等；

（2）营业外支出是指企业发生的与其日常活动无直接关系的各项损失，主要包括非流动资产处置损失、盘亏损失、罚款支出、公益性捐赠支出、非常损失等。

3．净利润

净利润=利润总额–所得税费用

其中：

（1）所得税费用（或收益）=当期所得税+递延所得税费用（–递延所得税收益）；

（2）递延所得税费用=递延所得税负债增加额+递延所得税资产减少额；

（3）递延所得税收益=递延所得税负债减少额+递延所得税资产增加额。

二、财务成果核算应设置的账户

（一）“营业外收入”账户

“营业外收入”账户是损益类账户，是用来核算企业发生的与其日常活动无直接关系的各项利得的账户。贷方登记发生的各项营业外收入，借方登记月末将贷方发生额之和转入“本年利润”账户贷方的数额，期末结转后无余额。该账户按营业外收入项目设置明细账，进行明细分类核算。“营业外收入”账户结构如图4-40所示。

借方	营业外收入	贷方
本期发生额：期末将贷方发生额之和全部转入“本年利润”账户		本期发生额：本期发生的各项营业外收入
		期末无余额

图 4-40 “营业外收入”账户结构

（二）“营业外支出”账户

“营业外支出”账户是损益类账户，是用来核算企业发生的与其日常活动无直接关系的各项损失的账户。借方登记发生的各项营业外支出，贷方登记月末将借方发生额之和转入“本年利润”账户借方的数额，结转后账户无余额。该账户应按营业外支出项目设置明细账，进行明细分类核算。“营业外支出”账户结构如图 4-41 所示。

借方	营业外支出	贷方
本期发生额：本月发生的各项营业外支出		本期发生额：期末将借方发生额之和全部转入“本年利润”账户
期末无余额		

图 4-41 “营业外支出”账户结构

（三）“所得税费用”账户

“所得税费用”账户是损益类账户，是用来核算企业根据应纳税所得额的一定比例上交的企业所得税金的账户。借方登记企业应计入本期损益的所得税费用额，贷方登记月末转入“本年利润”账户借方的所得税费用额，期末结转后无余额。“所得税费用”账户应设置“当期所得税费用”“递延所得税费用”明细账，进行明细分类核算。“所得税费用”账户结构如图 4-42 所示。

借方	所得税费用	贷方
本期发生额：本期应计入本期损益的所得税费用		本期发生额：本期期末将借方发生额之和全部转入“本年利润”账户
期末无余额		

图 4-42 “所得税费用”账户结构

（四）“本年利润”账户

“本年利润”账户是所有者权益类账户，是用来核算企业当期实现的净利润或发生的净亏损的账户。贷方登记从各收入账户转入的本期发生的各种收入，借方登记从各成本、费用账户贷方转入的数额。收入与支出相抵后，如果收入大于支出，“本年利润”账户为贷方余额，表示本年累计实现的利润；如果支出大于收入，“本年利润”账户为借方余额，表示本年累计发生的亏损。年末，将“本年利润”账户的余额转入“利润分配”账户，结转后“本年利润”账户年末无余额。“本年利润”账户结构如图 4-43 所示。

借方	本年利润	贷方
本期发生额：（1）本期末各费用账户转入的本期发生的各项费用 （2）年末将全年累计实现的利润转入“利润分配”账户		期初余额：期初本年已累计实现的利润 本期发生额：（1）本期末各收入账户转入的本期发生的各项收入 （2）年末将全年累计实现的亏损转入“利润分配”账户
期末余额：本年累计发生的亏损		期末余额：（1）本年累计实现的利润 （2）年末无余额

图 4-43 “本年利润”账户结构

（五）“利润分配”账户

“利润分配”账户是所有者权益类账户，是用来核算企业利润分配情况和历年利润分配后的结余利润的账户。借方登记企业实际分配的利润，包括按国家规定提取的盈余公积、向股东分发的股利等以及本年亏损的结转；贷方反映从“本年利润”账户转入的净利润额以及盈余公积弥补的亏损额。“利润分配”账户如果为贷方余额，表示年末未分配利润额；如果有借方余额，表示年末未弥补的亏损额。“利润分配”账户一般应设置“提取法定盈余公积”“提取任意盈余公积”“应付现金股利或利润”“未分配利润”等明细账户，进行明细分类核算。“利润分配”账户结构如图 4-44 所示。

借方　　　　利润分配	贷方
本期发生额：（1）本期实际分配的利润 （2）年末将全年累计实现的亏损转入	期初余额：期初未分配的利润数额 本期发生额：年末将全年累计实现的利润转入
	期末余额：未分配的利润数额

图 4-44　“利润分配”账户结构

（六）“盈余公积”账户

“盈余公积”账户是所有者权益类账户，是用来核算企业从净利润中提取的盈余公积的增减变动和结余情况的账户。贷方登记从净利润中提取的盈余公积的数额，借方登记盈余公积的支用数，期末余额在贷方，表示期末盈余公积的结余数额。“盈余公积”账户应设置“法定盈余公积”“任意盈余公积”等明细账户，进行明细分类核算。“盈余公积”账户结构如图 4-45 所示。

借方　　　　盈余公积	贷方
本期发生额：本期盈余公积的使用	期初余额：期初已计提的盈余公积结余数 本期发生额：本期提取的盈余公积
	期末余额：盈余公积的结余数

图 4-45　“盈余公积”账户结构

（七）“应付股利”账户

“应付股利”账户是负债类账户，是用来核算企业分配的现金股利或利润情况的账户。贷方登记企业计算出的应支付给投资者的股利或利润数额，借方登记实际支付给投资者的股利或利润数额，期末余额一般在贷方，表示应付而尚未支付的股利或利润额。该账户应按投资者设置明细账户，进行明细分类核算。“应付股利”账户结构如图 4-46 所示。

借方　　　　应付股利	贷方
本期发生额：本期实际支付给投资者的利润	期初余额：期初应支付给投资者的利润 本期发生额：计提的应支付给投资者的利润
	期末余额：尚未支付的利润额

图 4-46　“应付股利”账户结构

（八）“其他业务收入”账户

“其他业务收入”账户是损益类账户，是用来核算企业除主营业务活动以外的其他经营活动实现的收入的账户。贷方登记企业实现的其他业务收入，借方登记期末将本期贷方发生额之和全部转入“本年利润”账户的金额，期末结转后该账户没有余额。该账户应按其他业务的种类设置明细账，进行明细分类核算。“其他业务收入”账户结构如图 4-47 所示。

借方　　　　　　　其他业务收入	贷方
本期发生额：期末将本月贷方发生额之和全部转入“本年利润”账户	本期发生额：本期发生的各项其他业务收入
	期末无余额

图 4-47　“其他业务收入”账户结构

（九）“其他业务成本”账户

“其他业务成本”账户是损益类账户，是用来核算企业除主营业务活动以外的其他经营活动所发生的支出的账户。借方登记其他销售或其他业务所发生支出，贷方登记将本期所发生其他业务成本转入的“本年利润”账户的金额。该账户应按其他业务的种类开设明细账，进行明细分类核算。“其他业务成本”账户结构如图 4-48 所示。

借方　　　　　　　其他业务成本	贷方
本期发生额：本月其他业务所发生的支出	本期发生额：期末将本月借方发生额之和全部转入“本年利润”账户
期末无余额	

图 4-48　“其他业务成本”账户结构

三、财务成果形成核算的账务处理

仍以新华公司 201×年 12 月份发生的经济业务为例。

（一）营业外收入核算的账务处理

营业外收入是指企业发生的与其日常活动无直接关系的各项利得。营业外收入主要包括非流动资产处置利得、盘盈利得、罚没利得、捐赠利得、确实无法支付而按规定程序经批准后转作营业外收入的应付款项等。

【例 4-42】企业将固定资产报废清理的净收益 6 000 元，转作营业外收入。

这项经济业务的发生，固定资产报废清理的净收益属于非流动资产处置利得，应计入营业外收入，营业外收入的增加是收入的增加，应记入“营业外收入”账户的贷方；同时，报废清理净收益的结转，使固定资产清理增加，固定资产清理增加是资产的增加，应记入“固定资产清理”账户的借方。该项业务应编制的会计分录如下。

借：固定资产清理　　　　6 000

　　贷：营业外收入　　　　6 000

（二）营业外支出核算的账务处理

营业外支出是指企业发生的与其日常活动无直接关系的各项损失。营业外支出主要包括非流动资产处置损失、盘亏损失、罚款支出、公益性捐赠支出、材料等存货由于自然灾害的原因造成的非常损失等。

【例 4-43】用银行存款向“希望工程”捐款 5 000 元，用现金向灾区捐款 4 000 元。

这项经济业务的发生，向“希望工程”捐款和灾区捐款都是费用的增加，应记入“营业外支出”账户的借方；银行存款支付 5 000 元和现金支付 4 000 元，银行存款和现金的减少是资产的减少，应分别记入“银行存款”和“库存现金”账户的贷方。该项业务应编制的会计分录如下。

借：营业外支出 9 000

贷：银行存款 5 000

库存现金 4 000

（三）其他业务收入核算的账务处理

其他业务收入是指企业除主营业务活动以外的其他经营活动实现的收入。其包括销售的材料、包装物等存货实现的收入；出租包装物、商品、固定资产、无形资产等实现的收入；用材料进行非货币性交换或债务重组等实现的收入。

【例 4-44】企业出售 A 材料 2 000 千克，单价 70 元，增值税税率 17%，款项已收存银行。

这项经济业务的发生，使企业银行存款增加了 163 800 元，银行存款的增加是资产的增加，应记入“银行存款”账户的借方；企业收到价款 140 000 元，实现其他业务收入是收入的增加，应记入“其他业务收入”账户的贷方；增值税销项税额 23 800 元，增值税销项税额的增加是负债的增加，应记入“应交税费”账户的贷方。该项业务应编制的会计分录如下。

借：银行存款 163 800

贷：其他业务收入 140 000

应交税费——应交增值税（销项税额） 23 800

（四）其他业务成本核算的账务处理

其他业务成本是指企业除主营业务活动以外的其他经营活动所发生的支出。其包括销售材料的成本、出租固定资产的折旧额、出租无形资产的摊销额、出租包装物的成本或摊销额等。

【例 4-45】结转上述出售 A 材料的成本。

出售材料的成本=出售材料的数量×出售材料的购买价格=2 000×70=140 000（元）

根据这项经济业务的发生，结转销售成本，其他业务成本增加 140 000 元，其他业务成本的增加是成本费用的增加，应记入“其他业务成本”账户的借方；同时表示原材料的减少，原材料的减少是资产的减少，应记入“原材料”账户的贷方。该项业务应编制的会计分录如下。

借：其他业务成本 140 000

贷：原材料 140 000

（五）本年利润核算的账务处理

会计期末，应归集各损益账户的本期发生额合计数，将其全部转入“本年利润”账户，结转后各损益账户期末应无余额。

（1）将各收益类账户本期发生额，转入“本年利润”账户。会计期末，将各收益类账户的本期贷方发生额合计数，全部转入“本年利润”账户的贷方，形成当期利润的增加数额，同时分别借记这些账户。结转前，应先归集各收入、收益账户本期发生额合计数，结转后，各收益类账户期末应无余额。

【例 4-46】根据以上经济业务，汇总各收入类账户的本期贷方发生额合计数分别为：主营业务收入 672 000 元（其中甲产品为 420 000 元，乙产品为 252 000 元）、其他业务收入 140 000 元、营业外收入 6 000 元。应将其转入“本年利润”账户的贷方，同时分别借记这些账户。应编制的会计分录如下。

借：主营业务收入——甲产品　　420 000
　　主营业务收入——乙产品　　252 000
　　其他业务收入　　140 000
　　营业外收入　　6 000
　　贷：本年利润　　818 000

（2）将各损益类账户本期发生额，转入“本年利润”账户。会计期末，将各损益类账户的本期借方发生额合计数，全部转入“本年利润”账户的借方，形成当期利润的抵消数额，同时分别贷记这些账户。结转前，应归集各成本、费用账户本期发生额合计数，结转后，各损益账户期末应无余额。

【例 4-47】根据以上经济业务，汇总各损益类账户的本期借方发生额合计数分别为：主营业务成本 294 000 元（其中甲产品为 210 000 元，乙产品为 84 000 元）、营业税金及附加 3 000 元、管理费用 67 020 元、财务费用 5 600 元、销售费用 10 500 元、其他业务成本 100 000 元、营业外支出 9 000 元，应将其转入“本年利润”账户的借方，分别贷记这些账户。应编制的会计分录如下。

借：本年利润　　489 120
　　贷：主营业务成本——甲产品　　210 000
　　　　主营业务成本——乙产品　　84 000
　　　　营业税金及附加　　3 000
　　　　管理费用　　67 020
　　　　财务费用　　5 600
　　　　销售费用　　10 500
　　　　其他业务成本　　100 000
　　　　营业外支出　　9 000

（六）所得税费用核算的账务处理

所得税费用是企业依照国家税法的规定，对企业经营所得按照规定的税率，计算并交纳的税款。基本公式如下：

企业应交所得税费用=应纳税所得额×适用税率

企业所得税费用是企业在生产经营过程中的耗费，是企业的一项费用支出。因此，所得税费用作为一项费用支出，应从当期利润总额中扣除，扣除了所得税费用后的利润称为净利润。

【例 4-48】根据以上经济业务，计算企业当期实现的应纳税所得额（假定无纳税调整项目）为 328 880 元（818 000−489 120），按 25%计提应交所得税费用。

当期应交所得税费用=328 880×25%=82 220（元）

这项经济业务表明当期企业发生所得税费用，所得税费用的增加是费用的增加，应记入“所得税费用”账户的借方；同时，企业应交的所得税费用增加，应记入“应交税费”账户的贷方。该项业务应编制的会计分录如下。

① 计算当期应交所得税费用会计分录如下。

借：所得税费用　　82 220
　　贷：应交税费——应交所得税费用　　82 220

② 同时扣除当期利润总额会计分录如下。

借：本年利润　　82 220

　　贷：所得税费用　　82 220

四、财务成果分配的账务处理

财务成果分配即利润分配，是指企业实现的净利润，按照国家的有关规定，在投资者、企业和职工个人之间进行分配。

（一）利润分配的顺序

企业利润的分配按如下顺序进行：

（1）提取法定盈余公积；

（2）提取任意盈余公积；

（3）向投资者分配利润。

（二）盈余公积

盈余公积是指企业按规定从净利润中提取的企业积累资金。公司制企业的盈余公积包括法定盈余公积和任意盈余公积。

（1）计提比例。

① 盈余公积。按照《中华人民共和国公司法》的规定，公司制企业应按照当期净利润（减弥补以前年度亏损）的 10%提取法定盈余公积，法定盈余公积累计额已达注册资本的 50%时，可以不再提取；非公司制企业的计提比例可超过 10%。

② 任意盈余公积。公司制企业根据股东大会决议的计提比例提取任意盈余公积；非公司制企业经类似权力机构批准，也可提取任意盈余公积。

（2）盈余公积的用途。企业提取的盈余公积经批准可用于弥补亏损、转增资本、发放现金股利及发放利润。

（三）向投资者分配利润

公司制企业根据股东大会决议确定向投资者分配利润的方案。

（四）利润分配的账务处理

仍以新华公司 201×年 12 月份发生的经济业务为例。

（1）提取法定盈余公积。

【例 4-49】企业根据规定按净利润的 10%提取法定盈余公积。

根据上述业务，企业净利润为 246 660 元（328 880 − 82 220），应提取法定盈余公积 24 666 元，提取法定盈余公积是企业的利润分配，是所有者权益的减少，应记入“利润分配”账户的借方；同时，企业的盈余公积增加，是所有者权益的增加，应记入“盈余公积”账户的贷方。该项业务应编制的会计分录如下。

借：利润分配——提取法定盈余公积　　24 666

　　贷：盈余公积——法定盈余公积　　24 666

（2）向投资者分配利润。

【例 4-50】企业根据股东大会决议确定向投资者分配利润的方案为按净利润的 30%提取

向投资者分配利润。

企业净利润为246 660元，应提取向投资者分配利润73 998元，提取向投资者分配利润是企业的利润分配，是所有者权益的减少，应记入“利润分配”账户的借方；同时，企业的应付投资者利润增加，是负债的增加，应记入“应付股利”账户的贷方。该项业务应编制的会计分录如下。

借：利润分配——向投资者分配利润　　73 998

　　贷：应付股利　　73 998

（3）年末结转全年实现的净利润。年末，企业应将“本年利润”余额全部转入“利润分配”账户，结转后“本年利润”账户年末无余额。

【例4-51】年末，结转全年实现的净利润246 660元。

这项经济业务的发生，将企业全年实现的净利润，从“本年利润”账户的借方，转入“利润分配”账户的贷方。该项业务应编制的会计分录如下。

借：本年利润　　246 660

　　贷：利润分配——未分配利润　　246 660

（4）年末结转“利润分配”明细账户。年末，根据规定，企业“利润分配”年末的明细账户中，只有“未分配利润”明细账可以有余额，其余明细账户的余额一律转入“未分配利润”明细账。

【例4-52】年末，结转“利润分配”各明细账户。

根据上述经济业务，“利润分配”各明细账户的余额分别是：“提取法定盈余公积”24 666元、“向投资者分配利润”73 998元，假定为年终余额。这些明细账户用贷方进行结转，再记入“未分配利润”明细账户的借方。该项业务应编制的会计分录如下。

借：利润分配——未分配利润　　98 664

　　贷：利润分配——提取法定盈余公积　　24 666

　　　　利润分配——向投资者分配利润　　73 998

“利润分配——未分配利润”账户贷方发生额246 660元，借方发生额98 664元，其贷方余额为147 996元，即为年末未分配利润。

第七节　资金退出的核算

一、资金退出企业的经济业务简介

资金经过供应、生产、销售三个生产经营过程及财务成果的核算，完成了资金的一个循环，有的资金继续进行下一个循环，有的资金则退出企业。工业企业资金退出企业主要包括：上交各种税费、向投资者分配利润、归还银行的各种借款、职工福利费的使用等。

二、资金退出企业账户的设置

资金退出企业核算应设置的账户，在前面都已经学习过，主要包括银行存款、短期借款、长期借款、应付股利、应交税费、应付职工薪酬、应付利息等。这些账户前面已经介绍过，这里不再进行详细讲解。

三、资金退出企业的账务处理

（一）支付各种税费

企业支付各种税费通过“应交税费”账户核算，借方登记实际交纳的各种税费，贷方登记按照税法等规定计算应交纳的增值税、消费税、资源税、土地增值税、城市维护建设税、房产税、土地使用税、车船税、教育费附加、矿产资源补偿费、代扣代交的个人所得税等。

【例 4-53】企业用银行存款支付本月应交的增值税额 36 000 元，所得税费用 82 220 元。

这项经济业务的发生，当期企业支付所得税费用和增值税是负债的减少，应记入“应交税费”账户的借方；同时，用银行存款支付税金，是资产的减少，应记入“银行存款”账户的贷方。该项业务应编制的会计分录如下。

借：应交税费——应交所得税费用　　82 220
　　应交税费——应交增值税（已交税金）　　36 000
　　贷：银行存款　　118 220

【例 4-54】企业用银行存款支付本月应交的城市维护建设税 2 000 元，教育费附加 1 000 元。

这项经济业务的发生，当期企业支付城市维护建设税和教育费附加是负债的减少，应记入“应交税费”账户的借方；用银行存款支付税费，是资产的减少，应记入“银行存款”账户的贷方。该项业务应编制的会计分录如下。

借：应交税费——应交城市维护建设税　　2 000
　　应交税费——教育费附加　　1 000
　　贷：银行存款　　3 000

（二）向投资者分配利润

【例 4-55】企业通过银行向投资者发放股利 73 998 元。

这项经济业务的发生，当期企业支付股利是负债的减少，应记入“应付股利”账户的借方；同时，用银行存款支付股利，是资产的减少，应记入“银行存款”账户的贷方。该项业务应编制的会计分录如下。

借：应付股利　　73 998
　　贷：银行存款　　73 998

（三）职工福利费用的使用

【例 4-56】企业用现金支付职工王永民生活困难补助 600 元。

这项经济业务的发生，当期企业支付职工生活困难补助是负债的减少，应记入“应付职工薪酬”账户的借方；同时，用现金支付生活困难补助，是资产的减少，应记入“库存现金”账户的贷方。该项业务应编制的会计分录如下。

借：应付职工薪酬——职工福利费用　　600
　　贷：库存现金　　600

【例 4-57】企业用现金支付职工李三报销医药费 800 元。

这项经济业务的发生，当期企业支付职工的医药费是负债的减少，应记入“应付职工薪酬”账户的借方；同时，用现金报销药费，是资产的减少，应记入“库存现金”账户的贷方。该项业务应编制的会计分录如下。

借：应付职工薪酬——职工福利费用　　800

　　贷：库存现金　　800

（四）归还银行借款和利息

【例 4-58】企业一笔 3 年期借款到期，用银行存款归还 150 000 元。

这项经济业务的发生，归还银行借款是负债的减少，应记入“长期借款”账户的借方；同时，用银行存款归还借款，是资产的减少，应记入“银行存款”账户的贷方。该项业务应编制的会计分录如下。

借：长期借款　　150 000

　　贷：银行存款　　150 000

【例 4-59】用银行存款支付本季度短期借款的利息 16 800 元（其中，前 2 个月已预提=5 600×2=11 200 元）。

这项经济业务的发生，支付本季度短期借款的利息是负债的减少，应记入“应付利息”账户的借方，其余 5 600 元，作为本月理财费用的增加，应记入“财务费用”账户的借方；用银行存款归还利息，是资产的减少，应记入“银行存款”账户的贷方。该项业务应编制的会计分录如下。

借：应付利息　　11 200

　　财务费用　　5 600

　　贷：银行存款　　16 800

第八节　成本计算

一、成本计算的内容简介

成本计算是会计核算的主要内容之一，也是会计核算的一种专门方法。工业企业在供、产、销过程中，一般要计算三种成本：供应过程中的材料采购成本、生产过程中的产品生产成本及销售过程中的产品销售成本。

成本是为取得某种成果而耗费的价值，是费用按耗费对象的归集。进行产品成本计算就是将企业生产过程中为制造产品所发生的各种费用，按照成本计算对象进行归集和分配，以便计算出各成本计算对象的总成本和单位成本。

二、材料采购成本的计算

（一）材料采购成本的内容

材料采购成本是以某种外购物资作为成本计算对象，归集和分配采购过程中发生的各项费用。材料采购成本一般包括以下几点。

（1）材料的买价是指企业在采购材料时，按照供应单位的发票价格支付的货款。不含增值税，增值税属价外税，要单独在应交税费中核算。

（2）采购费用是指企业在采购材料过程中所发生的各项费用，包括材料的运输费、装卸费、保险费、包装费、仓储费等。

（3）入库前的整理挑选费用是指物资在入库前，所发生的挑选、整理、晾晒、分等级等费用。

（4）运输途中的合理损耗是指在运输过程中发生的，在规定限额以内的损失费用。

（5）可以计入成本的税金是指可以计入材料采购成本的税金，不包括支付的增值税，一般指进口物资的关税等。

在实际业务中，还有一些其他的费用，按道理也应该属于材料的采购费用，例如采购人员的差旅费、市内采购材料的运杂费、专设采购机构的经费等。但是为了简化会计的核算，这些费用就不计入材料采购成本，而是直接列作管理费用支出。简化的材料采购成本计算公式如下：

材料采购成本=材料的买价+材料的采购费用

（二）共同性采购费用的分配

对于材料采购费用的计算，一般分为两种情况：一种是凡能分清应属于哪一种材料的采购费用，直接计入该种材料的采购费用；另一种是凡是由几种材料共同耗用的采购费用，按一定的标准进行分配，确定其采购成本。

【例 4-60】企业采购 A 材料 3 000 千克，单价 50 元，价款 150 000 元，增值税额 25 500 元，运费 500 元。

A 材料的采购成本=150 000+500=150 500（元）

A 材料的单位成本=150 500 ÷ 3 000=50.17（元）

运费可以直接计入 A 材料的成本，而增值税不得计入 A 材料的采购成本。

【例 4-61】企业采购 A 材料 2 000 千克，单价 50 元，价款 100 000 元，增值税额 17 000 元；B 材料 3 000 千克，单价 20 元，价款 60 000 元，增值税额 10 200 元。该采购活动发生运费 1 000 元。

发生的采购费用，如果不能分清是为哪一种材料所支付的费用，就应该采用合理的分配标准，在各种材料之间进行分配，计入该种材料的成本，分配标准可以按材料的重量比例、体积或者买价比例等。

首先，要将材料的运费 1 000 元按材料重量进行分配：

材料运费分配率=1 000 ÷（2 000+3 000）=0.20（元/千克）

A 材料分配的运费=2 000 ×0.20=400（元）

B 材料分配的运费=1 000−400=600（元）或 3 000×0.20=600（元）

然后，计算材料的采购成本：

A 材料的采购成本=100 000+400 =100 400（元）

B 材料的采购成本=60 000+500=60 500（元）

最后，计算材料的单位成本：

A 材料的单位成本=100 400 ÷ 2 000=50.20（元/千克）

B材料的单位成本=60 500÷3 000=20.17（元/千克）

三、产品生产成本的计算

（一）产品生产成本的内容

产品生产成本的计算是以生产产品的种类或品种作为成本计算对象，归集、分配各项生产费用，并按成本项目计算各种产品的总成本和单位成本。

产品生产成本的项目主要由以下三部分组成。

（1）直接材料是指直接用于产品生产并构成产品实体的原料、主要材料以及有助于产品形成的辅助材料费，包括原材料、辅助材料、燃料、外购半成品、包装材料等。

（2）直接人工是指直接参加产品生产的工人工资以及按生产工人工资比例计提的职工福利费等。

（3）制造费用是指在生产车间范围内为组织和管理活动所发生的各项费用，包括管理、服务人员的工资和职工福利费、生产车间的折旧费、修理费、办公费、物料消耗费、水电费、劳动保护费等。

除以上成本项目外，企业根据需要还可以设置燃料动力、废品损失、其他费用等成本项目。

（二）产品生产成本的计算程序

（1）制造费用的归集和分配。当企业生产一种产品时，所有的费用都是直接费用，发生的费用不需要进行分配，可以根据有关凭证直接计入该产品的成本。当企业生产多种产品时，应将费用分为直接费用和间接费用，能明确归属于某种产品的费用为直接费用，应根据有关凭证直接计入该产品的成本；为几种产品共同发生的费用，需要分配计入各种产品的成本，一般先通过“制造费用”账户进行归集，月末按一定的标准进行分配，分配标准有生产工人工时、机械工时、生产工人工资等。计算公式如下：

制造费用分配率=发生的制造费用总额÷各产品的分配标准之和

某产品应分摊的制造费用=该产品的分配标准×制造费用分配率

【例4-62】根据本章例4-21至例4-30的经济业务，计算例4-33制造费用的归集和分配过程。

首先，计算本月制造费用的发生额，通过费用的归集，计算出本月制造费用归集总额为54 360元：然后，按甲、乙产品的生产工时分配本月制造费用（甲产品的生产工时为80 000万，乙产品的生产工时为70 000万）。

制造费用分配率=54 360÷（80 000+70 000）=0.362 4（元/工时）

甲产品分配的制造费用=80 000×0.362 4=28 992（元）

乙产品分配的制造费用=54 360−28 992=25 368（元）或70 000×0.362 4=25 368（元）

（2）产品生产成本的归集和分配。产品的生产成本主要由直接材料、直接人工、制造费用三部分组成，产品生产成本的归集和分配是通过生产成本明细账进行的。明细账按产品进行设置，按成本项目设置专栏，归集发生的生产费用，分别计算产品的总成本和单位成本。

【例4-63】根据本章第三节生产过程核算的内容，计算例4-34甲、乙产品的生产成本计算过程。

① 按产品设置“生产成本明细账”，并根据期初余额进行登记。本例题没有期初余额，则不进行登记。

② 根据本月发生的生产费用，按成本项目登记“生产成本明细账”，其格式如表 4-2 和表 4-3 所示。

表 4-2　生产成本明细账

产品名称：甲产品　　　　单位：元

日期		凭证字号	摘　　要	直接材料	直接人工	制造费用	合　　计
月	日						
×		15	领用材料	119 000			
		16	分配工资		80 000		
		19	计提养老保险金		16 000		
		20	计提福利费用		11 200		
		27	分配转入的制造费用			28 992	
			生产费用合计	119 000	107 200	28 992	255 192
		28	结转完工产品成本	119 000	107 200	28 992	255 192

表 4-3　生产成本明细账

产品名称：乙产品　　　　单位：元

日期		凭证字号	摘　　要	直接材料	直接人工	制造费用	合　　计
月	日						
×		15	领用材料				
		16	分配工资		70 000		
		19	计提养老保险金		14 000		
		20	计提福利费用		9 800		
		27	分配转入的制造费用			25 368	
			生产费用合计	96 000	93 800	25 368	215 168
		28	结转完工产品成本	96 000	93 800	25 368	215 168

③ 根据“生产成本明细账”和产品的数量资料，编制“完工产品成本计算表”，计算完工产品总成本和单位成本，本月甲产品完工 510 台，乙产品完工 1 076 台。其格式如表 4-4 所示。

表 4-4　完工产品成本计算表

成本项目	甲产品		乙产品	
	总成本	单位成本	总成本	单位成本
直接材料	119 000	233.33	96 000	89.22
直接人工	107 200	210.20	93 800	87.17
制造费用	28 992	56.85	25 368	23.58
合　　计	255 192	500.38	215 168	199.97

四、产品销售成本的计算

（一）产品销售成本的内容

产品销售成本的核算是企业完工产品（即库存商品）在销售过程中，销售部门销售产品，将产品的生产成本结转为销售成本的过程。由于本月销售的产品不一定是本月生产的产品，可能是几个月前生产的产品，不同月份产品的生产成本并不一致，因此还需要采用加权平均法、先进先出法等方法计算发出商品成本（即已销产品的成本）。产品销售成本是指本月已销售产品的生产成本，从数量上等于已销售产品的数量×单位生产成本。

（二）产品销售成本的计算程序

（1）统计产品的销售数量。由销售部门提供本月实际产品的销售数量，或根据本月产品销售的凭据（销售发票）汇总得出本月实际产品的销售数量。

【例 4-64】根据例 4-35 至例 4-37 的经济业务，汇总本月甲、乙产品销售数量。

甲产品的销售数量=400+20=420（台）

乙产品的销售数量=100+320=420（台）

（2）确定单位生产成本。根据库存商品的明细账，采用加权平均法、先进先出法等方法计算库存商品单位生产成本。

甲产品单位生产成本=500（元）

乙产品单位生产成本=200（元）

（3）计算产品销售成本。

产品销售成本=已销售产品的数量×单位生产成本

【例 4-65】根据本章第四节中生产过程核算的内容，计算例 4-40 甲、乙产品销售成本计算过程。

甲产品销售成本=420×500=210 000（元）

乙产品销售成本=420×200=84 000（元）

本章知识小结

◆ 结算是企业与有关单位发生商品交易、劳务供应、资金缴拨等经济业务后，以货币进行清算和了解的业务活动。结算，按照货币支付的形式，分为现金结算和转账结算两大类。按照现行规定，在企业单位应用比较广泛的转账结算方式主要有支票结算方式、银行汇票结算方式、银行本票结算方式、商业汇票结算方式、汇兑结算方式、异地托收承付结算方式和专用委托收款结算方式等。

◆ 根据工业企业经济业务的活动过程，主要包括资金筹集、供应过程、生产过程、销售过程、财务成果的形成和分配、资金的退出和成本计算等内容。重点讲述借贷记账法在企业的应用以及必须设置的各种账户，对发生的经济业务进行账务处理。资金筹集核算主要设置“实收资本”“短期借款”“长期借款”等账户；供应过程核算主要设置“材料采购”“原材料”“应付账款”“应交税费”等账户；生产过程核算主要设置“生产成本”“制造费用”“管理费用”“财务费用”“应付利息”“预付账款”“应付职工薪酬”“累计折旧”“库存商品”等账户；销售过程核算主要设置“主营业务收入”“主营业务成本”“营业税金及附加”“销售费用”“应收账款”等账户；财务成果的形成和分配核算主要设置“本年利润”“利润分配”“营业外收入”“营业外支出”“所得税费用”“盈余公积”等账户，通过学习要能熟练地运用账户进行账务处理。利润计算是本章的重点之一，包括主营业务利润、营业利润、利润总额和净利润。

练　习　题

一、名词解释

1. 转账结算
2. 异地托收承付结算方式
3. 净利润
4. 材料采购成本

二、单项选择题

1. 支票的有效期是（　　）。

A. 3 天　　B. 5 天　　C. 10 天　　D. 15 天

2. 银行汇票的金额起点为（　　）。

A. 100 元　　B. 500 元　　C. 1 000 元　　D. 2 000 元

3. 专用委托收款结算方式适用于（　　）。

A. 商品交易

B. 一般劳务款项的结算

C. 在同城和异地使用

D. 有相对固定的计价标准，收付双方较少发生争议的劳务款项的结算

4. 某企业外购甲材料，买价 5 000 元，材料运输费 500 元，装卸费 200 元，仓储费 100 元，材料采购成本是（　　）。

A. 5 000　　B. 5 500　　C. 5 700　　D. 5 800

5. 固定资产因磨损而减少的价值设置（　　）核算。

A. 累计折旧账户　　B. 固定资产账户

C. 管理费用账户　　D. 制造费用账户

6. 出租房屋的租金收入属于（　　）。

A. 主营业务收入　　B. 其他业务收入

C. 投资收益　　D. 营业外收入

7. 投资人投入的超过所认缴的资本金的数额，应记入（　　）。

A. 实收资本　　B. 股本　　C. 资本公积　　D. 盈余公积

8. 公司为筹集生产经营活动所需资金而发生的费用，应记入（　　）。

A. 管理费用　　B. 营业费用　　C. 财务费用　　D. 营业外支出

9. 公司购入材料发生的采购费用，材料未入库时，应记入（　　）账户。

A. 在途物资　　B. 原材料　　C. 生产成本　　D. 管理费用

10. 公司购买材料、商品和接受劳务供应等而开出承兑的商业汇票，应在（　　）账户中核算。

A. 应付账款　　B. 应付票据　　C. 应收票据　　D. 应收账款

11. “本年利润”账户的借方余额表示（　　）。

A. 亏损总额　　B. 未分配利润　　C. 利润总额　　D. 已分配的利润

12. 股份有限公司对可供分配的利润提取法定盈余公积和法定公益金，分别按（　　）来计提。

A. 10%和 5%　　B. 5%和 10%　　C. 10%和 10%　　D. 5%和 5%

13. 车间发生的组织或管理费用，应在（　　）账户中核算。

A. 生产成本　　B. 制造费用　　C. 管理费用　　D. 财务费用

14. 公司向银行借入短期借款，发生的相关手续费和利息，应借记（　　）账户。

A. 管理费用　　B. 财务费用　　C. 短期借款　　D. 制造费用

15. 公司购入不需要安装的设备一台，货款 5 000 元，税款 850 元，运杂费 200 元，包装费 120 元，上述款项均以银行存款支付。该项业务编制的会计分录应是（　　）。

A. 借：在建工程　　6 170
　　贷：银行存款　　6 170

B. 借：固定资产　　5 320
　　应交税金——应交增值税（进项税额）　　850
　　贷：银行存款　　6 170

C. 借：固定资产　　6 170
　　贷：银行存款　　6 170

D. 借：固定资产　　6 170
　　贷：银行存款　　6 170

16. “生产成本”的期末借方余额表示（　　）。

A. 期末在产品的实际生产成本　　B. 本期完工产品的实际生产成本

C. 期末库存产成品的实际生产成本　　D. 本期产品生产的全部费用

17. 公司以银行存款交纳教育费附加时，应借记（　　）账户。

A. 应交税金　　B. 主营业务税金及附加

C. 其他应付款　　D. 其他应交款

18. 公司对外捐赠财物时，应借记（　　）账户。

A. 其他业务支出　　B. 管理费用

C. 营业外支出　　D. 生产成本

19. 年终结账后，“利润分配”的贷方余额表示（　　）。

A. 本年累计已经分配的利润数　　B. 年终未分配的利润数

C. 本年累计已实现的利润数　　D. 本年净利润

20. 年终结账后，“本年利润”账户的期末为（　　）。

A. 借方余额　　B. 贷方余额
C. 无余额　　D. 可以贷方余额，也可以借方余额

21. 提取“盈余公积”时，应（　　）。
A. 借记“利润分配”账户　　B. 借记“本年利润”账户
C. 借记“盈余公积”账户　　D. 借记“主营业务收入”账户

22. 若5月份应计银行存款利息收入2 400元，其会计分录是（　　）。
A. 借：其他应收款　2 400
　　贷：其他业务收入　2 400
B. 借：其他应收款　2 400
　　贷：营业外收入　2 400
C. 借：应收账款　2 400
　　贷：财务费用　2 400
D. 借：其他应收款　2 400
　　贷：财务费用　2 400

23. 收到出租包装物的押金，贷方应在（　　）账户中核算。
A. “应收账款”　　B. “其他应付款”
C. “其他应收款”　　D. “其他应交款”

24. 若某企业没有设置“预收账款”账户，当发生预收货税款时，应记入（　　）账户。
A. “应付账款”　　B. “其他应收款”
C. “其他应付款”　　D. “应收账款”

三、多项选择题

1. 商业汇票按承兑人不同，分为（　　）。
A. 商业承兑汇票　　B. 银行汇票
C. 银行承兑汇票　　D. 银行本票

2. 所有者投入企业的资本金，按照投资主体的不同分为（　　）。
A. 国家资本　　B. 法人资本　　C. 个人资本　　D. 外商资本

3. 对于“固定资产”账户，下列说法正确的是（　　）。
A. 核算固定资产原始价值的增减变动情况及其结果
B. 借方登记增加的固定资产
C. 贷方登记减少的固定资产原始价值
D. 贷方余额表示固定资产账面资产原始价值的结存额

4. 期间费用包括（　　）。
A. 制造费用　　B. 管理费用　　C. 财务费用　　D. 销售费用

5. 材料采购成本一般包括（　　）。
A. 材料买价和采购费用　　B. 入库前的整理挑选费
C. 运输途中的合理损耗　　D. 可以计入成本的税金

6. 产品生产成本的项目主要是（　　）。
A. 直接材料　　B. 直接人工　　C. 财务费用　　D. 制造费用

7. 计算营业利润的主要组成项目有（　　）。

A. 主营业务收入　　B. 期间费用

C. 营业税金及附加　　D. 营业外支出

8. 下列发生的费用应记入“制造费用”的是（　　）。

A. 车间耗费的水电费、办公费　　B. 车间管理人员的工资和福利费

C. 车间固定资产的折旧费和修理费　　D. 为筹集资金发生的利息支出

9. 下列账户中，期末一般无余额的是（　　）。

A. 财务费用　　B. 管理费用　　C. 营业费用　　D. 制造费用

10. 下列账户中，期末需结转到“本年利润”账户借方的是（　　）。

A. 主营业务收入　　B. 主营业务成本

C. 主营业务税金及附加　　D. 营业费用

11. 下列各项中属于其他业务收入的是（　　）。

A. 出售工厂积压的原材料　　B. 出租厂房、机器设备所取得的租金

C. 转让无形资产　　D. 销售库存商品

12. 下列属于营业外收入的是（　　）。

A. 固定资产盘盈的处理　　B. 处理固定资产净收益

C. 罚款净收入　　D. 无法支付的应付款项

13. 下列属于营业外支出的是（　　）。

A. 固定资产盘亏的处理　　B. 处理固定资产净损失

C. 罚款支出　　D. 捐赠支出

14. 从银行取得二年期借款，存入银行，应（　　）。

A. 借记“银行存款”账户　　B. 借记“长期借款”账户

C. 贷记“短期借款”账户　　D. 贷记“长期借款”账户

15. “主营业务税金及附加”账户核算的内容包括（　　）。

A. 营业税　　B. 增值税　　C. 城建税　　D. 所得税

16. “利润分配”账户一般应设置的明细账有（　　）。

A. 提取法定盈余公积　　B. 应付股利

C. 应交所得税　　D. 未分配利润

17. 若公司 7 月份收到下半年的出租包装物租金收入并存入银行，此笔经济业务应涉及（　　）账户。

A. “预收账款”　　B. “其他应付款”

C. “银行存款”　　D. “其他业务收入”

18. 若公司原估计第三季度银行存款利息为 600 元左右，实际 9 月份收到银行利息为 1 020 元，则 9 月份编制会计分录时，应（　　）。

A. 按实收利息 1 020 元借记“银行存款”账户

B. 按实收利息 1 020 元冲减财务费用，即贷记“财务费用”账户

C. 按已登记入账的利息收入 600 元，贷记“其他应收款”账户

D. 按实收利息与已入账利息收入的差额 420 元，贷记“财务费用”账户

19. 公司12月份支付下一年度厂房和设备的财产保险费时（　　）。

A. 并不影响本期损益　　B. 会使本期资产数额减少

C. 会使本期所有者权益减少　　D. 会使本期货币资金减少

20. 公司收到外单位预付的货款时，这项经济业务涉及（　　）账户。

A. 应付账款　　B. 其他应付款　　C. 银行存款　　D. 预收账款

21. 下列账户中，可能与“累计折旧”账户发生对应关系的有（　　）。

A. 管理费用　　B. 财务费用　　C. 制造费用　　D. 固定资产

四、判断题

1. 支票结算是异地结算中广泛使用的一种结算方式。（　　）
2. 商业汇票兑付期限，最长不超过9个月。（　　）
3. 除法律、法规另有规定外，投入的资本金一般不得抽回。（　　）
4. 企业为筹集生产经营所需资金而发生的费用是管理费用。（　　）
5. 企业公益性捐赠支出应列作其他业务支出。（　　）
6. 公司制企业应按照当期净利润的5%提取法定盈余公积。（　　）

五、简答题

1. 简述材料采购成本的构成。
2. 企业资金来源的渠道是什么？应设置哪些账户进行核算？
3. 供应过程核算应设置哪些账户？如何进行账务处理？
4. 生产过程核算应设置哪些账户？如何进行账务处理？
5. 销售过程核算应设置哪些账户？如何进行账务处理？
6. 财务成果核算应设置哪些账户？如何进行账务处理？
7. 企业的利润如何进行分配？什么是利润？企业的利润由哪几项构成？它们的关系如何？

六、业务题

习题1：

【目的】练习资金筹集业务的核算。

【资料】长江公司201×年10月发生如下业务。

（1）收到某投资人的现款投资200 000元，款项存入银行。

（2）收到某单位投入机械设备一台，机械设备的公允价值为300 000元。机械设备不需安装，可投入使用。

（3）由于生产周转的需要，从银行取得期限10个月的借款100 000元，年利率6%，款项存入银行。

（4）因需要购置一条生产流水线机械设备，从银行取得4年期的借款100 000元，年利率5%，款项存入银行。

【要求】根据以上业务编制会计分录。

习题2：

【目的】练习固定资产购建业务的核算。

【资料】长江公司201×年10月发生如下业务。

（1）用银行存款购入不需要安装的设备一台，买价 100 000 元，增值税额 17 000 元，用现金支付运费 500 元，设备已交付车间使用。

（2）购入一台需要安装的机械设备，买价 300 000 元，增值税额 51 000 元，款项已用银行存款支付。

（3）用现金支付上述机械设备的运费 5 000 元。

（4）机械设备的安装耗用 A 材料 8 000 元，A 材料的增值税额 1 360 元。

（5）机械设备的安装费 15 000 元，用银行存款支付。

（6）机械设备安装完工，已交付车间使用。

【要求】根据以上业务编制会计分录。

习题 3：

【目的】练习物资采购业务的核算。

【资料】长江公司 201×年 10 月发生如下业务。

（1）从宏达公司购入 A 材料 1 000 千克，单价 50 元，购入 B 材料 2 000 千克，单价 20 元，增值税税率 17%，货款尚未支付，A、B 材料已验收入库。

（2）用银行存款支付上月欠维达公司货税款 38 000 元。

（3）从维达公司购入 A 材料 3 500 千克，单价 50 元，购入 B 材料 4 506 千克，单价 20 元，增值税税率 17%，企业用银行存款支付货税款，A、B 材料未入库。

（4）用现金支付从维达公司购入 A、B 材料运费 3 200 元（按材料的重量分配）。

（5）从维达公司购入的 A、B 材料已验收入库，结转实际采购成本。

（6）购入需安装设备一台，价款 158 000 元，增值税额 26 860 元，用银行存款支付价税款，另用现金支付运费 600 元，用银行存款支付安装费 6 800 元。该设备安装完工，交付生产车间使用。

（7）从宏达公司购入 B 材料 2 800 千克，单价 20 元，增值税税率 17%，企业用银行存款支付 30 000 元，其余货税款暂欠，B 材料已验收入库。

（8）从维达公司购入 A 材料 3 800 千克，单价 50 元，增值税税率 17%，企业用银行存款支付，A 材料未入库。

【要求】根据以上业务编制会计分录。

习题 4：

【目的】练习生产业务的核算。

【资料】长江公司 201×年 10 月发生业务如下。

（1）仓库发出 A 材料，甲产品耗用 150 000 元，乙产品耗用 80 000 元，生产车间一般耗用 2 000 元，行政管理部门耗用 1 000 元。

（2）用银行存款支付下一年度保险费 8 000 元。

（3）摊销本月报刊费 600 元。

（4）从银行取回现金 84 000 元，准备发放工资。

（5）发放工资 84 000 元。

（6）用现金支付办公费 1 800 元，其中车间 600 元，行政管理部门 1 200 元。

（7）仓库发出 B 材料，甲产品耗用 100 000 元，乙产品耗用 60 000 元，生产车间一般耗用 1 000 元，行政管理部门耗用 500 元。

（8）预提本月短期借款利息 8 600 元。

（9）计提本月固定资产折旧，车间固定资产折旧为 25 000 元，行政管理部门固定资产折旧为 7 800 元。

（10）分配本月工资 84 000 元，其中生产工人工资 60 000 元（甲产品 40 000 元，乙产品 20 000 元），车间管理人员工资 12 000 元，行政管理部门人员工资 12 000 元。

（11）结转本月制造费用 40 600 元，按生产工时分配，其中甲产品应分配 20 600 元，乙产品应分配 20 000 元。

（12）结转本月完工产品成本，其中甲产品完工产品成本为 425 000 元，乙产品完工产品成本为 320 000 元。

【要求】根据以上业务编制会计分录。

习题 5

【目的】练习产品生产业务和产品制造成本的核算。

【资料】长江公司生产甲、乙两种产品，201×年 10 月发生的经济业务如下。

（1）从银行提取现金 3 000 元，以备零用。

（2）采购员王永民预借差旅费 1 800 元，用现金支付。

（3）本月各部门用材料如下表所示。

各部门领用材料汇总表

单位：元

项目	A 材料	B 材料	合计
甲产品领用	32 000	28 000	60 000
乙产品领用	42 000	36 000	78 000
生产车间一般耗用		5 000	5 000
行政管理部门领用		3 000	3 000
合计	74 000	72 000	146 000

（4）从银行提取现金 50 000 元，以备发放工资。

（5）用现金支付办公费 1 000 元，其中车间办公费 400 元，行政管理部门办公费 600 元。

（6）预提本月短期借款利息 4 200 元。

（7）摊销本月应承担的报纸杂志费 350 元。

（8）月末，分配本月工资 50 000 元，其中生产工人工资 30 000 元（生产工人工资按工时分配，甲产品 6 000 工时，乙产品 4 000 工时），车间管理人员工资 8 000 元，行政管理部门人员工资 12 000 元。

（9）月末，计提固定资产折旧 26 000 元，其中车间固定资产折旧 16 000 元，行政管理部门固定资产折旧 10 000 元。

（10）月末，采购员王永民出差归来，报销差旅费 1 500 元，退回现金 300 元。

（11）月末，按工时分配本月制造费用。

（12）月末，本月甲、乙产品全部完工，结转完工产品成本（甲产品月初在产品成本

158 000 元，乙产品为本月投产）。

【要求】

（1）根据以上业务编制会计分录。

（2）开设“制造费用”“生产成本”明细账户，根据会计分录进行登记。

习题 6:

【目的】练习产品销售业务的核算。

【资料】长江公司 201×年 10 月发生如下业务。

（1）销售给富通公司甲产品 230 台，每台售价 1 000 元，增值税税率 17%，另用现金代垫运费 1 500 元，货税款及代垫运费尚未收到。

（2）销售给致远公司甲产品 350 件，每台售价 1 000 元，乙产品 250 台，每台售价 600 元，增值税税率 17%，收到致远公司开出的期限 6 个月商业汇票一张。

（3）收到致远公司上月购货欠款 60 000 元，存入银行。

（4）用银行存款支付产品销售的广告费 10 000 元。

（5）销售给富通公司甲产品 300 台，每台售价 1 000 元，增值税税率 17%，收到现金 50 000 元，其余货税款尚未收到。

（6）用现金支付销售给富通公司（5）甲产品的运费 2 900 元。

（7）收到销售给富通公司（5）甲产品的余款及（6）代垫付运费款，款项存入银行。

（8）销售给致远公司乙产品 320 台，每台售价 600 元，增值税税率 17%，收到致远公司货款 80 000 元，其余货税款尚未收到。

（9）结转已销售产品的生产成本，甲产品每台生产成本为 500 元，乙产品每台生产成本为 200 元。

（10）按规定计提城市维护建设税 1 800 元，教育费附加 1 000 元。

【要求】根据以上业务编制会计分录。

习题 7:

【目的】练习利润形成业务的核算。

【资料】长江公司 201×年 10 月发生如下经济业务。

（1）用现金支付电话费 1 200 元，其中厂部电话费 800 元，车间电话费 400 元。

（2）销售给富通公司甲产品 300 台，每台售价 1 000 元，乙产品 200 件，每台售价 600 元，增值税税率 17%，收到富通公司开出的商业汇票一张。

（3）以现金支付销售给富通公司（2）甲产品运费、装卸费共计 1 800 元。

（4）收到罚款收入 8 000 元，存入银行。

（5）销售给致远公司甲产品 150 台，每台售价 1 000 元，乙产品 300 件，每台售价 600 元，增值税税率 17%，货税款未收到。同时，用银行存款代垫运费 700 元。

（6）销售 A 材料 2 000 千克，单价 80 元，增值税税率 17%，款项存入银行。

（7）结转材料的销售成本，A 材料单价 50 元。

（8）预提本月短期借款利息 18 000 元。

（9）用银行存款支付广告费 12 000 元。

（10）结转本月已销产品的生产成本，甲产品每台生产成本 500 元，乙产品每台生产成本

200 元。

（11）按规定计提城市维护建设税 2 000 元，教育费附加 1 000 元。

（12）摊销本月应承担的保险费 600 元，报刊费 300 元。

（13）按利润总额的 25%计提所得税。

（14）将本月的收入、费用账户的发生额转入本年利润。

【要求】

（1）根据以上业务，分别计算长江公司 10 月的主营业务利润、营业利润、利润总额和净利润。

（2）编制有关会计分录。

习题 8：

【目的】练习利润分配业务的核算。

【资料】长江公司 201×年 12 月实现利润总额（无纳税调整项目）400 000 元。

（1）按利润总额的 25%计提所得税。

（2）按净利润的 10%计提法定盈余公积。

（3）按净利润的 40%计提向投资者分配的利润。

（4）结转实现的净利润。

（5）结转利润分配各明细账户。

【要求】根据以上业务编制有关会计分录。

习题 9：

【目的】练习资金退出企业的核算。

【资料】长江公司 201×年 10 月发生如下经济业务。

（1）用银行存款归还期限 6 个月的借款 80 000 元。

（2）用银行存款支付本季度短期借款利息 15 000 元，其中前 2 个月已预提 10 000 元。

（3）用银行存款支付欠宏达公司货税款 75 000 元。

（4）用银行存款支付本月的应交增值税额 68 000 元，支付城市维护建设税 6 000 元，支付教育费附加 1 000 元，支付所得税费用 120 000 元。

【要求】根据以上业务编制会计分录。

习题 10：

【目的】练习成本的计算。

【资料】长江公司生产甲、乙两种产品，201×年 10 月发生经济业务如下。

（1）本月各部门领用材料如下表所示。

（2）用银行存款支付本月电费 28 000 元，其中甲产品耗用 10 000 元，乙产品耗用 9 000 元，生产车间一般耗用 7 000 元，行政管理部门耗用 2 000 元。

（3）本月耗用水费 34 000 元，其中甲产品耗用 15 000 元，乙产品耗用 16 000 元，生产车间一般耗用 2 000 元，行政管理部门耗用 1 000 元，水费尚未支付。

（4）分配本月工资 98 000 元，其中生产工人工资 60 000 元，车间管理人员工资 26 000 元，行政管理部门人员工资 12 000 元。生产工人工资按工时分配，甲产品耗用 50 000 工时，乙产品耗用 48 000 工时。

材料领用汇总表

单位：元

项　　目	A 材 料	B 材 料	合　　计
甲产品领用	83 000	75 000	158 000
乙产品领用	38 000	46 000	84 000
生产车间领用		2 000	2 000
行政管理部门领用		3 000	3 000
合　　计	121 000	126 000	247 000

（5）计提本月应向社会保险经办机构缴纳的职工基本养老保险费共计 50 000 元，其中生产甲产品的工人计提额为 20 000 元，生产乙产品的工人计提额为 20 000 元，车间管理人员计提额为 4 000 元，厂部管理人员计提额为 6 000 元。

（6）计算本月发生制造费用，按工时分配本月制造费用。

（7）本月甲、乙产品全部完工，结转完工产品成本。甲产品月初在产品成本 56 000 元，其中直接材料 36 000 元、直接人工 8 000 元、制造费用 12 000 元；乙产品为本月投产，月初无在产品成本。本月甲产品完工产品数量为 800 台，乙产品完工产品数量为 600 台。

【要求】

（1）根据以上业务编制会计分录。

（2）编制本月甲、乙产品的“产品成本计算表”（生产成本项目需要增加“电费”“水费”栏，或用“其他费用”栏）。

（3）计算甲、乙产品的总成本和单位成本。

习题 11：

【目的】综合练习企业主要经营过程的核算。

【资料】长江公司 201×年 11 月发生如下经济业务。

（1）1 日，从银行提取现金 3 000 元，备用。

（2）1 日，以银行存款支付广告费 8 000 元。

（3）2 日，从宏达公司购入 A 材料 4 000 千克，单价 50 元，购入 B 材料 5 000 千克，单价 20 元，增值税税率 17%，运费 900 元，货款用银行存款支付，运费按重量分配。

（4）3 日，从宏达公司购入的 A、B 材料全部验收入库，结转其实际采购成本。

（5）3 日，购入需安装的设备一台，价款 120 000 元，增值税额 20 400 元，价税款用银行存款支付，另用现金支付运费 1 500 元。

（6）9 日，用银行存款支付购入设备的安装费 10 000 元，该设备同日已安装完工，交付车间使用，结转其实际安装成本。

（7）9 日，摊销本月应承担的报刊费 800 元，其中生产车间承担 300 元。

（8）10 日，现金支付交通费 5 600 元，其中车间承担 4 000 元。

（9）10 日，以银行存款向希望工程捐款 10 000 元。

（10）15 日，从银行提取现金 80 000 元，以备发放工资。

（11）15 日，以现金 80 000 元发放本月工资。

（12）15 日，从维达公司购入 A 材料 5 000 千克，单价 50 元，购入 B 材料 4 000 千克，单价 20 元，增值税税率 17%，运费 1 800 元，材料已验收入库，款项尚未支付，运费按重量分配。

（13）15 日，采购员王永民报销差旅费 1 600 元，结清前借款。

（14）16 日，用银行存款预付下年保险费 60 000 元。

（15）16 日，预付下年报纸杂志费用 2 000 元，用现金支付。

（16）16 日，销售甲产品 200 台，每台售价 1 000 元，销售乙产品 300 台，每台售价 600 元，增值税税率 17%，款项收到存入银行。

（17）17 日，行政管理部门购买办公用品 700 元，以现金支付。

（18）17 日，收到投资人向企业投入人民币 300 000 元，款项存入银行。

（19）20 日，向富通公司销售甲产品 100 台，每台售价 1 000 元，销售乙产品 200 台，每台售价 600 元，增值税税率 17%，货款尚未收到。

（20）21 日，从银行借入半年期借款 90 000 元，款项存入银行。

（21）21 日，本月各部门领用材料如下表所示。

材料领用汇总表

单位：元

项　目	A 材　料	B 材　料	合　计
甲产品领用	187 000	126 000	313 000
乙产品领用	120 000	87 000	207 000
生产车间领用		1 000	1 000
行政管理部门领用		1 000	1 000
合　计	307 000	215 000	522 000

（22）25 日，收到富通公司 20 日所欠货款，存入银行。

（23）26 日，计提固定资产折旧 25 000 元，其中生产车间固定资产折旧 15 000 元，行政管理部门固定资产折旧 10 000 元。

（24）29 日，计提本月应负担的银行短期借款利息 8 000 元。

（25）29 日，以存款支付本月电费 30 000 元，其中生产甲产品用 12 000 元，生产乙产品用 12 500 元，车间 4 000 元，工厂行政部门 1 500 元。

（26）29 日，分配结转本月职工工资 80 000 元，其中生产工人工资 60 000 元（生产工人工资按工时分配，甲产品 45 000 工时，乙产品 15 000 工时），车间管理人员工资 15 000 元，工厂行政部门工资 5 000 元。

（27）30 日，根据甲、乙产品工时比例，分配本月发生的制造费用。

（28）30 日，本月生产的甲产品和乙产品已全部完工入库，结转其生产成本。生产成本账户中甲产品月初无余额；乙产品月初余额 65 000 元（其中，直接材料 45 000 元、直接人工 8 000 元、制造费用 12 000 元）。本月生产的甲产品完工入库数量为 800 台，乙产品完工入库数量为 1 547 台。

（29）30 日，计提城市维护建设税 4 800 元，计提教育费附加 1 200 元。

（30）30 日，结转销售产品的销售成本（按本月实际生产成本确定为销售产品的生产成本单价）。

（31）30日，将各收益账户结转本年利润。

（32）30日，将各费用支出账户结转本年利润。

（33）30日，按利润总额的25%计提本月应交所得税，并结转到本年利润。

（34）30日，按实现净利润的10%计提法定盈余公积。

（35）30日，按实现净利润的40%计提应向投资者分配的利润。

（36）30日，用银行存款支付城市维护建设税4 800元，教育费附加1 200元。

【要求】

（1）根据以上业务编制会计分录（有明细科目的要求列出明细科目）。

（2）编制本月甲、乙产品的“产品成本计算表”（生产成本项目需要增加“电费”“水费”栏，或用“其他费用”栏）。

（3）计算甲、乙产品的总成本和单位成本。

第五章
账户的分类

本章内容提要

- 账户按经济内容分类
- 账户按用途和结构分类
- 账户的其他分类

第一节　账户按经济内容分类

账户的经济内容是指账户所反映和监督的具体内容的经济性质。账户按经济内容的分类是账户的基本分类，是账户按用途和结构分类的基础。

如前所述，企业会计对象的具体内容可以分为六个方面，即六大会计要素：资产、负债、所有者权益、收入、费用和利润。账户按经济内容的分类与其在分类原则上是一致的。具体可以分为资产类、负债类、所有者权益类、收益类、费用类五大类账户。在借贷记账法下，账户的具体分类如下。

一、资产类账户

资产类账户是反映各项资产的增减变动及结存情况的账户，主要包括“库存现金”“银行存款”“应收账款”“预付账款”“原材料”“库存商品”“长期股权投资”“固定资产”“无形资产”等账户。资产类账户借方记录企业各项资产的增加额，贷方记录减少额，余额一般出现在记录增加额的借方，表示期末某一时点企业实际拥有的资产数额。期末余额的计算公式如下：

资产类账户期末余额=期初借方余额+本期借方发生额−本期贷方发生额

用“T”型账表示资产类账户结构如图 5-1 所示。

借方　　　　资产类账户	贷方
期初余额：期初资产结存额	
发 生 额：本期资产增加额	发 生 额：本期资产减少额
期末余额：期末资产结存额	

图 5-1　资产类账户结构

二、负债类账户

负债类账户是反映负债增减变动及期末实有负债情况的账户，主要包括“短期借款”“应付票据”“应付账款”“预收账款”“应付职工薪酬”“应交税费”“长期借款”“应付债券”等账户。负债类账户的贷方记录负债的增加额，借方记录减少额，余额一般出现在贷方，反映企业在期末某一时点所承担债务的实际数额。期末余额计算公式如下：

负债类账户期末余额=期初贷方余额+本期贷方发生额−本期借方发生额

用“T”型账表示负债类账户结构如图 5-2 所示。

负债类账户

借方	贷方
	期初余额：期初负债实有额
发 生 额：本期负债减少额	发 生 额：本期负债增加额
	期末余额：期末负债实有额

图 5-2　负债类账户结构

三、所有者权益类账户

所有者权益类账户是反映所有者权益增减变动的账户，主要包括“股本（实收资本）”“资本公积”“盈余公积”“本年利润”“利润分配”账户。所有者权益类账户的贷方记录所有者权益的增加额，借方记录减少额，余额一般出现在贷方，反映所有者拥有的企业净资产的实际数额。期末余额的计算公式如下：

所有者权益类账户期末余额=期初贷方余额+本期贷方发生额−本期借方发生额

用“T”型账表示所有者权益类账户结构如图 5-3 所示。

所有者权益类账户

借方	贷方
	期初余额：期初所有者权益实有额
发 生 额：本期所有者权益减少额	发 生 额：本期所有者权益增加额
	期末余额：期末所有者权益实有额

图 5-3　所有者权益类账户结构

四、收益类账户

收益类账户是反映企业各项收入和利得的形成及结转情况的账户，主要包括“主营业务收入”“其他业务收入”“营业外收入”“投资收益”等账户。收益类账户是利润及利润分配的直接来源，所以其结构和所有者权益类账户的结构基本相同。贷方记录收益的增加额，借方记录收益的转销额，转销后期末无余额。

其结构用“T”型账表示如图 5-4 所示。

收益类账户

借方	贷方
发 生 额：本期收益转销额	发 生 额：本期收益增加额

图 5-4　收益类账户结构

五、费用类账户

费用类账户是反映企业生产经营过程中各种费用的形成及结转以及计算产品成本的账户，主要包括“生产成本”“制造费用”“管理费用”“销售费用”“财务费用”“主营业务成本”“其他业务成本”“营业外支出”“所得税费用”等账户。这类账户的借方记录成本费用的增加额，贷方记录结转额。

其结构用“T”型账表示如图 5-5 所示。

借方　　　费用类账户	贷方
发 生 额：本期费用增加额	发 生 额：本期费用结转额

图 5-5　费用类账户结构

第二节　账户按用途和结构分类

为了正确地运用账户来记录经济业务，掌握账户在提供核算指标方面的规律性，有必要在账户按经济内容分类的基础上，进一步研究账户按用途和结构的分类。

账户的用途是指通过账户记录能够提供什么核算指标，即设置和运用账户的目的。

账户的结构是指在账户中如何记录经济业务，以取得各种必要的核算指标。具体是指账户的借方核算什么内容，贷方核算什么内容，期末余额在哪一方，表示什么内容。

账户按其用途和结构主要可以分为盘存账户、资本账户、结算账户、集合分配账户、跨期摊配账户、成本计算账户、损益类账户、财务成果账户和调整账户等。

一、盘存账户

盘存账户是用来核算和监督各项实物资产和货币资金增减变动及其结存情况的账户。这类账户可以通过财产清查的方法，检查账面结存是否与实存数额相符。盘存账户的借方登记各项实物资产和货币资金的增加数额，贷方登记减少数额，账户余额总在借方，表示各项实物资产和货币资产的实际结存数额。

盘存账户主要包括“库存现金”“银行存款”“原材料”“库存商品”“固定资产”等。盘存账户的一般结构如图 5-6 所示。

借方　　　盘存账户	贷方
期初余额：期初实物资产或 货币资金结存额 发 生 额：本期实物资产或 货币资金的增加额	 发 生 额：本期实物资产或 货币资金的减少额
期末余额：期末实物资产或 货币资金结存额	

图 5-6　盘存账户结构

二、资本账户

资本账户是用来核算和监督实收资本或股本、资本公积、盈余公积的增减变动及其实有额的账户。这类账户贷方登记资本的增加额，借方登记减少额，余额总在贷方，表示期末资本的实有数额。

资本账户主要有："实收资本""资本公积""盈余公积"等。资本账户的一般结构如图5-7所示。

资本账户

借方	贷方
发 生 额：本期资本的减少额	期初余额：期初资本的实有额 发 生 额：本期资本的增加额
	期末余额：期末资本的实有额

图5-7　资本账户结构

三、结算账户

结算账户是用来核算和监督企业同其他单位或个人之间的债权（应收款项）、债务（应付款项）结算情况的账户。按照具体的用途和结构，结算账户又可分为债权结算账户、债务结算账户和债权债务结算账户三类。

（一）债权结算账户

债权结算账户亦称资产结算账户，是用来核算和监督企业同各个债务单位或个人之间的债权结算业务的账户。这类账户的借方登记债权（应收款项或预付款项）的增加数，贷方登记债权的减少数，余额一般在借方，表示期末尚未收回或报销的债权的实有数额。

债权结算账户主要有"应收账款""预付账款""其他应收款"等。债权结算账户一般结构如图5-8所示：

债权结算账户

借方	贷方
期初余额：期初债权实有额 发 生 额：本期债权增加额	发 生 额：本期债权减少额
期末余额：期末债权实有额	

图5-8　债权结算账户结构

（二）债务结算账户

债务结算账户亦称负债结算账户，是用来核算和监督企业同各个债权单位或个人之间的债务结算业务的账户。这类账户的贷方登记债务（借入款项、应付款项或预收款项）的增加数，借方登记债务的减少数，余额一般在贷方，表示尚未偿还的债务的实有额。

债务结算账户主要有"应付账款""短期借款""预收账款""其他应付款"等。债务结算账户的一般结构如图5-9所示。

债务结算账户

借方	贷方
发 生 额：本期债务减少额	期初余额：期初债务实有额 发 生 额：本期债务增加额
	期末余额：期末债务实有额

图5-9　债务结算账户结构

（三）债权债务结算账户

债权债务结算账户亦称资产负债结算账户，是用来核算和监督企业与同一个单位发生的债权和债务结算业务的账户。这类账户实质上是债权债务共同账户，借方登记债权的增加或债务的减少，贷方登记债务的增加或债权的减少。余额如在借方，表示尚未收回的债权；余额如在贷方，表示尚未偿付的债务。这种账户要根据账户的余额来判断账户记录的结果，其设置目的是企业为了集中反映与同一个单位所发生的债权、债务结算情况，以便简化会计核算工作。

实际工作中，如果企业不单独设置“预付账款”账户，而用“应付账款”账户同时核算和监督企业应付账款和预付账款的增减变动情况和结果，则此时的“应付账款”账户就是一个债权债务结算账户；如果企业不单独设置“预收账款”账户，而用“应收账款”账户同时核算和监督企业应收账款和预收账款的增减变动情况和结果，则此时的“应收账款”账户就是一个债权债务结算账户。债权债务结算账户所属明细分类账的借方余额之和与贷方余额之和的差额，应当与总分类账户的余额相等。

债权债务结算账户的一般结构如图 5-10 所示。

借方	债权债务结算账户　　　　贷方
期初余额：期初债权大于债务的差额 发 生 额：本期债权的增加或债务的减少	期初余额：期初债务大于债权的差额 发 生 额：本期债务的增加或债权的减少
期末余额：期末债权大于债务的差额	期末余额：期末债务大于债权的差额

图 5-10　债权债务结算账户结构

四、集合分配账户

集合分配账户是用来归集和分配经营过程中某个阶段所发生的某种费用的账户。这类账户的借方登记费用的发生数，贷方登记费用的分配数。在一般情况下没有期末余额，因为本期发生的费用一般应于期末全部分配出去，由有关的成本计算对象负担。

集合分配账户主要有“制造费用”账户。集合分配账户的一般结构如图 5-11 所示。

借方	集合分配账户　　　　贷方
发生额：汇集本期经营过程中 某方面费用的数额	发生额：分配到有关成本计算对象 上的数据

图 5-11　集合分配账户结构

五、跨期摊配账户

跨期摊配账户是用来核算和监督应由若干个会计期间共同负担的费用，并将这些费用摊配到各个会计期间的账户。设置这类账户的目的是按照权责发生制的要求，严格划分费用的受益期间，以便正确计算各个会计期间的成本和盈亏。

跨期摊配账户主要有“长期待摊费用”账户。它是用来核算已经支付或发生，但应由本期和以后各期共同分摊的费用。借方登记费用的实际支付或发生额，贷方登记费用的摊销额，期末余额在借方，表示已经支付或发生但尚未进行摊销的费用。跨期摊配账户的一般结构如图 5-12 所示。

借方　　跨期摊配账户	贷方
期初余额：期初已支付但尚未摊配的数额 发 生 额：本期支付数额	发 生 额：本期摊配数额
期末余额：期末已支付但尚未摊配的数额	

图 5-12　跨期摊配账户结构

六、成本计算账户

成本计算账户是用来核算和监督经营过程中某一阶段所发生、应计入成本的全部费用，确定该阶段各个成本计算对象实际成本的账户。这类账户的借方登记经营过程中某个阶段所发生的应计入成本的全部费用（包括直接计入的直接费用和通过集合分配账户归集后期末分配转入的间接费用），贷方登记转出已完成某个阶段的成本计算对象的实际成本。期末如有余额，一定在借方，表示尚未完成某个阶段的成本计算对象的实际成本。

成本计算账户主要有“生产成本”“在途物资”“在建工程”等。成本计算账户的一般结构如图 5-13 所示。

借方　　成本计算账户	贷方
期初余额：期初尚未完成经营过程某个阶段的成本计算对象的实际成本 发 生 额：汇集经营过程中某一阶段的全部费用数额	发 生 额：转出已完成经营过程某一阶段的成本计算对象的实际成本
期末余额：期末尚未完成经营过程该阶段的成本计算对象的实际成本	

图 5-13　成本计算账户结构

七、损益类账户

损益类账户是用来核算和监督企业损益形成情况的账户。它包括收益类账户和费用类账户。

（一）收益类账户

收益类账户是用来核算和监督企业在一定时间内所取得的各种收益的账户。这类账户贷方登记取得的收益，借方登记收益的减少数和期末转入“本年利润”账户的收益。由于当期实现的全部收益都要于期末转入“本年利润”账户的贷方，所以收益类账户期末没有余额。

收益类账户主要有“主营业务收入”“其他业务收入”“投资收益”“营业外收入”等。收益类账户的一般结构如图 5-14 所示。

借方　　收益类账户	贷方
发 生 额：本期收益减少数以及期末转入“本年利润”账户的数额	发 生 额：本期取得的某项收益数额

图 5-14　收益类账户结构

（二）费用类账户

费用类账户是用来核算和监督企业在一定时期内所发生的应计入当期损益的各项费用、成本和支出（损失）的账户。这类账户的借方登记费用支出的增加额，贷方登记费用支出的减少额和期末转入“本年利润”账户的费用支出数额。由于当期发生的各项费用支出都要于期末转入“本年利润”账户的借方，所以费用类账户期末没有余额。

费用类账户主要有“主营业务成本”“销售费用”“其他业务成本”“管理费用”“财务费用”“营业外支出”等。费用类账户的一般结构如图 5-15 所示。

借方　　费用类账户	贷方
发 生 额：本期各项费用增加额	发 生 额：本期各项费用减少数和期末转入“本年利润”账户的数额

图 5-15　费用类账户结构

八、财务成果账户

财务成果账户是用来核算和监督企业在一定时期内全部经营活动的最终财务成果（利润或亏损）的账户。“本年利润”账户属于财务成果账户，它的贷方登记一定时期内的全部收益，包括营业收入、营业外收入和投资收益等，借方登记一定时期内的全部成本、费用和损失，包括营业成本、销售费用、营业税金及附加、管理费用、财务费用、营业外支出、所得税费用等，期末贷方余额表示企业获得的净利润，若为借方余额，则表示企业发生的净亏损数额。

财务成果账户的一般结构如图 5-16 所示。

借方　　财务成果账户	贷方
发 生 额：汇集本期各项成本、费用和损失的数额	发 生 额：汇集本期各项收益数额
期末余额：净亏损	期末余额：净利润

图 5-16　财务成果账户结构

九、调整账户

调整账户是用来调整某个账户（即被调整账户）的余额，以表示被调整账户所反映会计要素的实际余额而设置的账户。调整账户按调整的方式不同，可分为备抵调整账户、附加调整账户和备抵附加调整账户三类。

（一）备抵调整账户

备抵调整账户也称抵减账户，是用来抵减被调整账户的余额，以求得被调整账户所反映会计要素的实际余额的账户。其调整方式如下：

被调整账户实际余额=被调整账户余额−备抵调整账户余额

被调整账户的余额与备抵调整账户的余额方向必定相反。

按照被调整账户的性质，备抵调整账户又可分为资产备抵账户与权益备抵账户两类。

1．资产备抵账户

资产备抵账户是用来抵减某一资产账户的余额，以求得该资产实际余额的账户。例如，“累计折旧”账户是“固定资产”这个资产账户的备抵账户，其抵减方式是“固定资产”账户借方余额（固定资产的原始成本）减去“累计折旧”账户的贷方余额（固定资产累计磨损价值），其差额表示固定资产账面净值。此外，“坏账准备”账户是“应收账款”等账户的备抵账户，其抵减方式是“应收账款”等账户借方余额减去“坏账准备”账户贷方余额，其差额表示应收账款等的实有数额。属于该类备抵账户的还有“存货跌价准备”“长期股权投资减值准备”“固定资产减值准备”“无形资产减值准备”“累计摊销”等。资产备抵账户的一般结构如图 5-17 所示。

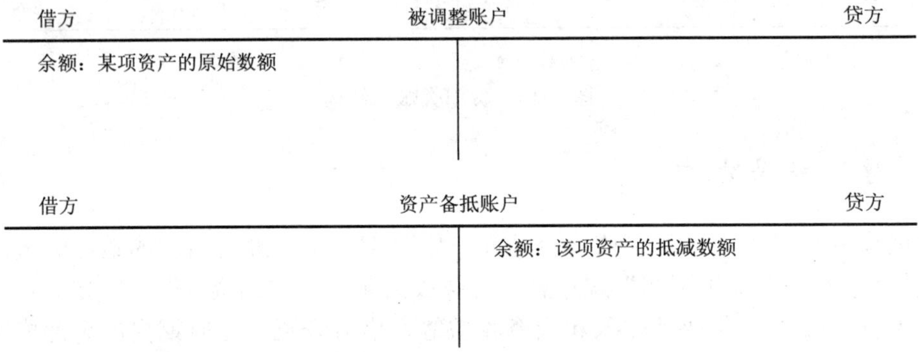

图 5-17　资产备抵账户结构

图中被调整账户与资产备抵账户的关系，可用下式表示：

被调整账户的借方余额-资产备抵账户的贷方余额=资产的实际净额

2．权益备抵账户

权益备抵账户是用来抵减某一权益（包括所有者权益、负债等）账户的余额，以求得该权益的实际余额的账户。例如“利润分配”账户如果没有年初未分配利润就是“本年利润”的备抵账户，其抵减方式是“本年利润”账户贷方余额（已实现利润数）减去“利润分配”账户借方余额（已分配利润数）等于期末尚未分配的已实现利润数。又如股份公司回购本公司股票形成的“库存股”就是“股本”所有者权益账户的备抵账户。权益备抵账户的一般结构如图 5-18 所示。

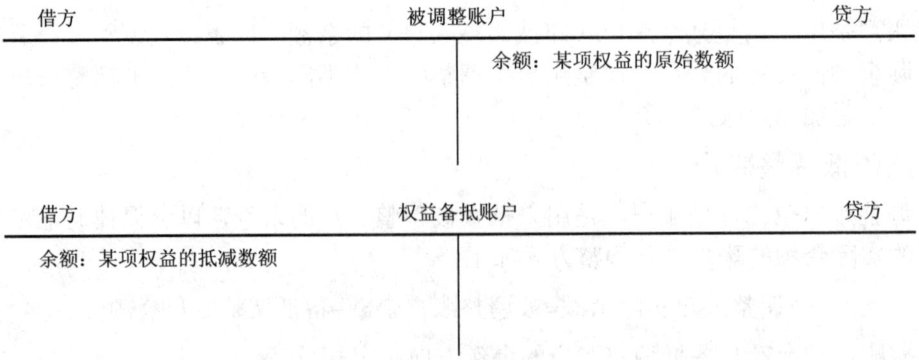

图 5-18　权益备抵账户结构

图中被调整账户与权益备抵账户的关系，可用下式表示：

权益的实际余额=被调整账户的贷方余额−权益备抵账户的借方余额

（二）附加调整账户

附加调整账户是用来增加被调整账户的余额，以求得被调整账户所反映的会计要素的实际余额的账户。其调整方式如下：

被调整账户余额+附加账户余额=被调整账户实际余额

被调整账户余额与附加账户余额一定在相同的方向。

（三）备抵附加账户

备抵附加账户是既用来抵减又用来增加被调整账户的余额，以求得被调整账户所反映会计要素实际余额的账户。这类账户兼有备抵账户和附加账户的双重功能，但不能同时起作用，其调整方式如下：

被调整账户的余额±备抵附加账户=被调整账户的实际余额

即当备抵附加账户的余额与被调整账户余额方向相同时，起附加作用；当备抵附加账户余额与被调整账户余额相反时，起递减作用。

例如，按计划成本组织材料日常核算的企业，“原材料”等账户按计划成本核算，所设置的“材料成本差异”账户就是“原材料”等账户的备抵附加账户，调整之后的结果就是“原材料”等账户的实际成本。备抵附加账户的一般结构如图 5-19 所示。

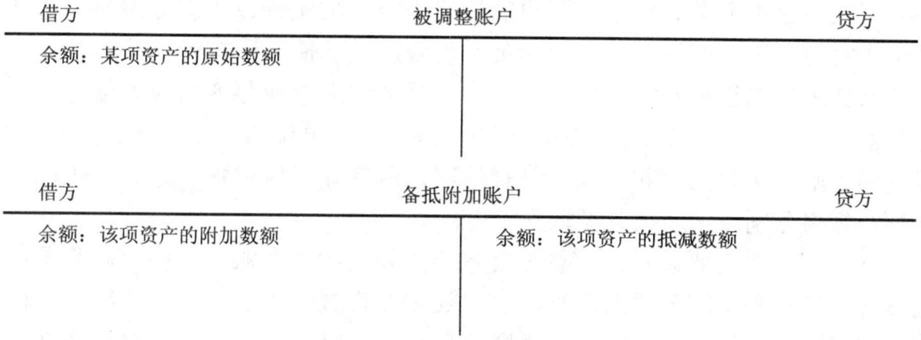

图 5-19　备抵附加账户结构

图中被调整账户与备抵附加账户的关系，可用下式表示：

$$\begin{matrix}\text{被调整账户}\\\text{借方余额}\end{matrix}\left\{\begin{matrix}\text{+备抵附加账户借方余额}\\\text{或}\\\text{−备抵附加账户贷方余额}\end{matrix}\right\}=\text{实际余额}$$

应当指出，被调整账户与调整账户是反映相同经济内容、相互联系、相互结合使用的一组账户，调整账户离开了被调整账户，将失去其存在的意义。被调整账户反映某项经济活动的原始数额，调整账户反映对原始数额的调整数额，两者结合共同提供经营管理中所需要的某些特定指标。

第三节 账户的其他分类

一、账户按提供核算指标详细程度的分类

为了满足经营管理所需要的各种核算资料，对于一切经济业务都要在有关账户中登记。各单位日常使用的账户，按其提供核算指标的详细程度不同，可以分为总分类账户和明细分类账户。

（一）总分类账户

总分类账户是根据总账科目开设的对企业经济活动的具体内容进行总括核算而提供总括会计资料的账户，也称为一级账户或总账账户。总分类账户能够提供管理所需要的某一会计对象具体内容的总括核算指标。前面所介绍的各种账户都是总分类账户。总分类账户对会计对象具体内容分别进行总分类核算，提供各种资产、负债、所有者权益以及收入、费用和财务成果等方面的总括情况，用货币作为统一计量单位进行登记。总分类账户提供的各种总括核算指标，对于概括和了解资产、负债、所有者权益、收入、费用增减变动情况和结果以及各种经营过程的进度是非常有必要的。

（二）明细分类账户

明细分类账户是对企业某一经济业务进行明细分类核算，提供某一具体业务明细核算指标的账户。

明细分类账户是根据某一总分类账户的核算内容，按照管理的实际需要，对某一总分类账户的经济内容分别进行明细核算，提供某一项资产、负债、所有者权益以及收入、费用、财务成果的具体内容的详细核算指标。例如为了具体掌握企业与各供应单位之间的往来账款结算情况，就要在“应付账款”总分类账户下，按各供应单位的名称，分别设置明细分类账。又如为了具体了解各种材料的收、发、结存情况，就应在“原材料”总分类账户下，按照原材料的品种、规格分别设置明细分类账户。

基于经济管理上的需要，对某一总分类账户所属明细分类账户较多时，为了便于控制，除了设置总分类账户和明细分类账户外，有时还需要设置二级账户。从二级账户核算的内容看，它比总分类账户详细，而比明细分类账户概括，它是介于总分类账户和明细分类账户之间的一种账户。例如“固定资产”总分类账户，除了应按各种固定资产的具体名称、规格分别设置明细分类账户外，通常还需按生产用固定资产、非生产用固定资产、未使用固定资产、不需用固定资产等归类设置二级账户。二级账户也属于广义的明细分类账户。

设置总分类账户和明细分类账户的目的在于：一方面，能够满足经营管理的需要，为会计资料的使用者提供各种详略有别的会计核算资料；另一方面，有利于会计人员运用平行登记的原理，通过不同层次会计核算资料之间的勾稽关系，进行账账核对以及发现和纠正账簿记录的错误，从而保证会计核算资料的准确可靠。

二、账户按与财务报表的关系分类

账户所提供的资料是编制财务报表的基础资料，因此账户与报表必然有着密切的关系。

这里所讲的账户与财务报表的关系，主要是指账户与资产负债表和利润表的关系。账户按与财务报表的关系分类，可分为资产负债表账户和利润表账户。

（一）资产负债表账户

资产负债表是反映某一时点（月末、季末、年末）企业的资产、负债与所有者权益实有数额及其结构的财务报表，资产负债表就是根据这三类账户所提供的资料编制而成的。因此，我们把资产类账户、负债类账户和所有者权益类账户称为资产负债表账户。

（二）利润表账户

利润表是反映一定时期（月份、季度、年度）企业所实现的利润或发生的亏损数额的财务报表，而企业一定会计期间的利润额或亏损额又是损益类（收入类和费用类）各账户相抵后的净额，利润表就是根据损益类账户所提供的资料编制而成的。因此，我们把损益类账户称为利润表账户。

三、会计科目表对账户的分类

具体会计准则应用指南作为附录列出的会计科目表将科目（账户）分为资产类、负债类、所有者权益类、成本类、损益类和共同类六大类，前三类和共同类是按经济内容的分类，成本类和损益类则是按用途的分类。因此，我们认为这是一种综合分类。

本章知识小结

◆ 本章主要是对账户的归纳与总结。每一个账户都有其特定的核算内容，只能运用于特定的经济业务核算，账户可以按照不同标准，从不同角度进行分类，其中最主要的是按照账户的经济内容、用途、结构分类。按账户的经济内容分类，实质上是按会计对象的具体内容分类，是最基本的分类，主要分为五类，分别是资产类账户、负债类账户、所有者权益类账户、收益类账户、费用类账户。另一方面，按经济内容归为一类的账户，可能具有不同的用途和结构，按用途和结构分类的账户体系是对按经济内容分类的账户体系的必要补充，主要是盘存类账户、结算类账户、资本类账户、集合分配类账户、成本计算账户、跨期摊配账户、损益计算类账户、财务成果账户和调整账户。

练 习 题

一、名词解释

1. 资产类账户
2. 负债类账户
3. 所有者权益类账户

4. 收益类账户
5. 费用类账户

二、单项选择题

1. 总分类账户（　　）其所属的明细分类账户。

A. 从属于　　B. 补充说明
C. 统驭、控制　　D. 相互无关

2. “长期待摊费用”账户按经济内容分类属于（　　）类账户。

A. 资产　　B. 负债
C. 所有者权益　　D. 成本

3. “资本公积”账户按经济内容分类属于（　　）类账户。

A. 资产　　B. 负债
C. 所有者权益　　D. 损益

4. “应收账款”账户按用途和结构分类属于（　　）类账户。

A. 资本　　B. 债权结算
C. 集合分配　　D. 调整

5. 损益类账户的期末余额一般（　　）。

A. 在借方　　B. 在贷方
C. 无法确定方向　　D. 为零

6. 某账户的期初余额为500元，期末余额为3 000元，本期减少发生额为800元，则本期增加发生额为（　　）元。

A. 4 300　　B. 2 200　　C. 1 700　　D. 3 300

7. 年末所有损益类账户的余额均为零，表明（　　）。

A. 当年利润一定是零
B. 当年利润一定是正数
C. 当年利润一定是负数
D. 损益类账户在结账时均已转入“本年利润”账户

8. 二级账户是介于（　　）之间的账户

A. 总分类账户和明细分类账户　　B. 总账与明细账
C. 总分类账户　　D. 明细分类账户

三、多项选择题

1. 账户用途是指通过账户记录，能够（　　）。

A. 提供什么核算指标　　B. 怎样记录经济业务
C. 开设和运用账户的目的　　D. 借贷方登记的内容

2. 下列账户属于成本计算账户的有（　　）。

A. 材料采购　　B. 在建工程
C. 生产成本　　D. 制造费用

3. 下列账户中属于调整账户的有（　　）。

A. 利润分配　　B. 本年利润

C. 累计折旧　　D. 坏账准备

4. 企业采用预付货款的方式购入材料，在付款时，可以（　　）账户。

A. 借记“预付账款”　　B. 借记“应付账款”

C. 贷记“应付账款”　　D. 借记“预收账款”

5. 期末余额在贷方的账户是（　　）账户。

A. 资产类　　B. 所有者权益类

C. 负债类　　D. 成本类、费用类

6. 下列经济业务中，涉及“应付账款”增减变动的业务有（　　）。

A. 用银行存款偿还银行借款　　B. 用银行存款偿还前欠购料款

C. 购入原材料，货款未付　　D. 向银行借款，并用其归还前欠货款

7. 企业计算应交纳的所得税，并将其登记入账会引起（　　）。

A. 资产类账户的减少　　B. 费用类账户的增加

C. 所有者权益账户的减少　　D. 负债类账户的增加

8. 用来反映和监督企业的债务结算业务的账户有（　　）。

A. 短期借款　　B. 其他应付款

C. 预付账款　　D. 应交税费

9. 所谓账户的结构，应该包括（　　）。

A. 账户借方登记的内容　　B. 账户贷方登记的内容

C. 账户期末余额及方向　　D. 账户反映的内容

10. 反映成本、费用的账户是（　　）。

A. 生产成本　　B. 主营业务成本

C. 营业税金及附加　　D. 其他业务成本

四、判断题

1. 在所有账户中，左方均登记增加额，右方均登记减少额。（　　）

2. 调整账户和被调整账户的余额方向正好相反。（　　）

3. “累计折旧”账户的贷方登记的是提取的折旧额，表示折旧额的增加，所以是负债类账户。（　　）

4. 直接费用可直接归集到产品成本中，而间接费用则要通过分配之后才能归集到产品成本中。（　　）

5. 集合分配账户期末通常没有余额。（　　）

6. “应付账款”账户不会出现借方余额。（　　）

7. 债权债务账户属于资产负债类账户。（　　）

五、简答题

1. 账户按经济内容可以分为哪几类？每类账户的结构如何？

2. 什么是账户的用途和结构？账户按用途和结构可分为哪几类？

3. 债权债务结算账户在使用上有什么特点？

4. 调整账户有哪几种类型？它们与被调整账户的关系是怎样的？

5. 账户按核算指标的详细程度和与财务报表的关系如何进行分类？

六、业务题

【目的】练习账户的分类。

【资料】

公司的会计工作实务中涉及如下账户的运用：库存现金、银行存款、原材料、库存商品、固定资产、应付账款、预收账款、短期借款、应付职工薪酬、应交税费、应收账款、应收票据、其他应收款、股本、盈余公积、制造费用、生产成本、主营业务收入、营业外收入、主营业务成本、销售费用、管理费用、财务费用、营业外支出、本年利润、累计折旧、坏账准备、利润分配等。

【要求】

根据账户的分类要求，把以上账户的名称填入下表。

按经济内容分类 按用途和结构分类	资产类账户	负债类账户	所有者权益类账户	收益类账户	费用类账户
盘存账户					
结算账户					
资本账户					
集合分配账户					
成本计算账户					
损益账户					
财务成果账户					
调整账户					

第六章
会计凭证

本章内容提要

- 会计凭证概述
- 原始凭证的填制与审核
- 记账凭证的填制与审核
- 会计凭证的传递与保管

第一节 会计凭证概述

一、会计凭证的概念

会计凭证是记录经济业务发生或完成情况的书面证明，也是登记账簿的依据。

任何会计主体发生的各项经济业务，都要由经办人员或有关部门填制或取得能证明经济业务发生的内容、数量、金额等的凭证，并且签名盖章，以明确经济责任。例如，企业从外部购买材料，必须由经办人员取得购货发票，并签名或盖章；企业生产中领用材料，应填制领料单等。各种发票、领料单等，都属于会计凭证。会计部门必须对所有凭证的真实性和合法性进行审核，只有经过审核并确认为合法、真实和正确的凭证，才能作为记账的依据。因此，填制和审核会计凭证，就成为会计核算方法中的一种专门方法。它是借助会计凭证去办理会计手续，以便及时反映和监督经济业务的发生和完成情况，保证会计记录真实、正确、合理、合法，是会计核算工作的起点和基础。认真做好这项工作，对完成会计任务、加强会计管理具有十分重要的意义。

二、会计凭证的意义

（一）反映和监督经济业务

任何一笔经济业务的发生，都必须填制会计凭证，在会计凭证上如实记录经济业务发生的时间、内容和金额。因此，通过会计凭证的填制和审核，可以如实反映各项经济业务的具体情况；同时也可以检查企业的每一项经济业务，是否符合国家有关政策、法律法规和制度等的规定，是否执行了企业的计划和预算，是否有违法乱纪、铺张浪费等行为，有利于有效发挥会计的监督作用。

（二）明确经济责任

由于会计凭证除了记录每笔经济业务的内容外，还需由有关经办人员签章，以示对凭证的真实性和正确性负完全责任。这样，就加强了经济责任制，促使有关人员在自己的职责范围内严格按照规章办事，一旦出现问题，也可以确定有关部门和人员承担的责任，便于加强经济管理中的岗位责任制。

（三）登记账簿的依据

为了保证账簿记录的真实可靠，对发生的任何一项经济业务，必须取得或填制会计凭证，并经过审核无误后，方可登记入账。如果没有合法的会计凭证为依据，就不能在账簿中进行登记。

三、会计凭证的种类

由于经济业务多样，因此各单位使用的会计凭证种类繁多，其格式用途等都不一样。会计凭证按填制程序和用途的不同，可分为原始凭证和记账凭证。

（一）原始凭证

原始凭证是在经济业务发生或完成时取得或填制的，用以表明经济业务发生或完成情况的书面证明，是记账的原始依据，也是会计核算的重要依据。例如，销货时开具的增值税专用发票、收料单、出库单等都是原始凭证。原始凭证按不同方法可分为以下几类。

1．按来源不同分类

原始凭证按其来源不同，可分为外来原始凭证和自制原始凭证。

（1）外来原始凭证。外来原始凭证是指在经济业务发生或完成时，从其他单位或个人取得的原始凭证，如发货票、火车票、付款通知单等。

（2）自制原始凭证。自制原始凭证是指在经济业务发生或完成时，由本单位有关部门或人员填制的原始凭证，如收料单、领料单、限额领料单、产品入库单、产品出库单、借款单、工资结算单、制造费用分配表等。

2．按填制方法不同分类

原始凭证按填制方法不同，可分为一次原始凭证、累计原始凭证和汇总原始凭证三类。

（1）一次原始凭证。一次原始凭证是指在经济业务发生或完成后一次填制完毕，用以记载一项或若干项同类经济业务的原始凭证。在原始凭证中，外来原始凭证都是一次原始凭证；自制凭证中，绝大多数也是一次凭证，如收料单等。

（2）累计原始凭证。累计原始凭证是指在一张凭证连续、累计登记一定时期内不断重复发生的若干项同类经济业务，凭证填制手续是随着经济业务的发生而分次进行，直到期末才能填制完毕的原始凭证，如限额领料单。累计凭证可以减少凭证张数，简化填制手续；同时，也可以随时计算累计发生额，便于与计划或定额数量进行比较，反映业务执行或完成的工作总量。

（3）汇总原始凭证。汇总原始凭证也称原始凭证汇总表，是根据若干反映同类经济业务的原始凭证定期加以汇总编制而成的原始凭证，如发料凭证汇总表、工资结算汇总表、销售日报、差旅费报销单等。汇总原始凭证有利于简化编制记账凭证和登记账簿的手续，也有利于分析经济业务。

3．按格式不同分类

原始凭证按格式不同，可分为通用凭证和专用凭证。

（1）通用凭证。通用凭证是由有关部门统一印制、在一定范围内使用的具有统一格式和使用方法的原始凭证，如由中国人民银行统一制定的汇兑结算方式的“信汇凭证”，由税务部门统一制定的“发货票”等。

（2）专用凭证。专用凭证是由单位内部根据本单位管理要求设计的具有特定内容、特定格式、只在本单位内部使用的原始凭证，如差旅费报销单等。

（二）记账凭证

记账凭证是会计人员根据审核后的原始凭证按照经济业务内容加以归类，并据以确定会计分录，作为记账依据的会计凭证。

由于原始凭证只表明经济业务的具体内容，无法反映其应记入的会计账户和记账方向，不能直接登记入账，为了做到分类反映经济业务的内容，必须按会计核算方法的要求，将其归类、整理后，确定应计入的账户名称以及应借、应贷的金额，编写会计分录，编制记账凭证。

（1）按记录的经济业务内容与货币资金的收付是否有关，可分为收款凭证、付款凭证、转账凭证。

① 收款凭证。收款凭证是反映现金、银行存款收款业务的记账凭证，包括现金收款凭证和银行存款收款凭证。它们分别根据有关现金和银行存款收入业务的原始凭证填制，是登记现金日记账和银行存款日记账以及有关总账和明细账的依据，也是出纳员收讫款项的依据。

② 付款凭证。付款凭证是反映现金、银行存款付款业务的记账凭证，包括现金付款凭证和银行存款付款凭证。它们分别根据有关现金和银行存款付款业务的原始凭证填制，是登记现金日记账、银行存款日记账以及有关明细账和总账等账簿的依据，也是出纳员支付款项的依据。

③ 转账凭证。转账凭证是指反映的经济业务不涉及现金、银行存款的收付，是根据转账业务的原始凭证填制，是直接登记总账及有关明细账的依据。

（2）按填制方法可分为复式记账凭证和单式记账凭证。

① 复式记账凭证。复式记账凭证是将一项经济业务所涉及的各个科目都填列在一张记账凭证上。上述所讲的收款凭证、付款凭证、转账凭证都是复式记账凭证。

② 单式记账凭证。单式记账凭证是按一项经济业务所涉及的各个会计科目分别填制的记账凭证，一张凭证只填一个会计科目。

第二节　原始凭证的填制与审核

上一节已经介绍了会计凭证的作用和种类，本节针对原始凭证的基本内容、填制要求、填制方法和审核进行详细介绍。

一、原始凭证的填制

（一）原始凭证的基本内容

企业的经济业务是多种多样的，反映其具体内容的原始凭证也是多种多样的。但无论哪一种原始凭证，都应该说明有关经济业务的执行和完成情况，都应该明确有关经办人员和单位的经济责任。因此，各种原始凭证尽管格式不统一，名称、内容不尽相同，但都应该具备一些共同的基本内容，这些基本内容就是每一原始凭证所具备的要素。原始凭证的基本内容有以下几点。

（1）原始凭证的名称及编号：表明了经济业务的性质和用途，便于核算分类，如“领料单”。

（2）填制原始凭证的日期：表明了业务发生或完成时间，便于按经济业务序时核算。

（3）接收原始凭证单位名称：表明了接收单位，以便于查证，防止弄虚作假。

（4）经济业务内容（含数量、单价、金额等）。

（5）填制单位签章：表明了该经济业务的责任单位，便于明确经济责任。

（6）有关人员签章：表明了该经济业务的责任人，便于明确经济责任。

（7）凭证附件：表明了该项经济业务所附带的凭证，便于完整了解该项经济业务的详细内容。

有些原始凭证，不仅要满足会计工作的需要，还要满足其他管理工作的需要。因此，在有些凭证上，除上述基本内容外，还应增加一些补充项目，就可以充分发挥原始凭证的作用。例如要注明与该笔经济业务有关的合同号码、结算方式、币别、汇率等，以便更加完整地反映经济业务。各会计主体根据会计核算和管理的需要，按照原始凭证应具备的基本内容和补充内容，可自行设计和印刷适合本会计主体需要的各种原始凭证。但是，为了加强宏观管理，强化监督，堵塞偷税、漏税的漏洞，对于在一定范围内经常发生的同类经济业务，应由主管部门制定、印刷统一的原始凭证格式。例如，银行统一印制的银行汇票、转账支票等；交通部门统一印制的车票、机票等。这样，既可以加强对凭证和企业、事业单位经济活动的管理，又可以节约印刷费用。

（二）原始凭证的填制要求

原始凭证是具有法律效力的书面证明，是进行会计核算的依据，必须认真填制。正确填制原始凭证，要由填制人或经办人根据经济业务的实际执行和完成情况，将各项原始凭证要素按规定的方法填写齐全，办妥签章手续，明确经济责任。填制原始凭证必须符合以下要求。

1. 内容真实完整

原始凭证应如实反映经济业务的发生和完成情况，不能弄虚作假，原始凭证是具有法律效力的证明文件。

2. 记录完整清晰

原始凭证上的所有项目必须填写齐全、不得遗漏。日期要按填制原始凭证的实际日期填写；名称要写全，不能简化，品名和用途要明确，不能含糊；有关人员的签章手续要齐全。各项目要清晰，字迹要工整、规范。原始凭证一般用蓝、黑墨水填写，若需填制多联原始凭证，可用蓝、黑色圆珠笔书写，但要注意使各联字迹清晰可认。

3. 填制及时

经济业务发生时应及时填制，并按规定送交会计机构，由会计部门审核无误后，据此编制记账凭证，做到不拖延、不积压、不事后补填，以免影响后面的账务处理。一般来说，原始凭证送交会计机构的时间最迟不应超过一个会计结算期。

4. 金额准确无误

阿拉伯数字应一个一个地写，不能连笔，阿拉伯数字前应写人民币符号“¥”，并与阿拉伯数字之间不能留空白。数字大小以占横格高度的 1/2 为宜，且应有一定的斜度（与底平线成 60° 角）。

以“元”为单位的阿拉伯数字应填写到角、分，无角、分的，角位和分位可分写“00”或符号“—”；有角无分的，分位应写“0”，不能写符号“—”。

金额大写汉字一律用正楷字或行书写，如壹、贰、叁、肆、伍、陆、柒、捌、玖、拾、佰、仟、万、亿、元（圆）、角、分、零、整等。

大写金额数字到元或角为止的，在“元”或“角”字后写“整”或“正”，大写金额数字有“分”的，分字后不写“整”或“正”。

填写大写金额时，若未印好货币名称则应加填货币名称，且与金额数字间不能留有空白。阿拉伯数字间有“0”的，汉字大写金额要写“零”字。如“¥305.00”，汉字大写金额应写成“人民币叁佰零伍元整”。阿拉伯数字中间连续有几个“0”的，汉字大写金额中可以只写一个“零”字。阿拉伯数字元位是“0”，或数字中间连续有几个“0”，元位也是“0”，但角位不是“0”，汉字大写金额可只写一个“零”字，也可不写“零”字。如“¥68 000.30”可写成“人民币陆万捌仟元叁角整”，也可写成“人民币陆万捌仟零叁角整”。

5. 不得涂改、挖补、刮擦

如内容有误，应由开具单位重开或按规定更正并在更正处盖公章。如金额有误则不能更正，只能由开具单位重开。

6. 签名或盖章

对外开具原始凭证，必须加盖本单位公章；从外单位取得的原始凭证，必须加盖填制单位公章；从个人处取得原始凭证，必须有填制人的签名或盖章。

（三）具体的技术性要求

（1）从外单位取得的原始凭证，必须盖有填制单位的公章；相应的，对外开出的原始凭证，必须加盖本单位的公章。从个人处取得的原始凭证，必须有填制人的签名或盖章。

（2）自制的原始凭证，必须有经办单位的领导人或者由单位领导人指定的人员签名或者盖章。对一式多联的自制凭证，各联的颜色应明显不同，并标明各联用途，填制时要用复写纸套写。

（3）购买实物的原始凭证，必须有验收证明。其目的是为了明确经济责任，保证账物相符，防止盲目采购，避免物资短缺和流失。

（4）支付款项的原始凭证，必须有收款单位或收款人的收款证明，不能仅以支付款项的有关凭证如银行汇款凭证等代替。其目的是为了防止舞弊行为的发生。

（5）发生销货退回的，除填写退货发票外，还必须有退货验收证明。退款时，必须取得对方的收款收据或者汇款银行的凭证，不得以退货发票代替收据。

（6）职工公出借款凭据，必须附在记账凭证之后。收回借款时，应当另开收据或者退还借款副本，不退还原借款收据。

（7）经上级有关部门批准的经济业务，应当将批准文件作为原始凭证附件。如果批准文件需要单独归档，应当在凭证上注明文件的批准机关名称、日期和文号，以便确认经济业务的审批情况和查阅。

（四）原始凭证的填制方法

按原始凭证的填制要求，分别以常用原始凭证为例说明一次凭证、累积凭证、汇总原始凭证的填制方法。

1．一次凭证的填制方法

一次凭证包括全部外来原始凭证和部分自制原始凭证，现已收料单、支票、增值税专用发票为例予以说明。

1）收料单的填制

收料单属自制的一次原始凭证。在购进材料验收入库时，由仓库保管员根据发货票随货联及收到的材料等填写收料单原始凭证，并签名、盖章。收料单一式三联：一联留存仓库，供登记材料物资明细账和材料卡片之用；一联随发票账单到会计部门报账；一联交采购人员存查。收料单具体格式见表 6-1。

表 6-1　收料单格式

收　料　单

收货单位：　　　　　　　　　　　　　　　　　　凭证编号：

发票编号：　　　　　　　年　　月　　日　　　　收料仓库：

<table>
<tr><th rowspan="2">材料类别</th><th rowspan="2">材料编号</th><th rowspan="2">材料名称及规格</th><th rowspan="2">计量单位</th><th colspan="2">数量</th><th colspan="4">金额（元）</th></tr>
<tr><th>应收</th><th>实收</th><th>单价</th><th>买价</th><th>运杂费</th><th>合计</th></tr>
<tr><td></td><td></td><td></td><td></td><td></td><td></td><td></td><td></td><td></td><td></td></tr>
<tr><td>备注</td><td colspan="5"></td><td colspan="3">合计</td><td></td></tr>
</table>

仓库保管员（盖章）　　　　　　　　　　　　　　收料人（盖章）

2）支票的填制

支票是由出票人签发的，委托办理存款业务的银行或其他金融机构在见票时无条件支付确定的金额给收款人或持票人的票据。支票属自行填制的原始凭证，但由于它最终涉及款项的实际支付，因此支票的填制方法有严格的要求。

（1）使用碳素墨水或墨汁填写（人民银行另有规定除外）。

（2）数字金额前写人民币符号“￥”，并与大写金额一致。

（3）日期必须大写。月为壹、贰和壹拾的，日为壹至玖和壹拾、贰拾和叁拾的，应在其前面加“零”；日为拾壹至拾玖的应在前面加“壹”。

（4）不准签发空头支票。

（5）出票人的印章应与预留银行的印鉴一致。

（6）支票若出现出票金额、日期、收款人名称方面的错误，不得在支票上更改，应重填一张支票，并将原支票加盖“作废”戳记妥善保管；出现除以上之外的其他错误，则可由原记载人签章证明才能更正。

（7）现金支票只能支取现金，不能转账；转账支票只能转账，不能支取现金；支票可支取现金也可转账，但用于转账时，应在支票正面注明。

3）增值税专用发票的填制

增值税是一般纳税人销售商品时须开具的销货发票，一式四联，销货单位和购货单位各两联。留销货单位的两联，一联作会计机构的记账凭证，一联留存有关业务部门；交购货单位的两联，一联作购货单位的结算凭证，一联为税款抵扣凭证。其具体格式见表 6-2。

表 6-2 增值税专用发票格式

增值税专用发票

开票日期：201×年 5 月 8 日　　　　N0.0136858

购货单位	名称	永正公司	纳税人登记号	130102235674398																		
	地址电话	23684579	开户银行及账号	建设银行花园路支行 540286																		
货物或应税劳务名称	计量单位	数量	单价（元）	金额									税率	税额								
				百	十	万	千	百	十	元	角	分	（%）	百	十	万	千	百	十	元	角	分
A 材料	千克	5 000	30	¥	1	5	0	0	0	0	0	0	17		¥	2	5	5	0	0	0	0
合计				¥	1	5	0	0	0	0	0	0			¥	2	5	5	0	0	0	0
价税合计	壹拾柒万伍仟伍佰元整													¥1 775 500.00								
销货单位	名称	宏宇公司	纳税人登记号	7.86535E+13																		
	地址电话	70405869		商业银行科技路支行 25286																		
备注																						

收款人：（签章）　　　　开票单位：（未盖章无效）

2．累计凭证的填制

累计凭证是在一张凭证上连续、累计登记一定时期内相同的经济业务，可反映同类业务的累计发生额，也可减少凭证数量。“限额领料单”是反映在一定时期内连续领用的同种材料只要不超过限额的业务。其格式及填制方式见表 6-3。

表 6-3 限额领料单格式

限额领料单

领料单位：一车间

用途：生产甲产品　　　　名称：圆　　　　计划产量：5 000 件

材料编号：01243　　　　规格：ϕ15mm　　　　消耗定额：0.1 千克

领用限额：500　　　　单价：6 元　　　　计量单位：千克

年		请领数量	实发数量	累计实发数量	限额结余	领料负责人签章	收料人签章
月	日						
6	1	180	180	180	320		
6	10	100	100	280	220		
6	20	100	100	380	120	（略）	（略）
6	30	100	100	480	20		
累计实发金额（大写）：贰仟捌佰捌拾元整				¥：2 880 元			

供应部门负责人：（签章）　　生产计划部门负责人：（签章）　　仓库保管员：（签章）

3. 汇总原始凭证的填制

汇总原始凭证是将许多同类经济业务的原始凭证进行汇总编制，能简化核算手续，提高核算工作效率。“发料凭证汇总表”的格式见表6-4。

表6-4　发出材料汇总表格式

发出材料汇总表

201×年6月　　　　单位：元

领料单位	耗用材料（应借科目）	应贷科目：原材料		发料合计
		原料及主要材料	辅助材料	
一车间	生产成本	10 000	5 000	15 000
	制造费用	4 800	1 000	5 800
二车间	生产成本	42 000	3 000	45 000
	制造费用	3 600	1 000	4 600
管理部门	管理费用	5 000	2 000	7 000
	合　计	65 400	12 000	77 400

会计主管（签章）　　记账（签章）　　审核（签章）　　填制（签章）

二、原始凭证的审核

为了如实反映经济业务的发生和完成情况，充分发挥会计的监督职能，保证会计信息的真实性、可靠性和正确性，会计机构、会计人员必须对原始凭证进行严格审核。

《中华人民共和国会计法》第十四条规定：会计机构、会计人员对不真实、不合法的原始凭证，有权不予接受，并向单位负责人报告；对记载不准确、不完整的原始凭证予以退回，并要求按照国际统一的会计制度的规定更正、补充。这条规定为会计人员审核原始凭证提供了法律依据。就是说，对原始凭证的审核，主要从审核原始凭证的真实性、合法性、完整性和正确性四个方面进行。

（一）真实性审核

真实性审核包括对凭证日期、业务内容和数据等内容的真实性的审查。对外来原始凭证，必须有填制单位公章和填制人员签章；对自制原始凭证，必须有经办部门和经办人员的签名或盖章。此外，对通用原始凭证，还应审核凭证本身的真实性。

（二）完整性审核

审核原始凭证各项基本要素是否齐全，是否有漏项情况，日期是否完整，数字是否清晰，文字是否工整，有关人员签章是否齐全，凭证联次是否正确等。

（三）合法性审核

审核原始凭证所记录经济业务是否有违反国家法律法规的情况，是否履行了规定的凭证传递和审核程序，是否有违法乱纪行为，是否符合企业生产经营活动的需要，是否符合有关的计划和预算等。

（四）正确性审核

审核原始凭证的摘要和填写的数字是否正确，数量、单价、金额合计数等有无差错，大、小写金额是否一致；审核原始凭证有无刮擦、挖补、涂改和伪造等情况。

经严格审核，对符合要求的原始凭证，会计人员应及时编制记账凭证并登记账簿。

原始凭证的审核工作是一项严肃细致的重要工作，会计人员必须熟悉国家有关法规和制度以及本单位的有关规定，这样才能掌握审核和判断是非的标准，确定经济业务是否合理、合法，从而做好原始凭证的审核工作，实现正确有效的会计监督。另外，审核人员还必须做好宣传解释工作，因为原始凭证所证明的经济业务需要由有关领导和职工去经办，只有对他们做好宣传解释工作，才能避免发生违法违规的经济业务。

第三节　记账凭证的填制与审核

一、记账凭证的基本内容

由于原始凭证所记录的内容不能满足会计反映的需要，难以直接据以登记账簿，所以必须在审核无误的基础上，对原始凭证进行归类、整理，而后填制记账凭证。为了概括地反映经济业务，满足登账的需要，记账凭证必须具备下列基本内容。

（1）记账凭证的名称。记账凭证按照名称通常分为收款凭证、付款凭证和转账凭证。

（2）记账凭证的日期。记账凭证按照制作凭证的当日日期填制。记账凭证的填制日期与原始凭证的填制日期可能相同，也可能不同。记账凭证应及时填制，但一般稍后于原始凭证的填制。

（3）记账凭证的编号。记账凭证要根据经济业务发生的先后顺序按月连续编号，按编号顺序记账。企业既可以按收款、付款、转账三类业务分收、付、转三类编号，如“收字第×号”“付字第×号”“转字第×号”；也可细分为现收、现付、银收、银付、转账五类编号，如“现收字第×号”“现付字第×号”“银收字第×号”“银付字第×号”“转字第×号”。

如果一笔经济业务需编制两张或两张以上记账凭证，可采用分数编号法。如一笔经济业务需编制三张转账凭证，若该转账凭证的顺序号为第 16 号，则这笔业务可编制转字第 16-1/3 号、第 16-2/3 号、第 16-3/3 号三张凭证。

（4）经济业务事项的内容摘要。摘要应能清晰地揭示经济业务的内容，同时要简明扼要。

（5）会计分录（应借应贷科目及金额）。

（6）所附原始凭证张数。

（7）会计主管、记账、审核、出纳、制单等有关人员签章。

二、记账凭证的填制

（一）专用记账凭证的填制

1．收款凭证的填制

收款凭证是根据有关现金和银行存款收款业务的原始凭证填制的。凡是引起现金、银行存款增加的业务，都要根据现金、银行存款增加的原始凭证，编制现金、银行存款的收款凭证。出纳人员对于已经收款的收款凭证及其所附的各种原始凭证，都要加盖“收讫”的戳记，以免重收。出纳人员和有关记账人员应根据盖有收讫戳记的收款凭证登记有关账簿。

收款凭证的借方科目应该填写“库存现金”或“银行存款”科目，收款凭证中的贷方科目则应填写与收入现金或银行存款相对应的会计科目。

例如新华公司201×年4月5日收到宏宇公司偿还的前欠货款5 000元，存入银行。根据进账单填制收款凭证，如表6-5所示。

表6-5 收款凭证填制

收 款 凭 证

借方科目：银行存款　　　　201×年4月5日　　　　银收字第8号

摘要	贷方总账科目	明细科目	记账符号	金额										
				千	百	十	万	千	百	十	元	角	分	附件2张
收回货款	应收账款	宏宇公司						5	0	0	0	0	0	
合　　计							¥	5	0	0	0	0	0	

财务主管（签章）　记账（签章）　出纳（签章）　审核（签章）　制单（签章）

2．付款凭证的填制

付款凭证是根据有关现金和银行存款付款业务的原始凭证填制的。凡是引起现金、银行存款减少的业务，都要根据现金、银行存款减少的原始凭证，编制现金、银行存款的付款凭证。对于现金和银行存款之间的划转业务，如从银行提取现金或把现金送存银行，为了避免重复记账，一般只编制付款凭证，而不再编制付款凭证。出纳人员对于已经付款的付款凭证及其所附的各种原始凭证，都要加盖“付讫”的戳记，以免重付。出纳人员和有关记账人员应根据盖有付讫戳记的付款凭证登记有关账簿。

付款凭证的贷方科目应该填写“库存现金”或“银行存款”科目，付款凭证中的借方科目则应填写与支付现金或银行存款相对应的会计科目。

例如新华公司201×年4月21日以银行存款10 000元支付天元工厂购料款。根据银行的付款通知填制付款凭证，如表6-6所示。

表6-6 付款凭证填制

付 款 凭 证

贷方科目：银行存款　　　　201×年4月21日　　　　银付字第5号

摘要	借方总账科目	明细科目	记账符号	金额										
				千	百	十	万	千	百	十	元	角	分	附件1张
支付购料款	应付账款	天元工厂					1	0	0	0	0	0	0	
合计						¥	1	0	0	0	0	0	0	

财务主管（签章）　记账（签章）　出纳（签章）　审核（签章）　制单（签章）

3．转账凭证的填制

转账凭证是根据转账业务的原始凭证填制的。它的格式与收、付款凭证的主要区别是：不设主体科目栏，填制转账凭证时，某项业务所涉及的会计科目全都登在会计科目栏内，用借方金额和贷方金额来确定科目的借贷关系。因此在填写金额时，注意借方科目的金额填入借方金额栏，贷方科目的金额填入贷方金额栏，其他内容的填制与收、付款凭证相同。

例如 201×年 4 月 30 日新华公司一车间生产 A 产品领用原材料 8 520 元。根据领料凭证填制转账凭证，如表 6-7 所示。

表 6-7　转账凭证填制

转 账 凭 证

201×年 4 月 30 日　　　　转字第 6 号

摘　要	借 方 科 目		贷 方 科 目		金　额									
	总账科目	明细科目	总账科目	明细科目	千	百	十	万	千	百	十	元	角	分
生产 A 产品领用材料	生产成本	一车间—A 产品	原材料	甲材料					8	5	2	0	0	0
合计								¥	8	5	2	0	0	0

财务主管（签章）　记账（签章）　出纳（签章）　审核（签章）　制单（签章）

（二）通用记账凭证的填制

通用记账凭证的格式和编制方法同转账凭证的格式与填制方法，如表 6-8 和表 6-9 所示。

表 6-8　记账凭证 1

记 账 凭 证

201×年 4 月 5 日　　　　转字第 7 号

摘　要	借 方 科 目		贷 方 科 目		金　额									
	总账科目	明细科目	总账科目	明细科目	千	百	十	万	千	百	十	元	角	分
收回货款	银行存款		应收账款	宏宇公司					5	0	0	0	0	0
合计								¥	5	0	0	0	0	0

财务主管（签章）　记账（签章）　出纳（签章）　审核（签章）　制单（签章）

表 6-9　记账凭证 2

记 账 凭 证

201×年 4 月 21 日　　　　转字第 8 号

摘要	借方科目		贷方科目		金额									
	总账科目	明细科目	总账科目	明细科目	千	百	十	万	千	百	十	元	角	分
支付购料款	应付账款	天元工厂	银行存款					1	0	0	0	0	0	0
合计							¥	1	0	0	0	0	0	0

财务主管（签章）　记账（签章）　出纳（签章）　审核（签章）　制单（签章）

三、记账凭证的审核

记账凭证编制以后，必须由专人进行审核，借以监督经济业务的真实性、合法性和合理性，并检查记账凭证的编制是否符合要求。特别要审核证明经济业务实际发生、完成情况的原始凭证。因此，对记账凭证的审核是一项严肃细致、政策性很强的工作。其审核内容一般包括以下内容。

（1）记账凭证所确定的会计分录，包括应借、应贷的会计科目是否正确，对应关系是否清楚；所列金额有无错误，借方金额与贷方金额是否相等；总账科目金额与所属的明细科目的金额是否相符。

（2）记账凭证是否附有原始凭证；所附原始凭证张数与记账凭证填列的附件张数是否一致；记账凭证所反映的经济业务内容与所附的原始凭证内容是否相符。

（3）记账凭证格式中所列的各项内容是否填列齐全，有关人员的签章是否齐全。

（4）实行会计电算化的单位，对于机制记账凭证，要认真审核，做到会计科目使用正确，数字准确无误。打印出的机制记账凭证要加盖制单人员、审核人员、记账人员及会计机构负责人、会计主管人员印章或者签字。

记账凭证通过审核，如有错误，应及时查明原因，予以更正。只有经过审核无误的记账凭证，才能作为记账的依据。

第四节　会计凭证的传递与保管

一、会计凭证的传递

（一）组织会计凭证传递的意义

会计凭证的传递是指从会计凭证的取得或填制之时起至归档保管期间，在单位内部有关部门和人员之间的传递程序。正确、合理地组织会计凭证的传递，有利于有关部门和人员及时了解经济业务活动的情况，加速对经济业务的处理；同时，有利于明确有关部门的经济责任，有利于实现会计监督，也有利于充分发挥会计的管控作用。

（二）正确、合理地组织会计凭证传递的基本要求

1．确定会计凭证的传递环节

各单位根据经济业务的特点、内部组织机构和人员分工情况，规定会计凭证必须经过的环节，使各有关部门和人员，既能保证会计凭证经过必要的环节进行处理与审核，同时又可避免在不必要的环节停留，从而使经济活动高速、有效地运行。

2．规定会计凭证的传递时间

为了确保会计凭证及时、准确地传递，应考虑各环节的工作内容和工作量以及在正常情况下完成工作所需的时间，明确规定在各个环节的停留时间，以确保会计凭证及时传递，以免打乱会计工作的正常秩序。

3．严密会计凭证交接手续

会计凭证要在有关部门和人员之间进行传递，为防止在传递过程中出现遗失、毁损或其他意外情况，应建立凭证的交接签收制度，保证会计凭证的安全完整。

二、会计凭证的保管

会计凭证的保管是指会计凭证记账后的整理、装订、归档和存查工作。

（一）会计凭证的整理

1．编号

会计凭证登记完毕后，应按分类和编号顺序整理，看有无缺号、重复编号等情况，记账凭证所附原始凭证是否齐全。

2．装订

会计凭证一般每月装订一次。记账凭证应连同所附原始凭证或原始凭证汇总表按编号顺序折叠整齐、按期装订成册，并加具封面。注明单位名称、年度、月份和起讫日期、凭证种类、起讫号码，并由装订人在装订线封签处签名或盖章。

对于数量过多的原始凭证或重要的原始凭证，可以单独装订保管，但必须在记账凭证上注明“附件另订”和原始凭证名称及编号。

3．归档

年度结束后，会计凭证应归入档案。

（二）会计凭证的保管

会计凭证装订成册后，由会计部门指定专人负责保管，但出纳人员不得兼管会计档案。年度终了后，可暂由财会部门保管一年，期满后应由财会部门编造清册移交本单位档案部门保管并严格调阅制度。一般情况，本单位会计凭证不得外借，其他单位因特殊情况需要调阅时，需经本单位会计机构负责人、会计主管人员批准，可以复制，并在专设登记簿上登记，提供人员和接受人员共同签名或盖章。本单位人员调阅，也要办理有关手续。

值得注意的是，保管期满但未结清的债权债务原始凭证和涉及其他未了事项的原始凭证，不得销毁，应当单独抽出立卷，保管到未了事项完结时为止。单独抽出立卷的会计档案，应当在会计销毁清册和会计档案保管清册中列明。正在项目建设期间的建设单位，其保管期满的会计档案不得销毁。

本章知识小结

◆　会计凭证是记录经济业务发生或完成情况的书面证明，也是登记账簿的依据。按填制程序和用途的不同，可分为原始凭证和记账凭证。

◆　原始凭证是在经济业务发生或完成时取得或填制的，用以表明经济业务发生或完成情况的书面证明，是记账的原始依据，也是会计核算的重要依据。原始凭证按其来源不同，可分为外来原始凭证和自制原始凭证。原始凭证按填制方法不同，可分为一次原始凭证、累计原始凭证和汇总原始凭证。原始凭证按格式不同，可分为通用凭证和专用凭证。

◆ 记账凭证是会计人员根据审核后的原始凭证按照经济业务内容加以归类，并据以确定会计分录，作为记账依据的会计凭证。记账凭证按记录的经济业务内容与货币资金的收付是否有关，可分为收款凭证、付款凭证、转账凭证。记账凭证按填制方法可分为复试记账凭证和单式记账凭证。

◆ 会计凭证的传递是指从会计凭证的取得或填制之时起至归档保管期间，在单位内部有关部门和人员之间的传递程序。会计凭证的保管是指会计凭证记账后的整理、装订、归档和存查工作。会计凭证是一个单位的重要经济档案，必须妥善保管，以便日后查阅。

练 习 题

一、名词解释

1．会计凭证
2．原始凭证
3．记账凭证
4．收款凭证
5．付款凭证
6．转账凭证

二、单项选择题

1．（　　）是记录经济业务发生或完成情况的书面证明，也是登记账簿的依据。

A．科目汇总表　　B．会计凭证　　C．原始凭证　　D．记账凭证

2．假设某企业第 6 笔转账业务需填制三张记张凭证，则第二张记账凭证的正确编号是（　　）。

A．转（字）6-3-2-号　　B．转（字）6-2-3 号
C．转（字）6-2/3 号　　D．转（字）6-3/2 号

3．下列各项中，不能作为原始凭证的是（　　）。

A．发票　　B．领料单
C．工资结算汇总表　　D．银行存款余额调节表

4．下列业务中，应填制现金收款凭证的是（　　）。

A．出售产品一批，款未收　　B．从银行提取现金
C．出售产品一批，收到一张转账支票　　D．出售多余材料，收到现金

5．会计凭证的传递，是指（　　），在单位内部有关部门及人员之间的传递程序。

A．会计凭证的填制到登记账簿止
B．会计凭证的填制或取得时起到归档保管为止
C．会计凭证审核后到归档
D．会计凭证的填制或取得到汇总登记账簿止

6. 在一定时期内连续记录若干项同类经济业务的会计凭证是（　　）。
A. 原始凭证 B. 累计凭证 C. 记账凭证 D. 一次凭证
7. 差旅费报销单按填制手续及内容分类，属于原始凭证中的（　　）。
A. 一次凭证 B. 累计凭证 C. 汇总凭证 D. 专用凭证
8. 只反映一项经济业务，凭证填制手续是一次完成的自制原始凭证，称为（　　）。
A. 累计凭证 B. 一次凭证
C. 汇总凭证 D. 单式记账凭证
9. 收款凭证左上角“借方科目”应填列的会计科目是（　　）。
A. 银行存款 B. 库存现金
C. 主营业务收入 D. 银行存款或库存现金
10. 企业常用的收款凭证、付款凭证和转账凭证均属于（　　）。
A. 单式记账凭证 B. 复式记账凭证
C. 一次凭证 D. 通用凭证

三、多项选择题

1. 记账凭证应具有的基本内容包括（　　）。
A. 填制凭证的日期和凭证的编号
B. 会计科目的名称、记账方向和金额
C. 所附原始凭证的张数
D. 制单、会计主管、出纳、记账等有关人员的签章
2. 以下属于原始凭证的有（　　）。
A. 经济合同 B. 领料单
C. 增值税专用发票 D. 产品入库单
3. 原始凭证应具备的基本内容是（　　）。
A. 填制日期 B. 经济业务涉及的会计科目
C. 经济业务的内容 D. 所附原始凭证的张数
4. 会计凭证保管是指会计凭证记账后的（　　）工作。
A. 整理会计凭证 B. 装订会计凭证
C. 归档和存查会计凭证 D. 加具封面并签章
5. 下列项目中符合填制会计凭证要求的是（　　）。
A. 大小写金额必须相符且填写规范
B. 阿拉伯数字连笔书写
C. 阿拉伯数字前面的人民币符号写为“￥”
D. 大写金额有分的，分后面不写“整”或“正”字
6. 关于原始凭证的填制，下列说法中正确的是（　　）。
A. 不得以虚假的交易或事项为依据填制原始凭证
B. 购买实物的原始凭证，必须有验收证明
C. 原始凭证应在交易或事项发生或完成时立即填制
D. 自制原始凭证必须有经办部门负责人或其指定的人员签名或盖章

7．记账凭证审核的主要内容有（　　）。

A．项目是否齐全　　B．科目是否正确

C．内容是否正确　　D．数量是否正确

8．下列项目中，属于原始凭证和记账凭证共同具备的基本内容的有（　　）。

A．凭证的名称及编号　　B．填制凭证的日期

C．填制及接收单位的名称　　D．有关人员的签章

9．以下属于汇总原始凭证的有（　　）。

A．汇总收款凭证　　B．发料凭证汇总表

C．限额领料单　　D．收料凭证汇总表

10．记账凭证按其所反映的经济业务的不同，通常可以分为（　　）。

A．收款凭证　　B．转账凭证

C．结算凭证　　D．付款凭证

四、判断题

1．从外部取得的原始凭证，必须盖有填制单位的公章；从个人取得的原始凭证，也需要签名盖章。（　　）

2．在编制记账凭证时，原始凭证就是记账凭证的附件。（　　）

3．凭证中最具法律效力的是原始凭证。（　　）

4．原始凭证记载的各项内容不得涂改，原始凭证的内容有错误的，应当由出具单位重开；原始凭证金额有错误的，应当由出具单位重开或更正，更正处加盖印章。（　　）

5．将现金存入银行时，为避免重复记账只编制银行存款收款凭证，不编制现金付款凭证。（　　）

6．会计人员对不真实、不合法的原始凭证有权拒绝办理，并向单位负责人报告。（　　）

7．转账凭证只登记与货币资金收付无关的经济业务。（　　）

8．一切外来的原始凭证都是一次凭证。（　　）

9．填制和审核会计凭证是一种会计核算的专门方法。（　　）

10．会计部门应于记账之后，定期对各种会计凭证进行分类整理，并将各种记账凭证按编号顺序排列，连同所附的原始凭证一起加具封面，装订成册。（　　）

五、简答题

1．什么是原始凭证？原始凭证如何分类？

2．原始凭证的基本内容是什么？如何填制原始凭证？

3．原始凭证的审核包括哪些方面？

4．什么是记账凭证？记账凭证如何分类？

5．记账凭证的基本内容是什么？各种记账凭证如何填制？

6．如何审核记账凭证？

六、业务题

【目的】练习记账凭证的填制方法。

【资料】亚太厂201×年10月31日现金日记账余额为4 000元，银行存款日记账余额为

56 000 元；11 月份该厂发生下列现金、银行存款的收、付业务。

（1）1 日收到银行转来付款通知，支付上月应交税费 1 000 元。

（2）3 日购买原材料一批付款 10 000 元，以银行存款付讫。

（3）4 日职工王莹预借差旅费 500 元，以现金付讫。

（4）6 日行政管理部门职工李岚报销交通费 60 元，以现金付讫。

（5）12 日向银行取得短期借款 100 000 元，存入银行。

（6）15 日开出现金支票 180 000 元，从银行提取现金，备发工资。

（7）15 日以现金支付本月职工工资 180 000 元。

（8）20 日接银行付款通知，支付生产车间管理耗用税费 900 元。

（9）24 日销售产品一批，售价 57 500 元，货款已存入银行。

（10）28 日以银行存款上交所得税 50 000 元。

【要求】

（1）根据以上经济业务编制会计分录，说明每笔业务应填制的记账凭证类型。

（2）填制记账凭证。

第七章 会计账簿

本章内容提要

- 会计账簿的概述
- 会计账簿的设计和登记
- 错账的查找与更正
- 对账和结账
- 会计账簿的更换与保管

第一节　会计账簿概述

一、会计账簿的概念及其作用

（一）会计账簿的概念

会计账簿是全面记录和反映一个单位的经济业务，把大量分散的数据或资料进行归类整理，逐步加工成有用会计信息的簿籍。它是编制会计报表的重要依据，登记会计账簿是会计核算工作的一种专门方法，也是会计核算工作的重要环节。

在会计工作的日常核算中，企业所发生的各项经济业务首先是通过各种会计凭证来反映的，但是会计凭证对经济业务的反映是零散的，不能把一个企业在一定时期内所发生的全部经济业务全面、连续、分类地加以反映和记录。为了全面、连续、系统地反映和监督企业在一定时期内的全部经济活动以及为企业的内外信息使用者提供所必需的会计核算资料，就必须通过设置账簿来进行。

（二）会计账簿的作用

1．全面、连续、系统地反映全部经济业务的发生与完成情况

通过会计凭证的填制和审核，可以反映经济业务的发生与完成情况。但一张会计凭证只能反映一项经济业务，因而会计凭证只能是分散、零星、片面地反映经济业务。而通过设置会计账簿，可以将一个企业所有的经济业务，按其所发生时间的先后顺序和不同的业务性质，在账簿中进行全面、连续、系统地记录和反映，能够为企业的经济管理提供完整的会计信息。

2．为编制会计报表提供完整的数据资料

通过设置会计账簿进行记录和核算，能够提供一个企业在一定时期内的资产、负债、所有者权益的增减变化和结存情况以及收入、费用、利润及其分配等的经营状况，而这些资料正是编制会计报表的主要依据。因此，正确完整的账簿资料为编制会计报表提供了必不可少的依据和数据资料来源。

3．为企业考核各项经营成果和计划完成情况提供重要依据

账簿不仅能够为企业提供各项指标的实际资料，而且比会计凭证所提供的资料要全面、系统，比会计报表提供的资料更具体、丰富。通过它可以计算收入、成本、利润，并与计划数进行比较，可以考核各项计划指标的完成情况，从而有利于总结经验教训和加强企业的经营管理。

4．保护财产物资的安全完整

账簿记录可反映财产物资的增减变动及结存情况，通过对各项财产物资进行清查以确定其实际结存数，可以检查其账实是否相符。有利于防止损失浪费和揭露贪污盗窃行为，保护单位财产物资的安全完整。

5．为分析和检查企业经济活动提供依据

账簿是重要的经济档案，它能够连续、全面、系统地记录一个单位的经济活动情况，并便于保存和查阅。因此，一般要求长期保存，以备为上级主管部门、税务部门、审计部门等有关部门审查账目提供依据。通过对账簿资料的分析，可以了解企业在遵循国家政策、财经法规以及资金使用方向等方面的情况，为开展分析和检查活动提供重要依据。

二、会计账簿的种类

在会计核算过程中，使用账簿是多种多样的，不同的会计账簿，其形式、结构及登记的方法都不同。为了便于了解和运用各种账簿，就必须对账簿进行分类。

（一）账簿按用途分类

账簿按其用途可分为序时账簿、分类账簿和备查账簿。

（1）序时账簿。序时账簿又称为日记账，是按照经济业务发生的先后顺序、逐日逐笔登记的账簿。在实际工作中，序时账簿是按照记账凭证号码的先后顺序逐日逐笔登记。序时账簿按照所记录的业务的范围不同，又可分为普通日记账和特种日记账。

普通日记账是用来记录全部经济业务发生情况的日记账。由于普通日记账是将全部经济业务都序时逐日逐笔登记，不能分类反映各项经济业务。因此，需要将普通日记账中的经济业务逐笔过入总分类账，这样势必导致大量的过账工作，不利于分工记账。早期的会计核算主要采用普通日记账，它适用于规模小、业务简单的企业。

特种日记账是专门用来记录某一类经济业务增减变化情况的日记账。它是随着经济业务频繁复杂的分工记账的需要而设置的，例如现金日记账和银行存款日记账。

（2）分类账簿。分类账簿是对全部经济业务进行分类登记，提供分类核算资料的账簿。按其分类的详细程度不同，又分为总分类账和明细分类账。

总分类账简称总账，是根据总分类科目开设、总括反映全部经济业务的账簿。它可以提供各种资产、负债、所有者权益、收入、成本费用和利润等总括的核算资料。

明细分类账简称明细账，是按照总分类科目所属的二级科目和明细科目开设，用来详细反映某一类资产、负债、所有者权益、收入、成本费用和利润等明细核算资料，是对总账的补充和具体化。

（3）备查账簿。备查账簿也称辅助账簿，是对那些在日记账和分类账中未能登记的事项进行补充登记，以备查证的账簿，如“租入固定资产登记簿”“代销商品登记簿”等。备查账簿只是对账簿记录的一种补充，它与其他账簿之间不存在严密的依存、勾稽关系。

在上述三种账簿中，日记账、分类账是企业单位的主要账簿，而备查账则为辅助账簿。各种账簿之间相互联系、相互制约形成账簿体系。总账统驭和总括各明细账和日记账，各明细账和日记账补充和完善总账。备查账簿只是对某些经济业务的补充说明，起着一定的辅助作用。

（二）账簿按外表形式分类

账簿按其外表形式不同可分为订本账、活页账和卡片账。

（1）订本账。订本账是在账簿启用之前进行顺序编号并固定装订成册的账簿。该账簿可以避免账页散失，防止任意抽换账页；但不便于分工记账，也不能根据经济业务的需要增减账页。订本账一般用于总分类账、现金日记账和银行存款日记账。

（2）活页账。活页账就是将一定数量的账页置放于账夹内，根据经济业务的多少，可以随时增加、减少账页的账簿。采用活页账，便于分工记账。平时一般按账页顺序编号，并在会计期末装订成册。由于账页没有固定，容易造成账页散失和任意抽换账页。活页账多适用于明细分类账。

（3）卡片账。卡片账就是将一定数量的卡片账页，按照顺序存放于卡片箱内，可以随时取出或存入的账簿。使用卡片账应该有连续编号，并加盖经办人印章，以保证卡片账的完整性和安全性。其优点是灵活性强，可以根据需要增添调整，不需要每年更换；缺点是容易散失。通常用于固定资产、低值易耗品等明细分类账。

（三）账簿按账页格式分类

账簿按其账页格式可分为三栏式账簿、多栏式账簿和数量金额式账簿。

（1）三栏式账簿。三栏式账簿是指由设置借方、贷方、余额三个金额栏的账页所组成的账簿。

（2）多栏式账簿。多栏式账簿是指由设置三个以上金额栏的账页所组成的账簿。

（3）数量金额式账簿。数量金额式账簿也称三大栏式账簿，是指在三大栏内，由设置有数量、单价、金额等小栏目的账页所组成的账簿。

三、会计账簿的基本内容

账簿的形式和格式多种多样，其所记录的经济业务内容也不相同，但是各种账簿都应具备以下基本内容。

（一）封面

账簿封面主要用于填写单位名称和账簿名称，如总账、明细账等，便于使用和查询。

（二）扉页

扉页是指账簿封面之后、账页之前的“账簿启用表”和“目录表”。它是用来记载账簿使用单位名称、账簿名称、账簿编号、账簿页数、启用日期、单位公章、经管人员、交接双方人员签章、财务负责人签章等有关内容。其格式如表 7-1 和表 7-2 所示。

表 7-1 账簿启用表

<table>
<tr><td colspan="10">单位名称</td><td>单位公章</td></tr>
<tr><td colspan="10">账簿名称</td><td></td></tr>
<tr><td colspan="10">账簿编号</td><td></td></tr>
<tr><td colspan="10">启用日期</td><td></td></tr>
<tr><td colspan="2">经管人员</td><td colspan="3">接　管</td><td colspan="3">移　交</td><td colspan="2">财会负责人</td><td>备　注</td></tr>
<tr><td>姓名</td><td>签章</td><td>年</td><td>月</td><td>日</td><td>年</td><td>月</td><td>日</td><td>姓名</td><td>签章</td><td rowspan="3"></td></tr>
<tr><td></td><td></td><td></td><td></td><td></td><td></td><td></td><td></td><td></td><td></td></tr>
<tr><td></td><td></td><td></td><td></td><td></td><td></td><td></td><td></td><td></td><td></td></tr>
</table>

表 7-2 目录表

科目代号	总账科目	明细科目	账页起页	科目代号	总账科目	明细科目	账负起负

（三）账页

账页是账簿的主要内容，一般包括账户名称（或称会计科目，包括二级科目等）；日期栏、凭证种类、号数栏；摘要栏（即记录经济业务内容的简要说明）；借、贷方金额及余额方向、金额栏；总页次和分户页次等。

第二节 会计账簿的设置和登记

一、会计账簿的设置和启用

（一）会计账簿的设置

会计账簿的设置，就是如何进行设置账簿，包括账簿的种类、账簿的数量、账簿的内容和账簿的格式等。企业单位应该按照国家统一会计制度的规定，根据实际需要进行设置账簿。既要有科学性、严密性和完整性，又要有合理性、适用性和可操作性。同时，还要避免重复设置和防止过于简化，一般应遵循以下原则。

（1）统一性原则。各单位应当按照国家统一会计制度的规定和会计业务的需要设置账簿。设置的账簿应能够全面反映本单位经济业务活动情况，满足各方面了解本单位的财务状况和经营成果的需要，利于加强经济单位的内部经营管理。

（2）科学性原则。账簿的设置要组织严密、层次分明、账簿之间既要互相衔接、互相补充，又要互相制约，能够清楚地反映账户的对应关系，以便提供完整、系统的会计核算资料。

（3）实用性原则。账簿的设置要以经济单位规模的大小、经济业务的繁简、会计人员的多少和满足管理的需要为出发点。既要防止账簿重叠，又要防止过于简化。尽力节省人力、物力，避免重复记账和略减记账，讲求简明、实用，利于提高会计核算质量。

一般企业，不论规模大小、业务多少，都应设置总分类账、日记账和各种明细账，以正确反映本单位资金运用的增减变动与结存情况。

（4）合法性原则。《中华人民共和国会计法》中明确规定，各单位所发生的各项经济业务，应当依法设置会计账簿，并进行统一登记、核算，不得违反规定私设会计账簿。

（二）会计账簿的启用

单位一般在年初启用新账。为了保证账簿记录的合法性，明确记账责任和便于查阅资料，在启用新的会计账簿时应做好以下几项工作。

（1）新账在启用前应检查印刷质量。订本账要检查编号，点明页数；活页账和卡片账应按顺序编号。在每一次启用新的会计账簿时，应当在账簿封面上写明单位名称和账簿名称，并填写账簿扉页上的“启用表”，注明启用日期、账簿起止页数（活页账，可在装订时填写起止页数）、记账人员和会计负责人的姓名等，并加盖名章和单位公章。当记账人或者会计负责人工作调动时，应在“启用表”上注明交接日期、接办人员和监交人员姓名，并由交接双方签字或者盖章，以明确责任，并维护会计账簿记录的严肃性。

（2）会计账簿一经启用，应随即编制账户目录表。一般总分类账户按照会计制度所规定的会计科目来编制，即按制度统一规定的名称和编号顺序填写。明细分类账户目录的编制，既要按会计制度规定的子目的名称及编号顺序填写，也可结合本单位的具体实际情况和核算的不同要求来填写。

（3）启用订本式账簿，应当按从第一页到最后一页的顺序编写页数，不得跳页和缺号。使用活页式账页，应当按账户顺序编号，并要定期装册。装订后再按实际使用的账页顺序编写页码，另加目录和记录每个账户的名称和页次。

（4）订本式账簿的每个账户应预留空白账页。预留多少空白账页可按经验估计或业务量情况来确定，不要过多或过少。一旦预留的账页不需要或需要跳页使用时，应在账页末一行注明“过入第×页”，并在新账页的首行注明“承第×页”字样，同时在账户目录上注明新页次。

（5）为了便于登记和查阅账簿，可在常用账户的第一页加贴“标签条”，并简单注明各自账户的名称，按鱼鳞式上下参差粘贴，以便于登记和查阅。

（6）登记账簿前，有关账户上年若有余额，应将其余额直接过入新账第一页的第一行，并在摘要栏内注明“上年结转”字样。若新年度会计科目变更了名称，但内容未变，应注明“自上年度××科目结转”；若科目内容变更，则需要编制新旧科目对照表，然后对照接转过入。

二、会计账簿的登记

（一）日记账的登记

日记账是按照经济业务发生时间的先后顺序、逐日逐笔登记的账簿。它可以序时地反映全部经济业务或某一类经济业务的完成情况。日记账主要有现金日记账和银行存款日记账两种。

1. 现金日记账

现金日记账是用来逐日反映库存现金的收入、支出和结存情况的账簿。现金日记账使用订本账，通常采用三栏式，即在同一张账页上分设“收入”“支出”和“结余”三栏。为了清晰地反映现金收付业务的具体内容，在“摘要”栏后，还应专设“对方科目”栏，以登记对方科目的名称。其格式如表 7-3 所示。

表 7-3　现金日记账格式

年		凭证号	摘要	对方科目	借方										√	贷方										√	余额									
月	日				千	百	十	万	千	百	十	元	角	分		千	百	十	万	千	百	十	元	角	分		千	百	十	万	千	百	十	元	角	分

现金日记账通常是由出纳员根据审核后的现金收款凭证和现金付款凭证，逐日逐笔顺序登记。借方栏一般根据现金收款凭证登记，贷方栏根据现金付款凭证登记。对于从银行提取现金的业务，由于只填制银行存款付款凭证，不填制现金收款凭证，因而现金的收入数应根据银行存款付款凭证登记。每次收付现金后，随即结出账面余额，或在每日收付款项逐笔登记完毕后，应分别计算现金收入和支出合计数及其账面余额，并与实存的现金相核对。

2．银行存款日记账

银行存款日记账是用来逐日逐笔序时反映银行存款的收入、支出和结存情况的账簿。通过银行存款日记账的登记，可以加强对银行存款的日常监督和管理，便于与开户银行进行有关账项的核对。

银行存款日记账是由出纳员根据审核后的银行收款凭证和付款凭证序时逐笔登记。对于现金存入银行的业务（存款的收入数），应根据现金付款凭证登记。每日终了，应分别计算银行存款收入、付出的合计数和本日结存余额，以便检查、监督各项款项的收支情况，并要求定期同“银行对账单”进行逐笔核对。银行存款日记账有三栏式和多栏式两种，其格式和记账方法与现金日记账基本相同。三栏式银行存款日记账的格式如表 7-4 所示。

表 7-4　三栏式银行存款日记账格式

年		凭证号	摘要	对方科目	借方										√	贷方										√	余额									
月	日				千	百	十	万	千	百	十	元	角	分		千	百	十	万	千	百	十	元	角	分		千	百	十	万	千	百	十	元	角	分

（二）分类账的登记

1．总分类账的登记

总分类账简称总账，是根据总分类科目设置，用以记录全部经济业务总括核算资料的账簿。因为总分类账能够分类、连续、全面、总括地反映企业经济活动情况，并为编制会计报表提供资料，所以每一个企业必须设置总分类账簿。

总分类账一般采用借方、贷方和余额三栏式的订本账，其格式如表 7-5 所示。

表 7-5　总分类账格式

会计科目：

年		凭证号	摘要	对方科目	借方										√	贷方										√	余额									
月	日				千	百	十	万	千	百	十	元	角	分		千	百	十	万	千	百	十	元	角	分		千	百	十	万	千	百	十	元	角	分

一般来说，总账要按照经济单位所采用的会计核算形式来记账。对于采用记账凭证会计核算形式的单位，可以直接根据记账凭证逐笔登记总账；对于采用汇总记账凭证会计核算形式的单位，可以根据定期（3 天、5 天或 10 天）汇总编制的记账凭证来汇总登记总账；对于采用科目汇总表会计核算形式的单位，可以根据定期汇总编制的“科目汇总表”来汇总登记总账。各单位具体采用哪一种会计核算形式，可由本单位根据具体实际情况自行确定。

2．明细分类账的登记

明细分类账简称明细账，是根据总账科目所属的明细科目设置，用以记录某一类经济业务明细核算资料的账簿。明细分类账对于监督财产的收发和保管、往来款项的结算、收入的取得以及费用的开支等起着重要的作用。因此，每一个企业都应设置原材料、库存商品、债权和债务、固定资产、业务收入、费用开支以及其他各种必要的明细分类账。

由于明细分类账反映的经济业务多种多样，因此其格式可以有多种形式，如订本账、活页账、三栏式、多栏式等，各单位可以自行选择。比较常用的有以下三种。

（1）三栏式明细账。三栏式明细账的基本结构与三栏式总分类账相同，即账页只设有“借方”“贷方”和“余额”三栏。这种格式适用于只需要进行金额核算的科目，例如“应收账款”“应付账款”等科目的明细分类核算。其格式如表 7-6 所示

表 7-6　三栏式明细分类账格式

二级或三级科目：

年		凭证号	摘要	对方科目	借方										√	贷方										√	余额									
月	日				千	百	十	万	千	百	十	元	角	分		千	百	十	万	千	百	十	元	角	分		千	百	十	万	千	百	十	元	角	分

（2）数量金额明细账。数量金额明细账的账页设有“借方”“贷方”和“余额”三大栏，在每大栏下又设有数量、单价、金额三小栏。这种格式适用于既要进行金额核算，又要进行

数量核算的各种财产物资的科目，例如“原材料”“库存商品”等科目的明细分类核算。通过同时进行实物计量核算和货币计量核算，来反映经济业务所引起的实物数量变化和价值变化。其格式如表 7-7 所示。

表 7-7　数量金额明细账格式

类　　别：　　　　　　　　　　　　　　　　编　　号：

品名规格：　　　　　　　　　　　　　　　　存放地点：

储备定额：　　　　　　　　　　　　　　　　计量单位：　　　　　　　第　页

年		凭证号	摘　要	借　方			贷　方			余　额		
月	日			数量	单价	金额	数量	单价	金额	数量	单价	金额

（3）多栏式明细账。多栏式明细账是指在一张账页中按有关明细项目在借方或贷方分设专栏，集中反映其明细情况，以提供管理所需要的详细分析资料。这种明细账适用于成本费用或收入类的明细核算。其格式如表 7-8 所示。

表 7-8　多栏式明细账格式

第　页

年		凭证		摘　要	借方（项目）				贷　方	余　额
月	日	字	号					合　计		

各种明细账应根据记账凭证及所附的原始凭证逐笔进行登记，并在每次登记完毕后都应结算出余额。为了便于事后检查和核对项目，在明细账的摘要栏内，必须将有关经济业务的简要内容填写清楚。

3．总分类账户和明细分类账户的平行登记

1）总分类账户的统驭和明细分类账户的从属关系

总分类账户和明细分类账户都是用以提供会计核算信息的，但两者的作用不同。

总分类账户的作用表现为：①可以全面、概括地提供经济活动的信息；②对明细分类账户起着统驭和控制作用；③为编制会计报表提供总括资料。

明细分类账户的作用表现为：①对总分类账户起着辅助和补充说明；②能详细、具体地反映企业经济活动情况；③为编制会计报表提供必要的补充资料。

企业不仅要通过总分类核算取得各项总括性资料，而且还要通过明细分类核算取得各项详细的资料。对具有统驭与从属关系的总分类账户和明细分类账户来说，两者所核算的经济内容基本是一致的，只是繁简程度有所区别。它们所提供的资料是相互补充的，既总括又详细地反映同一类经济业务。

2）总分类账户和明细分类账户的平行登记

由于总分类账户和所属明细分类账户所反映的内容相同，因而总账与明细账的记录应保持一致，这是记账工作的一条重要原则。虽然总分类账户提供的总括指标统驭着明细分类账户，但在账务处理上它们是平行关系，应当进行平行登记。

所谓平行登记，是指对同一项经济业务，既要在总分类账户中进行登记，又要在其所属的明细分类账户中进行登记，而且两者都是依据同一会计凭证。因而总分类账户与所属的明细分类账户可以互相核对，能够确保会计记录的正确性。平行登记的要领是“三同、四相符”。

所谓“三同”，即同时期、同方向、同金额。

（1）同时期，即登记的会计期间一致。对于每项经济业务，一方面要在有关总分类账户中进行总括登记，另一方面要在同一会计期间的有关明细分类账户中进行明细登记。在实际工作中，两者登记的时间可以有先有后，但不得跨期，必须在同一个会计期间内完成。

（2）同方向，即登记的方向相同。总分类账户与所属的明细分类账户的登记方向必须一致。总分类账户若登记在借方，明细分类账户也要登记在借方；总分类账户若登记在贷方，则明细分类账户也应登记在贷方。

（3）同金额，即登记的金额相等。每项经济业务记入总分类账户的金额必须与记入各个有关明细分类账户的金额之和相等。

所谓“四相符”，是指平行登记的结果，应达到以下四项相符。

（1）总分类账户期初余额等于所属明细分类账户的期初余额之和。

（2）总分类账户本期借方发生额等于所属明细分类账户的借方发生额之和。

（3）总分类账户本期贷方发生额等于所属明细分类账户的贷方发生额之和。

（4）总分类账户期末余额等于所属明细分类账户的期末余额之和。

根据总分类账户和明细分类账户的有关数字必然相等的关系，可以采用相互核对的方法来检查账簿记录、登记是否正确、完整。如果数字不符，表明账簿记录有差错，应及时查明原因并加以更正。

下面以“原材料”和“应付账款”账户为例，说明总分类账户及其所属明细分类账户的平行登记。

【例 7-1】某工厂“原材料”账户期初借方余额 78 000 元，其所属明细分类账户的详细资料如下：A 材料 300 吨，单价 200 元，金额 60 000 元；B 材料 900 千克，单价 20 元，金额 18 000 元。该厂“应付账款”账户期初贷方余额 9 500 元，其所属明细分类账户的余额为甲工厂 5 500 元，乙工厂 4 000 元。该工厂本月发生下列经济业务。

（1）向甲工厂购入以下材料：B 材料 400 千克，单价 20 元，计 8 000 元；C 材料 1 000

件，每件 5 元，计 5 000 元，增值税 2 210 元，材料均已验收入库，货款未付。应作如下会计分录。

借：原材料——B 材料　　8 000
　　原材料——C 材料　　5 000
　　应交税费——应交增值税（进项税额）　　2 210
　　贷：应付账款——甲工厂　　15 210

（2）以银行存款偿还甲工厂货款 3 000 元，应作如下会计分录。

借：应付账款——甲工厂　　3 000
　　贷：银行存款　　3 000

（3）向乙工厂购入 C 材料 200 件，每件 5 元，货款计 1 000 元，增值税 170 元，材料已验收入库，货款暂欠。应作如下会计分录。

借：原材料——C 材料　　1 000
　　应交税费——应交增值税（进项税额）　　170
　　贷：应付账款——乙工厂　　1 170

（4）生产领用以下材料：A 材料 200 吨，单价 200 元，计 40 000 元；B 材料 500 千克，单价 20 元，计 10 000 元；C 材料 700 件，单价 5 元，计 3 500 元。应作如下会计分录。

借：生产成本　　53 500
　　贷：原材料——A 材料　　40 000
　　　　原材料——B 材料　　10 000
　　　　原材料——C 材料　　3 500

根据上述月初余额和本月发生的会计业务，在“原材料”和“应付账款”两个总分类账户及其所属明细分类账户中进行平行登记。

（1）在“原材料”和“应付账款”两个总分类账中先登记期初余额，同时在各自所属的明细分类账中分别登记期初余额。

（2）将本期发生的经济业务登记“原材料”和“应付账款”两个总分类账，同时以相同的方向在其所属的明细分类账中分别进行登记。

（3）月末对“原材料”和“应付账款”两个总分类账及其所属的明细分类账进行结账，结出本期发生额和月末余额，并进行相互核对。

详细内容如表 7-9 至表 7-15 所示。

表 7-9　总　　账

会计科目：原材料　　　　第　页

年		凭证号	摘　要	借　方	贷　方	核对号	借或贷	余　额
月	日							
略	略	略	期初余额				借	78 000
			（1）购入 B、C 材料	13 000			借	91 000
			（3）购入 C 材料	1 000			借	92 000
			（4）生产领用材料		53 500		借	38 500
			本月合计				借	38 500

表 7-10 原材料明细账

类　　别：材料　　编　　号：1

品名规格：A 材料　　存放地点：

储备定额：　　计量单位：吨、元　　第　页

年		凭证号	摘　要	借　方			贷　方			余　额		
月	日			数量	单价	金额	数量	单价	金额	数量	单价	金额
略	略	略	月初余额							300	200	60 000
			（4）生产领用				200	200	4 0000	100	200	20 000
			本月合计				200	200	4 0000	100	200	20 000

表 7-11 原材料明细账

类　　别：材料　　编　　号：2

品名规格：B 材料　　存放地点：

储备定额：　　计量单位：千克、元　　第　页

年		凭证号	摘　要	借　方			贷　方			余　额		
月	日			数量	单价	金额	数量	单价	金额	数量	单价	金额
略	略	略	期初余额							900	20	18 000
			（1）购入	400	20	8 000				1 300	20	26 000
			（4）生产领用				500	20	10 000	800	20	16 000
			本月合计	400	20	8 000	500	20	10 000	800	20	16 000

表 7-12 原材料明细账

类　　别：材料　　编　　号：3

品名规格：C 材料　　存放地点：

储备定额：　　计量单位：件、元　　第　页

年		凭证号	摘　要	借　方			贷　方			余　额		
月	日			数量	单价	金额	数量	单价	金额	数量	单价	金额
略	略	略	（1）购入	1 000	5	5 000				1 000	5	5 000
			（3）购入	200	5	1 000				1 200	5	6 000
			（4）生产领用				700	5	3 500	500	5	2 500
			本月合计	1200	5	6 000	700	5	3 500	500	5	2 500

表 7-13 总　账

会计科目：应付账款　　第　页

年		凭证号	摘　要	借　方	贷　方	核对号	借或贷	余　额
月	日							
略	略	略	期初余额				贷	9 500
			（1）购入 B、C 材料	3 000	15 210		贷	24 710
			（2）偿还货款				贷	21 710
			（3）购入 C 材料		1 170		贷	22 880
			本月合计	3 000	16 380		贷	22 880

表 7-14　应付账款明细账

二级或明细科目：甲工厂　　　　　　　　　　　　　　　　　　　　　　　　　　第　页

年 月	年 日	凭证号	摘　要	借　方	贷　方	核对号	借或贷	余　额
略	略	略	月初余额				贷	5 500
			（1）购入 B、C 材料		15 210		贷	20 710
			（2）偿还货款	3 000			贷	17 710
			本月合计	3 000	15 210		贷	17 710

表 7-15　应付账款明细账

二级或明细科目：乙工厂　　　　　　　　　　　　　　　　　　　　　　　　　　第　页

年 月	年 日	凭证号	摘　要	借　方	贷　方	核对号	借或贷	余　额
略	略	略	月初余额				贷	4 000
			（3）购入 C 材料		1 170		贷	5 170
			本月合计		1 170		贷	5 170

从表中可以看出平行登记的结果："原材料"总分类账户的期初余额、本期借方发生额、本期贷方发生额和期末余额，都分别与所属的各明细分类账的期初余额、本期借方发生额、本期贷方发生额及期末余额之和是相等的；"应付账款"账户的各个数据金额也同样是相等的。利用这种相等的关系，可以核对总分类账和明细分类账的登记是否正确。若不相符就说明记账过程中出现了差错，应及时查明原因并予以更正。核对的方法主要有两种：一种是将各明细分类账的本期发生额和余额的合计数分别与总分类账的本期发生额和余额直接进行核对；二种是编制"本期发生额及余额明细表"进行核对。根据本例所编制的"原材料"和"应付账款"的"本期发生额及余额明细表"如表 7-16 和表 7-17 所示。

表 7-16　原材料本期发生额及余额明细表

金额单位：元

明细账户	计量单位	单价	期初余额		本期发生额				期末余额	
			数量	金额	收入（借方）		发出（贷方）		数量	金额
					数量	金额	数量	金额		
A 材料	吨	200	300	60 000			200	40 000	100	20 000
B 材料	千克	20	900	18 000	400	8 000	500	10 000	800	16 000
C 材料	件	5			1200	6 000	700	3 500	500	2 500
合　计				78 000		14 000		53 500		38 500

表 7-17　应付账款本期发生额及余额明细表

单位：元

明细账户	期初余额	本期发生额		期末余额
		借　方	贷　方	
甲工厂	5 500	3 000	15 210	17 710
乙工厂	4 000		1 170	5 170
合计	9 500	3 000	16 380	22 880

第三节 错账的查找与更正

一、错账的查找

登记账簿是会计核算工作中的一项重要内容，它是会计核算工作的基础环节。总的要求是：内容完整、数字真实、字迹工整、摘要清楚、记账及时、不重不漏。但在登记账簿的过程中难免会出现失误，以至于形成错账。所以，在登记会计账簿时，必须仔细认真，应根据审核无误的会计凭证来登记。一旦发生了错账就应及时查找原因并进行更正。具体查找错账的方法如下。

（一）基本法

基本法包括正查法和逆查法两种，即逐笔逐项细心地检查和核对每一笔经济业务与会计分录。

（二）技术法

技术法主要包括以下几种方法。

（1）差额法。差额法是根据错账差额查找漏记账目的方法。即查找账簿中的全部金额有无与错账的差额相同的数字，检查其是否漏记或重记。如某项经济业务只登记了一个账户，而另一个账户被遗漏未登记，在计算账户余额时，有时也会遗漏一笔金额。发生漏登漏计，所有账户借方金额的合计与贷方金额的合计就不能试算平衡。差额核对法是根据错账的差额去查找错误。

（2）除 2 法。除 2 法是用正确与错误金额之差除以 2 后得出的商数来判明、查找错账的一种方法。它一般是用来查找记错方向而产生的记账错误。如果某一数字记反了方向，就会使一方发生额增大，另一方发生额减少，差错数一定是记反方向数字的 2 倍。所以，将其差错数除以 2 之后，如能整除，其商数即可能是记反方向的数字，再据此数字进行查找具体的记反方向的错账。

（3）除 9 法。除 9 法是用正确与错误金额之差除以 9 后得出的商数来判断、查找错账的一种方法。它是用来查找数字错位（如 100 记为 1 000 或 1 000 记为 100 等）或位数颠倒（如 58 记为 85 或 85 记为 58 等）而产生的记账错误。

为了便于更正所发现的错账，一般要求在账簿书写中文字和数字的上面要留适当空距，不要写满格，应占格长的 1/2，以防写错更改账目用。登记账簿要用蓝黑色或黑色墨水笔书写，而红墨水在会计核算工作中有特定意义，仅限于在改错、结账和冲销账簿记录等特定范围内使用。账簿记录发生错误时，应按照规定的方法进行更改，不得撕毁账页，也不准涂改、刮擦、挖补或用化学药水更改字迹。

二、错账的更正

在整理、填制、汇总会计凭证和登记各种账簿的过程中，由于各种原因往往会发生一些记账错误。一旦发现了各种错误记录时，应当按照会计制度所规定的方法进行及时更正，以保证会计核算的真实性和正确性。错账的更正方法通常有以下三种。

（一）划线更正法

记账凭证正确，在记账或结账过程中，发现账簿记录中文字或数字有错误，应当采用划线更正法。具体做法是：先在错误的文字或数字上划一条单红线注销，并使原来的字迹仍可辨认，以备考查；然后将正确的文字或数字用蓝字写在划线上端，并由记账人员在更正处盖章，以明确责任。对错误的数字进行划线时，一定要用细线全部划去，不可只划去其中错误的一部分。对于文字错误，可只划去错误的部分。

【例 7-2】记账员在根据记账凭证登记账簿时，将 1 500 元误记为 5 100 元，更正如下：

1 500〖王红〗(盖章)

<u>5 100</u>

（二）红字更正法

红字更正法又称赤字更正法，是指登记账簿后，发现记账凭证中的应借、应贷会计科目或者金额有错误，可以用填制红字记账凭证（即金额用红字）来更正错误的一种方法。

红字更正法一般在下列两种情况下使用。

（1）记账后，发现记账凭证的会计科目和记账方向有错误而引起的记账错误。

更正方法：填制一张内容与错误记账凭证相同，而金额是红字的记账凭证，据以登记账簿，并在摘要栏内注明“更正某年某月第×号凭证的错误”，以冲销原有错误记录；然后，再用蓝字重新填制一张正确的记账凭证，同样在摘要栏内注明“更正某年某月第×号凭证”，据以登记账簿。

【例 7-3】某采购员借差旅费，出纳员付现金 1 000 元，在填制记账凭证时，误作如下分录，并已入账。

① 借：其他应收款——采购员	1 000	
贷：银行存款		1 000

更正时，应先填制一张红字记账凭证，用以冲销原来错误记录，其分录如下（带框数字表示红字金额，下同）。

② 借：其他应收款——采购员	[1 000]	
贷：银行存款		[1 000]

然后，再用“蓝”字填制一张正确的记账凭证。

③ 借：其他应收款——采购员	1 000	
贷：现金		1 000

（2）记账后，如果原记账凭证中应借、应贷科目并无错误，但发现记账凭证所记录的金额大于应记金额而引起的记账错误。

更正方法：将多记的金额用红字填制一张与记账凭证内容相同的记账凭证，在摘要栏内注明“冲销某年某月第×号凭证多记数”，以冲销原来多记的金额。

【例 7-4】生产车间领料 2 500 元用于生产产品，在填制记账凭证时误记为 5 200 元，并已入账。其错误记账凭证如下。

① 借：生产成本	5 200	
贷：原材料		5 200

更正时，将多记的 2 700 元（5 200 元－2 500 元）填制一张红字记账凭证，其分录如下。

② 借：生产成本　　2 700

　　贷：原材料　　2 700

（三）补充登记法

补充登记法是在记账以后，如果原记账凭证中应借、应贷科目并无错误，但发现记账凭证和账簿记录所记金额小于应记金额，应采用填制补充的记账凭证来更正原错误记录。

更正方法：将少记的金额用蓝字填制一张与原记账凭证内容相同的记账凭证，据以记账补记原少记的金额，在摘要栏内注明“补记某年某月第×号凭证少记数”，以补充登记少记的金额。

【例 7-5】收到光明厂前欠款 3 000 元存入银行，在填制记账凭证时，误记为 300 元，并已入账。其错误的凭证如下。

① 借：银行存款　　300

　　贷：应收账款——光明厂　　300

为了更正该账户中少记的 2 700 元（3 000 元－300 元），应填制一张与原记账凭证内容相同的“蓝”字记账凭证，会计分录如下。

② 借：银行存款　　2 700

　　贷：应收账款——光明厂　　2 700

第四节　对账和结账

一、对账

对账就是为了保证账簿记录的正确性而对账簿记录所进行的核对工作。

会计核算要求账簿登记清晰、准确，但在实际工作中，由于种种原因，账目难免会出现错漏。因此，为了保证账簿记录的真实性、可靠性和准确性，需要随时或定期地进行对账工作。即将会计账簿记录的有关数字与库存实物、货币资金、有价证券、往来单位或个人的有关记录等进行相互核对，以保证账证相符、账账相符、账实相符。根据有关制度规定各单位的对账工作每年至少应进行一次。

（一）账证核对

账证核对是指各种账簿记录与会计凭证及所附的原始凭证进行相互核对，以保证账簿与凭证的相符。账证核对要求将总账与汇总记账凭证相互核对，将日记账、明细分类账与记账凭证及所附的原始凭证相互核对。这种核对一般是在每登记完一笔账项后随即进行，核对的内容主要有账簿记录的经济业务时间、凭证字号、内容、记账方向和金额等。

（二）账账核对

账账核对是对不同的账簿之间进行相互核对，以保证账账相符。各种账簿之间的相互联系、相互制约的内部牵制关系是账账核对的客观依据，其核对的内容主要包括以下几个方面。

（1）所有总分类账户的本期借方发生额合计数之和与贷方发生额合计数之和以及期初、期末借方余额合计数与贷方余额合计数，应分别核对相等，以检查总分类账户的过账是否正确。这种核对工作一般是在月末通过编制“总分类账户本期发生额及余额试算平衡表”来完成。

（2）所有总分类账户的本期发生额和期初、期末余额，与其所属各明细分类账户的本期发生额合计数及期初、期末余额合计数，应分别核对相等，以检查两者的平行登记是否正确。

（3）现金、银行存款总账本期发生额和期初、期末余额，应与现金、银行存款日记账本期发生额和期初、期末余额，分别核对相等，以检查两者的登记是否正确。

（4）会计部门各财产物资明细分类账户的期初、期末余额，应与财产物资保管或使用部门的有关财产物资明细账的记录核对相符，以检查双方的登记是否正确。

（三）账实核对

账实核对又称财产清查，是将各种财产物资的账面余额与其实存数额相核对。账实核对主要包括以下内容。

（1）现金日记账的账面余额同实际库存数额相核对。

（2）银行存款日记账的账面余额与银行对账单相核对。

（3）各种应收、应付款明细账的账面余额，与有关债务、债权单位或个人实际数相核对。

（4）各种财产物资明细账的账面余额与实存数相核对。

（5）各项投资账面值与实际发生额相核对，并检查投资收益是否按照国家会计制度的统一规定进行确认和计量。

账实核对的目的是清查、核实和查明各项财产物资的账面值与其实存数量是否一致以及准确地了解各项结算款项的拖欠、结存情况。企业在清查、核实后，应当将清查和核实的结果及时上报企业的董事会和有关部门，并依据国家会计制度的统一规定进行处理。

二、结账

结账是将一定时期内所发生的经济业务在全部登记入账的基础上，按照规定的方法对该期内的账簿记录进行小结，结算出本期发生额合计数和余额的一种方法。结账后要将账户余额结转至下期或转入新账，并根据账簿记录编制当期财务会计报告。

为了总结一个会计主体一定时期内或特定日期的经济活动情况，以取得企业的账务状况和经营成果的核算资料进行编制会计报表，各单位必须在会计期末进行结账。但不得为赶编会计报表而提前结账，或不得先编制会计报表后结账。一般年度结账日为公历年度每年的 12 月 31 日；半年度、季度、月度结账日分别为公历年度每半年、每季、每月的最后一天。

（一）结账前应做的工作

（1）在结账前，应将当期所发生的经济业务全部登记入账，并检查是否有重记、漏记以及错记的事项，以便在结账前及时更正。

（2）在结账前，及时调整需要期末调整的账项，并编制有关调整会计分录据以登记入账。

（3）在结账前，应认真核对和及时清理往来账目，妥善处理应收、应付款项的清偿事宜，力争减少呆账和坏账损失的发生。

（二）结账的方法

根据结账的时间不同，结账主要分为月结、季结和年结。

（1）月结。月结是在月终计算出各账户的本月发生额和月末余额的一种结账工作。每月终了，要进行月结。月结时，在应结账户的最后一笔记录下划一条通栏单红线，再在该单红线下的“摘要”栏内注明“月结”或“本月合计”字样，并将本月借、贷方发生额及月末余额分别记入借方、贷方和余额栏。之后在月结记录下再另划一条通栏单红线，以示本月的账簿记录已结束。此后可连续登记下月份的经济业务。进行月结时，应根据以下不同情况的账户，分别采用不同的方法，具体内容如下：①本月没有发生额的账户，不必进行月结；②对于不需要按月结进行计算本期发生额的账户，如各项应收、应付款项的明细账和各类财产物资明细账等，在每次记账后都要随时结出余额，即每月最后一笔余额就是月末余额；③需要结计本年累计发生额的某些账户，在每月结账时，应在“本月合计”行下结计出自年初起至本月末止的累计数额，登记在本月发生额的下面，并在摘要栏内注明“本年累计”字样，再在其下面划一条通栏单红线。

（2）季结。季度终了，要进行季结。季结是在季终计算各账户的本季发生额和季末余额的一种结账工作。结账时，应在季末“月结”下一行的“摘要”栏内注明“季结”或“本季合计”字样，并将本季借、贷方发生额和季末余额分别记入借方、贷方和余额栏内。季结结束后，在该行下再划一条通栏单红线。

（3）年结。年度终了，要进行年结，并且封账。年结时，应在第四季度“季结”下一行的“摘要”栏内注明“年结”或“本年合计”字样，并在相关栏目内反映发生额合计数和年终余额数。12 月份的“本年累计”就是“全年合计”，然后在“年结”下面划通栏双红线，以示年终封账，表示该账户的记录已在本年底结束。

年终决算后，需要及时更换旧账、建立新账，以进行新旧账簿的结转和更换工作。对于有余额的账户，应将其余额结转至下年。具体方法是：将有余额账户的余额直接记入新账余额栏内，并在该新账的第一页第一行的“摘要”栏内注明“上年结转”字样。一般来说，总账、日记账和大多明细账应每年更换一次，但有些财产物资明细账和债权、债务明细账，由于材料品种、规格和往来单位较多，更换新账的工作量较大，因此可以跨年度使用，不必每年都进行更换。

第五节　会计账簿的更换与保管

一、会计账簿的更换

会计账簿的更换是指在会计年度开始时启用新账簿，并将上年度的会计账簿归档保管。现金日记账、银行存款日记账、总分类账及大多数明细分类账，每年都要更换新账。对于个别采用卡片式的明细账，如固定资产卡片明细账，可以跨年度使用，不必每年更换新账。

会计账簿更换的具体做法是：首先检查本年度账簿记录在年度终结账时是否全部结清，然后在新账中有关账户的第一行“日期”栏内注明1月1日，“摘要”栏内注明“上年结转”或“年初余额”字样，将上年的年末余额以同方向记入新账中的“余额”栏内，并在“借”或“贷”栏内注明余额的方向（即借方还是贷方）。需要注意的是，新、旧账簿更换时，账户余额结转不编制记账凭证，也不用记入“借方”栏或“贷方”栏，而是直接记入“余额”栏。因此，“凭证号”栏、“借方”栏和“贷方”栏无须填制。

二、会计账簿的保管

会计账簿是重要的会计资料，并且有些是需要保密的。因此，必须建立严格的会计账簿保管制度，妥善保管会计账簿。对会计账簿的管理包括以下几个方面的内容。

（1）各种会计账簿要分工明确，制订专人管理。账簿经管人员既要负责记账、对账、结账等工作，又要负责保证会计账簿的安全、完整。

（2）会计账簿未经领导和会计负责人或者有关人员批准，非经管人员不能随意翻阅、查看、摘抄和复制等。

（3）会计账簿除需要与外单位核对外，一般不能携带外出；对需要携带外出的账簿，通常由经管人员负责或会计主管人员指定专人负责。

（4）会计账簿不能随意交予其他人员管理，以保证账簿安全完整和防止任意涂改、毁坏账簿等问题的发生。

本章知识小结

◆　会计账簿是全面记录和反映一个单位经济业务，把大量分散的数据或资料进行归类整理，逐步加工成有用会计信息的簿籍。它以会计凭证为依据，进行序时、分类地记录和反映各项经济业务，并由具有一定的格式又互相联系的账页所组成，是编制会计报表的重要依据。

◆　设置账簿并通过账簿记录，既能对经济业务活动进行序时、分类地核算，又能提供各项总括和明细的核算资料，为计算财务成果和编制财务报告以及开展财务分析与会计检查活动提供依据。

◆　账簿按其用途可分为序时账簿、分类账簿和备查账簿；按其外表形式可分为订本式账簿、活页式账簿和卡片式账簿；按其账页格式可分为三栏式账簿、多栏式账簿和数量金额账簿等。

◆　账簿设置既要保证便于记账和算账，能够及时准确地从账簿中取得经营管理和编制财务会计报告所需要的资料，又要严密精简、避免重叠，利于提高会计工作的质量与效率。

◆　核对账目是保证账簿记录正确性的一项重要工作，对账工作的主要内容包括账证核对、账账核对和账实核对。

◆　所谓结账，就是将一定时期内所发生的经济业务在全部登记入账的基础上，按照规定的方法对该期内的账簿记录进行小结，结算出本期发生额合计数和余额的一种方法。结账后要将其余额结转至下期或者转入新账，并根据账簿记录编制财务会计报告。

◆ 如果记账、登记账簿过程中发生错误，应根据错账的类型采用不同的方法及时进行更正。常用的错账更正方法有划线更正法、红字更正法、补充登记法。

练习题

一、名词解释

1. 账簿
2. 对账
3. 结账

二、单项选择题

1. “应收账款”“应付账款”账户的明细分类核算，其明细账的账页格式一般是（　　）。
   A. 三栏式　B. 多栏式　C. 定表格式　D. 数量金额式
2. 在我国，总分类账要选用（　　）。
   A. 活页式账簿　B. 自己认为合适的账簿
   C. 卡片式账簿　D. 订本式账簿
3. 下列适合采用多栏式明细账格式核算的是（　　）。
   A. 固定资产　B. 银行存款　C. 管理费用　D. 原材料
4. 专门记载某一类经济业务的序时账簿，称为（　　）。
   A. 普通日记账　B. 特种日记账　C. 转账日记账　D. 分录簿
5. 下列适合采用多栏式明细账格式核算的是（　　）。
   A. 原材料　B. 制造费用　C. 应付账款　D. 库存商品
6. 活页式账簿和卡片式账簿主要适用于（　　）。
   A. 特种日记账　B. 普通日记账　C. 总分类账　D. 明细分类账
7. 固定资产明细分类账采用（　　）。
   A. 订本式账簿　B. 卡片式账簿
   C. 活页式账簿　D. 多栏式明细分类账
8. 原材料明细账一般采用（　　）。
   A. 三栏式　B. 多栏式　C. 数量金额式　D. 卡片式
9. 新的会计年度开始，可以继续使用不必更换新账的是（　　）。
   A. 日记账　B. 总分类账　C. 明细账　D. 固定资产卡片账
10. 现金和银行存款日记账，根据有关凭证（　　）。
    A. 逐日逐笔登记　B. 逐日汇总登记
    C. 定期汇总登记　D. 一次汇总登记

三、多项选择题

1. 会计账簿按其用途的不同，可以分为（　　）。

A. 分类账簿　　B. 明细账簿　　C. 备查账簿　　D. 数量金额式账簿

2. 必须逐日结出余额的账簿是（　　）。

A. 现金总账　　B. 银行存款总账　　C. 现金日记账　　D. 银行存款日记账

3. 会计账簿按其外表形式的不同，可以分为（　　）。

A. 备查账簿　　B. 订本账簿　　C. 活页账簿　　D. 卡片账簿

4. 在会计账簿扉页上填列的内容包括（　　）。

A. 账簿名称　　B. 单位名称　　C. 账户名称　　D. 起止面次

5. 必须采用订本式账簿的是（　　）。

A. 现金日记账款　　B. 固定资产明细账

C. 银行存款日记账　　D. 管理费用总账

6. 日记账的特点是（　　）。

A. 序时登记　　B. 汇总登记　　C. 逐日逐笔登记　　D. 定期登记

E. 分类登记

7. 账簿按其账页格式可分为（　　）。

A. 订账本　　B. 三栏式账　　C. 多栏式账　　D. 数量金额式账

E. 卡片账

8. 下列各项经济业务中，（　　）应在备查账中登记。

A. 租入固定资产　　B. 购入固定资产

C. 委托外部加工材料　　D. 代销商品

E. 计算产品成本

9. 错账的更正方法有（　　）。

A. 划线更正法　　B. 红字更正法　　C. 补充登记法　　D. 转账更正法

E. 计算平衡法

10. 各种明细分类账簿的登记可以根据（　　）登记。

A. 原始凭证　　B. 记账凭证

C. 原始凭证汇总表　　D. 汇总记账凭证

E. 总账

四、判断题

1. 总分类账和明细分类账一律都是根据记账凭证登记的。（　　）

2. 记账后，发现所记金额小于应记金额，但记账凭证正确，应采用红字更正法进行更正。（　　）

3. 备查账簿是对某些在日记账和分类账中未能记录的事项进行补充登记的账簿，因此各单位必须设置。（　　）

4. 在会计年度中间变更记账人员，可不办理有关交接手续。（　　）

5. 总账采用订本式账簿，账页格式为多栏式。（　　）

6. 只要账簿记录过程中不发生误差，就能保证账簿记录的客观真实性。（　　）

7. 原始凭证是登记账簿的依据。（　　）

8. 日记账是逐笔序时登记的，故月末不必与总账进行核对。（　　）

9. 银行存款日记账属于特种日记账。 (　　)

10. 凡设有明细分类账的总分类账户，均是统驭账户。 (　　)

五、简答题

1. 什么是账簿？设置和登记账簿有什么作用？
2. 什么是平行登记？平行登记的要点是什么？
3. 错账更正的方法有哪几种？各适用于什么情况下的错误？
4. 什么是结账？结账有哪几种类型？
5. 什么是对账？对账的具体内容是什么？

六、业务题

根据下列经济业务练习总分类账和明细分类账的平行登记。

×公司201×年8月份“在途物资”“应付账款”期初余额如下。

在途物资　　210 000元

其中：A材料3 000千克，单价20元，60 000元

　　　B材料5 000千克，单价30元，150 000元

应付账款　　80 000元

其中：中南公司　　50 000元

　　　华春公司　　30 000元

8月份的材料采购业务如下（不考虑增值税）。

（1）2日，向中南公司采购A材料2 000千克，单价20元，中南公司代垫运杂费300元，均未支付。

（2）5日，向华春公司采购B材料11 000千克，单价30元，货款未付。

（3）16日，通过银行转账支付上月欠中南公司款项30 000元，华春公司25 000元。

（4）20日，向华春公司采购A材料300千克，单价24元，货款未付，另以现金支付运杂费500元。

（5）31日，以银行存款支付华春公司货款30 000元，支付中南公司货款40 300元。

（6）31日，上述材料已全部验收入库，结转其采购成本。

第八章 存货盘存制度和财产清查

本章内容提要

- 存货盘存制度的概念及特点
- 财产清查的概念、作用、种类
- 财产清查的程序和方法
- 财产清查结果的会计处理

第一节 存货盘存制度

财产清查的重要环节是盘点各项财产物资，特别是存货的实存数，然后与账面结存数进行核对，以确定两者的差异并寻找产生差异的原因。因此，为使财产清查工作顺利进行，应建立一定的盘存制度，也就是确定存货期末账面结存数量，进而计算期末存货结存成本和发出存货成本的方法。各种存货结存数的计算方法有永续盘存制和实地盘存制两种。

一、永续盘存制

（一）永续盘存制的概念

永续盘存制也称账面盘存制，是指平时对各项财产物资的增加数和减少数都必须根据有关会计凭证连续记入有关账簿，并随时结出账面结存数的一种盘存制度。其具体做法是：收入某项财产物资时，根据有关的会计凭证将收入的数量和金额分别登记在有关明细账的收入栏；发出某项财产物资时，根据有关的会计凭证将发出的数量和金额等记在有关明细账的发出栏，并及时计算出该项财产物资在明细账上结存的数量和金额，即

期末账面结存数=期初账面结存数+本期增加数−本期减少数

期末存货成本=期初存货成本+本期增加存货成本−本期减少存货成本

本期减少存货成本=本期减少数量×存货单位成本

（二）永续盘存制下存货成本的计算

1．先进先出法

先进先出法是指以先购入的存货先发出这样一种存货实物流转假设为前提，对先发出存货按先入库的存货单位成本进行计价的一种方法。采用这种方法，先购入的存货成本在后购入的存货成本之前转出，据此确定发出存货和期末存货的成本。具体做法是：先按存货的期初余额的单价计算发出的存货成本，领发完毕后，再按第一批入库的存货的单价计算，依次从前向后类推，计算发出存货和结存存货的成本。用先进先出法计算的期末存货额，比较接近市价。

【例 8-1】某企业 2012 年 5 月甲材料的期初结存和本期收发情况如表 8-1 所示。

表 8-1　甲材料出入库记录表

时　间	交易事项	数量（千克）	单价（元）	金额（元）
1 日	期初余额	150	10	1 500
5 日	购　进	100	12	1 200
11 日	领　用	200		
16 日	购　进	200	14	2 800
20 日	领　用	100		
23 日	购　进	100	15	1 500
27 日	领　用	100		

根据上述资料，采用先进先出法对存货计价，原材料明细账登记情况如表 8-2 所示。

表 8-2　原材料明细账

材料名：甲材料　　　　单位：元

2012 年		摘　要	收　入			发　出			结　存		
月	日		数量	单价	金额	数量	单价	金额	数量	单价	金额
5	1	期初余额							150	10	1 500
	5	购进	100	12	1 200				150 100	10 12	1 500 1 200
	11	发出				150 50	10 12	1 500 600	50	12	600
	16	购进	200	14	2 800				50 200	12 14	600 2 800
	20	发出				50 50	12 14	600 700	150	14	2 100
	23	购进	100	15	1 500				150 100	14 15	2 100 1 500
	27	发出				100	14	1 400	50 100	14 15	700 1 500
	30	本月合计	400	—	5 500	400	—	4 800	50 100	14 15	700 1 500

本期发出材料的成本=150×10+50×12+50×12+50×14+100×14=4 800（元）

期末结存材料的成本=1 500+1 200+2 800+1 500–4 800=2 200（元）

或期末结存材料的成本=50×14+100×15=2 200（元）

2. 加权平均法

加权平均法是按照加权平均单位成本计算发出存货总成本的一种方法。加权平均法又分为一次加权平均法和移动加权平均法两种。

（1）一次加权平均法。一次加权平均法是指以本期全部进货数量加上期初存货数量作为权数，去除本期全部进货成本加上月初存货成本，计算出存货的加权平均单位成本，以此为基础，计算出本月发出存货的成本和期末存货成本的一种方法。

$$一次加权平均单位成本=\frac{期初结存存货成本+本期收入存货成本}{期初结存存货数量+本月收入存货数量}$$

本期发出存货成本=当月发出存货的数量×一次加权平均单位成本

期末结存存货成本=期初结存存货成本+本期收入存货成本–本期发出存货成本

期末结存存货成本=期末结存存货的数量×一次加权平均单位成本

采用一次加权平均法只在月末一次计算加权平均单位成本，计算比较简单，计算出的发出存货成本和期末存货成本都比较平稳，但由于计价工作集中在月末进行，平时不能从账簿中看到存货发出和结存的金额，所以不便于加强存货资金的日常管理与控制。

【例 8-2】仍以例 8-1 资料为例，采用一次加权平均法，原材料明细账登记情况如表 8-3 所示。

表 8-3 原材料明细账

材料名：甲材料　　　　单位：元

2012 年		摘要	收入			发出			结存		
月	日		数量	单价	金额	数量	单价	金额	数量	单价	金额
5	1	期初余额							150	10	1 500
	5	购进	100	12	1 200				250		
	11	发出				200			50		
	16	购进	200	14	2 800				250		
	20	发出				100			150		
	23	购进	100	15	1 500				250		
	27	发出				100			150		
	30	本月合计	400	—	5 500	400	—	4 800	150		

一次加权平均单位成本=（1 500+1 200+2 800+1 500）/（150+100+200+100）=12.72（元）

期末结存存货成本=150×12.72=1 908（元）

本期发出存货成本=1 500+1 200+2 800+1 500–1 908=5 092（元）

（2）移动加权平均法。移动加权平均法是指以每次进货的成本加上原有库存存货的成本，再除以每次进货数量与原有库存存货的数量之和，据以计算移动加权平均单位成本，以此为基础计算本月发出存货成本和期末存货成本的一种方法。

$$\text{移动加权平均单位成本}=\frac{\text{本次入库前库存存货成本}+\text{本次入库存货成本}}{\text{本次入库前库存存货数量}+\text{本次入库存货数量}}$$

采用移动加权平均法，存货计算工作分散在月内进行，可以随时了解存货发出和结存情况，计算出来的平均单位成本和结存存货成本比较客观、均衡和准确。但由于采用这种方法，每次入库存货单位成本与结存单位成本不一致时，都要重新计算平均单位成本，所以核算工作量较大。一般适用于经营品种不多或者前后购进存货的单价相差幅度较大的商品流通类企业。

【例 8-3】仍以例 8-1 资料为例，采用移动加权平均法，原材料明细账登记情况如表 8-4 所示。

表 8-4　原材料明细账

材料名：甲材料　　　　单位：元

2012 年		摘要	收入			发出			结存		
月	日		数量	单价	金额	数量	单价	金额	数量	单价	金额
5	1	期初余额							150	10	1 500
	5	购进	100	12	1 200				250	10.8	2 700
	11	发出				200	10.8	2 160	50	10.8	540
	16	购进	200	14	2 800				250	13.36	3 340
	20	发出				100	13.36	1 336	150	13.36	2 004
	23	购进	100	15	1 500				250	14.02	3 504
	27	发出				100	14.02	1 402	150	14.02	2 102*
	30	本月合计	400	—	5 500	400	—	4 898	150	14.02	2 102*

* 由于尾数原因，对期末结存材料的金额进行调整。

5 日结存材料平均单价=（1 500+1 200）/（150+100）=10.8（元）

16 日结存材料平均单价=（540+2 800）/（50+200）=13.36（元）

23 日结存材料平均单价=（2 004+1 500）/（150+100）=14.02（元）

本期发出材料成本=2 160+1 336+1 402=4 898（元）

期末结存材料成本=1 500+1 200+2 800+1 500−4 898=2 102（元）

（3）个别计价法。个别计价法又称“个别认定法”“具体辨认法”“分批实际法”。采用这一方法是假设存货的成本流转与实物流转相一致，按照各种存货，逐一辨认各批发出存货和期末存货所属的购进批别或生产批别，分别按其购入或生产时所确定的单位成本作为计算各批发出存货和期末存货成本的方法。在这种方法下，是把每一种存货的实际成本作为计算发出存货成本和期末存货成本的基础。

发出存货的实际成本=∑各批（次）存货发出数量×该批次存货实际进货单价

【例 8-4】某工厂本月生产过程中领用 A 材料 2 000 千克，经确认其中 1 000 千克属第一批入库，单位成本为 25 元；其中 600 千克属第二批入库，单位成本为 26 元；其中 400 千克属第三批入库，单位成本为 28 元。按个别计价法，本月发出 A 材料的成本计算如下：

发出材料实际成本=1 000×25+600×26+400×28=51 800 元

这种方法的优点是计算发出存货的成本和期末存货的成本比较合理、准确；缺点是实务操作的工作量繁重，困难较大。该方法适用于容易识别、存货品种数量不多、单位成本较高的存货计价。例如珠宝、名画等贵重物品。

（三）永续盘存制的优缺点及适用范围

永续盘存制，对于财产物资的增减变化由于要逐日逐笔进行登记，并随时结出账面结存数，手续比较严密，便于加强会计监督。同时，能及时掌握财产物资的收发、结存的动态情况，对于加强财产物资的管理、保证其安全完整有重要作用。但此种盘存制度也存在不足之处，即由于要逐日逐笔登记各项财产物资的增减变动及结存情况，日常工作量较大。在实际生产中，由于种种原因会引起账实不符的情况产生，因此采用永续盘存制也需要对各项财产物资进行财产清查，查明账实不符的原因，并根据财产清查结果调整账目，做到账实一致。

二、实地盘存制

（一）实地盘存制的概念

实地盘存制又称“盘存计耗制”或“以存计耗制”，是指平时只在账簿中登记财产物资的增加数，不登记减少数，到月末结账时，根据实地盘点的实存数来倒推本月的减少数，并据以登记入账的一种盘存制度，即

本期减少数=期初账面结存数+本期增加数−期末实际结存数

根据以上计算公式倒推出本期减少数量后，再登记账簿。所以，每月月末，对各项存货进行实地盘点的结果是计算、确定本期减少数唯一的依据。

（二）实地盘存制下存货成本的计算

在实地盘存制下，计算存货期末成本和本期减少（耗用或销售）成本时，可按下列公式计算：

期末结存存货成本=期末存货数量（实地盘点量）×存货单位成本

本期发出存货成本=期初结存存货成本+本期入库存货成本−期末结存存货成本

从以上公式可以看出，采用实地盘存制时先确定期末库存数量，然后计算库存成本，最后计算存货减少（销售或耗用）成本。而存货单位成本可以采用先进先出法、加权平均法、个别计价法等方法确定。企业一旦选定一种方法后不得随意变动。

下面举例说明实地盘存制下存货成本的计算。

【例 8-5】假设上述某企业对甲材料采用实地盘存制，2012 年 5 月末实际盘点数为 100 千克，甲材料期初库存和本月入库资料如表 8-5 所示。

表 8-5 甲材料出入库记录表

时间	交易事项	数量（千克）	单价（元）	金额（元）
1 日	期初余额	150	10	1 500
5 日	购 进	100	12	1 200
16 日	购 进	200	14	2 800
23 日	购 进	100	15	1 500

现分别采用先进先出法和一次加权平均法计算甲材料期末结存成本和本月发出成本。

（1）采用先进先出法计算。

期末结存成本=100×15=1 500（元）

发出存货成本=1 500+1 200+2 800+1 500–1 500=5 500（元）

（2）采用一次加权平均法计算。

一次加权平均单价=（1 500+1 200+2 800+1 500）/（150+100+200+100）=12.73（元）

期末结存成本=100×12.73=1 273（元）

发出存货成本=1 500+1 200+2 800+1 500–1 273=5 727（元）

（三）实地盘存制的优缺点及适用范围

实地盘存制，由于平时只登记财产物资增加的数量和金额，不登记减少的数量和金额，因此相应减少了各种明细账的登记工作。但是各项财产物资的减少，由于没有严密的手续，不便于实行会计监督。期末以实存数作为账存数，倒推计算发出数量的方法容易掩盖财产物资管理中存在的问题，同时也不利于随时掌握财产物资的动态变化。因此，一般只对发生频繁、价值较低的财产物资采用实地盘存制。其他财产物资，特别是重要的、贵重的财产物资均应采用永续盘存制。

第二节　财产清查概述

一、财产清查的概念

财产清查就是指对各项财产进行盘点与核对，查明财产的实存数，并与其账面结存数进行核对以确定是否相符的一种方法。

客观性原则是会计核算的一般原则之一。而会计核算的对象是企业实际发生的经济业务。在核算过程中，一定要严格遵循规范的程序和方法，如实地反映各项财产物资的增减变动。但在实际工作中，往往因一些客观因素而造成账实不相符。账实不符的常见原因有以下几点。

（1）财产物资在保管过程中形成的自然损益，如霉烂、挥发等现象。

（2）由于计量、检验不准导致的品种或数量上的差错。

（3）会计人员没有及时填制相关财产物资的收发凭证或没及时登账，或在填制收发凭证、登账时发生了计算或登记上的错误。

（4）因管理不善或责任人失职而使财产物资损坏、变质、短缺。

（5）因不法分子的贪污、盗窃、营私舞弊等非法行为所致的损失。

（6）自然灾害如水灾、火灾等造成损失。

由于上述情况的存在，往往使账实不符，因此必须进行财产清查。

二、财产清查的作用

（一）保证会计核算资料的真实可靠

通过财产清查，确定实存数，查明账实是否相符，对盘盈、盘亏的财产及时进行账务处理，达到账实相符，保证会计资料的真实可靠性。

（二）保护财产物资的安全完整

通过财产清查，能使相关人员了解各项财产物资的使用、储存状况及质量构成，及时发现有无管理不善、损坏丢失、非法挪用、贪污盗窃等情况，从而采取相应措施，改善其管理，保护其安全完整性。

（三）揭示财产物资的实有情况，挖掘其使用潜力，加速资金周转

通过财产清查，可查明其实有数，发现有无储备不足或积压的现象；是否有应收而未收的债权长期挂账；是否有不良资产闲置现象；从而采取相应措施，使其积压的、长期挂账的债权，不良资产及时转销，减少资金的占用，使其投入正常的生产经营周转之中。

（四）有针对性地建立完善财产物资的管理制度

通过财产清查，能及时发现财产物资管理中的薄弱环节，促使企业单位有针对性地建立和完善财产物资的管理规章制度和内部控制制度，明确经济责任，保证物流管理质量水平。

三、财产清查的种类

（一）按财产清查的对象和范围可分为全面清查和局部清查

全面清查是指对企业单位的所有财产物资进行清查，其特点是清查范围广、工作量大、所需人员多。一般只在下列情况下采用：

（1）年终财务决算前（即编制年度会计报表之前）；

（2）法定的清产核资或资产评估；

（3）企业撤并或改变隶属关系；

（4）企业更换主要负责人时；

（5）发生了重大的经济违法事件。

局部清查是对企业单位的部分财产物资进行清查。其特点是针对性强，主要针对流动性较大的财产和重要财产进行。按有关规定，“存货”项目包括的各项财产，除全面清查外，还要在年度内轮流进行盘点和抽查；库存现金，每日都要由出纳员清点；银行存款，每月要同银行核对一次；贵重财产，每月都要盘点清查。

（二）按清查时间可分为定期清查和不定期清查

定期清查是在各个会计期末（月末、季末、年末）按事先的计划进行的例行清查，可以是全面清查，也可以是局部清查。不定期清查是根据临时需要进行的清查，一般是局部清查。如财产遭意外损失、有关部门临时进行会计检查、更换出纳员和财产物资保管员等情形。

（三）按清查的执行单位不同可分为内部清查和外部清查

内部清查是指由本企业的有关人员对本企业的财产所进行的清查。这种清查也称为“自查”。外部清查是指由企业外部的有关部门或人员根据国家法律或制度的规定对企业所进行的财产清查。

第三节 财产清查的程序和方法

一、财产清查的一般程序

财产清查是一项涉及范围广、需要人员多、操作时间较长的工作，因此必须有计划、有组织、有步骤地进行。其一般程序包括以下几个方面。

（一）成立财产清查小组

为了保证财产清查工作的顺利进行，保证其工作质量，在进行财产清查时应成立专门的财产清查领导小组，即在主管厂长或总会计师的领导下，成立由财会部门牵头，有设备、技术、生产、行政及其他各有关部门参加的财产清查领导小组，具体负责财产清查的领导和组织工作。该领导小组的主要任务是：根据管理制度或有关部门的要求拟定财产清查工作的详细步骤，确定财产清查的对象和范围，确定参加财产清查工作的具体人员等；在财产清查过程中及时掌握工作进度；检查和督促财产清查工作，及时解决财产清查工作中出现的问题；在财产清查工作结束后，写出财产清查工作的总结性书面报告，对财产清查的结果提出处理意见。

（二）进行物资及业务上的准备

物资及业务上的准备是做好财产清查工作的前提条件，各有关业务部门务必引起充分的重视，特别是会计部门和财产物资保管部门的相关人员应积极主动配合，做好以下几个方面的准备工作。

1．账簿准备

会计部门和人员应在财产清查之前将截至清查日的所有经济业务全面登记入账，将有关账簿登记齐全并结出余额。总分类账中反映货币资金、财产物资和往来款项的有关科目应与所属明细分类账中的相应项目核对清楚，做到账证相符、账账相符，为财产清查提供准确可靠的账存数。

2．实物准备

应将截至财产清查日的各项财产物资的收入与发出办好凭证手续，依据凭证上的记录内容登记有关的账簿，在将全面经济业务登记入账的基础上，结出各科目余额，并与会计部门的有关总分类账、明细分类账核对相符。同时，财产物资保管人员应将其所保管的各种财产物资进行整理、排列，堆放整齐，挂上标签，标明品种、规格和结存数量，以便进行实物盘点。

3．工具准备

财产清查小组的工作人员应组织有关部门准备好各种计量器具，按照国家计量标准校正准确各种计量工具，减少误差，并印制好各种登记财产清查结果的有关表册。

（三）实施财产清查

在做好财产清查的各项准备工作以后，就可以由清查人员按照清查的计划和步骤实施财产清查工作。

（四）财产清查结束工作

财产清查小组，在财产清查结束后，根据清查结果，写出财产清查工作的书面报告并对盘盈、盘亏提出处理意见。

二、财产清查的方法

（一）财产清查的一般方法

由于企业财产种类较多且各有特点，因此在清查时要采用不同的方法。财产清查的一般方法有以下几种。

1．实地盘点法

这是指对被清查的实物，通过实地清点或用计量器具进行度量（点数、量尺、过磅）来确定其实际数量的一种方法。其适用于一般实物财产清查，如机器设备、包装好的原材料、产成品和库存商品等的清查。

2．技术推算法

这是指利用技术方法对财产的实存数进行推算的一种方法。这种方法一般适用于数量多、体积大或难以逐一清点的实物，如散装的、大量成堆的化肥、饲料等物资的清查。

3．查询法

这是指根据账簿记录，采取当面查对或函调方式查对，以确定财产实有数的一种方法。其主要适用于委托加工、出租出借以及应收项目的清查。

4．账单核对法

这是指把本单位的账簿记录或单证与对方的账、证进行核对并据以确定资产实有数的一种方法。其主要适用于银行存款和应收项目的清查。

（二）财产清查方法的应用

对各种不同的财产物资应采用不同的方法进行清查。

1．货币资金的清查

货币资金的清查包括对库存现金和银行存款及其他货币资金的清查。

1）库存现金的清查

库存现金清查的基本方法是实地盘点法。它是通过对库存现金的盘点实有数与现金日记账的余额进行核对的方法，来查明账实是否相符。具体可分为以下两种情况。

（1）在日常的工作中，现金出纳员每日清点库存现金实有数额，并及时与现金日记账的余额相核对。这种清查方法实际上是现金出纳员的份内职责。

（2）在由专门清查人员进行的清查工作中，为了明确经济责任，清查时出纳人员必须在场。清查人员要认真审核收付款凭证和账簿记录，检查经济业务的合理性和合法性。此外，清查人员还应检查企业是否以“白条”或“借据”抵充库存现金。

现金盘点结束后，应根据盘点的结果，填制“库存现金盘点报告表”。“库存现金盘点报告表”是重要的原始凭证，它具有实物财产清查的“盘存单”的作用，又有“实存账存对比表”的作用。“库存现金盘点报告表”填制完毕，应由盘点人员和出纳员共同签章方能生效。“库存现金盘点报告表”的一般格式如表 8-6 所示。

表 8-6 库存现金盘点报告表

单位名称：　　　　　　　　　　　　　　　　　　　　　　　　　年　月　日

币　种	账存金额	实存金额	账存与实存对比结果		备　注
			盘盈（长款）	盘亏（短款）	

盘点人：（签章）　　　　　　　　　　　　　　　　出纳人员：（签章）

2）银行存款的清查

银行存款清查的基本方法是采用银行存款日记账与开户银行的“对账单”相核对。核对前，首先把清查日止所有银行存款的收、付业务都登记入账，对发生的错账、漏账应及时查清更正，然后再与银行的对账单逐笔核对。如果发现二者余额相符，一般说明无错误；如果发现二者不相符，可能是企业或银行某一方记账过程有错误或者存在未达账项。

所谓未达账项，是指在企业和银行之间，由于凭证的传递时间不同，而导致了记账时间不一致，即一方已接到有关结算凭证并已经登记入账，而另一方由于尚未接到有关结算凭证尚未入账的款项。未达账项总的来说有两大类型：一是企业已经入账而银行尚未入账的款项；二是银行已经入账而企业尚未入账的款项。具体来讲有以下 4 种情况：

（1）企业已收款记账，银行未收款未记账的款项，如企业收到其他单位的购货支票等；

（2）企业已付款记账，银行未付款未记账的款项，如企业开出付款支票，但持票人尚未到银行办理转账手续等；

（3）银行已收款记账，企业未收款未记账的款项，如托收货款收账等；

（4）银行已付款记账，企业未付款未记账的款项，如银行代企业支付公用事业费等。

上述任何一种未达账项的存在，都会使企业银行存款日记账的余额与银行开出的对账单的余额不符。当发生（1）和（4）两种情况时，企业的银行存款日记账的账面余额将大于银行对账单余额；当发生（2）和（3）两种情况时，企业的银行存款日记账的账面余额将小于银行对账单余额。所以，在与银行对账时首先应查明是否存在未达账项，如果存在未达账项，就应该编制银行存款余额调节表对有关的账项进行调整。银行存款余额调节表是在企业银行存款日记账余额和银行对账单余额的基础上，分别加减未达账项，确定调节后余额。如果调节后双方余额相符，就说明企业和银行双方记账过程基本正确，而且这个调节后余额是企业当时可以实际动用的银行存款的限额。如果调节后余额不符，企业和开户银行双方记账过程可能存在错误，属于开户银行错误，应当立即由银行核查更正；属于企业错误，应查明错误所在，区别漏记、重记、错记或串记等情况，分别采用不同的方法进行更正。其计算公式如下：

企业的银行存款日记账余额+银行收款企业未收款的账项–银行付款企业未付款的账项=银行对账单的余额+企业收款银行未收款的账项–企业付款银行未付款的账项

以下举例说明银行存款余额调节表的具体编制方法。

【例 8-6】天才股份公司 2012 年 6 月 30 日核对银行存款日记账。6 月 30 日银行存款日记账账面余额为 239 760 元，同日银行开出的对账单余额为 299 860。经银行存款日记账与银行对账单逐笔核对，发现两者的不符是由下列原因造成的。

① 公司于 6 月 28 日开出支票购买办公用品 980 元，公司根据支票存根和有关发票等原

始凭证已记账，但收款人尚未到银行办理转账。

②6月29日公司的开户银行代公司收进一笔托收的货款75 000元，银行已记账，但尚未通知公司。

③6月30日开户银行代公司支付当月的水电费1 460元，银行已记账，但付款通知单尚未送达公司，因而公司未记账。

④ 公司于6月30日收到客户交来的购货支票，金额15 000元当即存入银行，公司根据进账单等已记账，但因跨行结算，所以银行未记账。

⑤6月30日公司的存款利息收入1 580元，银行已主动划入本公司账户，但尚未通知公司，因而公司暂未记账。

根据调节前的余额和查出的未达账项等内容，编制6月30日的银行存款余额调节表，确定调节后的余额。本例编制的银行存款余额调节表如表8-7所示。

表8-7 银行存款余额调节表

2012年6月30日　　单位：元

项　目	金　额	项　目	金　额
银行对账单余额：	299 860	公司银行存款日记账余额：	238 760
加：公司收款，银行未收款的购货支票	15 000	加：银行收款，公司未收款的未达账项	75 000
		银行存款利息收入	1 580
减：公司付款，银行未付款的办公用品费	980	减：银行付款，公司未付款的水电费	1 460
调节后的余额	313 880	调节后的余额	313 880

从上表我们可以看出，表中左右两方调节后的金额相等，这说明该公司的银行存款日记账记账过程基本正确（但这不是绝对的，如两个差错正好相等，抵消为零等），同时还说明公司的银行存款实有数既不是299 860元，也不是238 760元，而是313 880元。如果调节后的余额仍然不等，则说明有错误存在，应进一步查明原因，采取相应的方法进行更正。

这里需要注意的是对于未达账项的处理。按照我国会计制度的规定，对于未达账项不能以银行存款余额调节表为原始凭证而调节银行存款日记账的账面记录，对于银行已经记账而企业尚未记账的未达账项，应该在实际收到有关的收、付款结算凭证后即未达账项变成“已达账项”时再进行相关的账务处理。之所以采取这样的方法进行处理，一方面是为了简化会计核算工作，防止重复记账，同时也考虑到在企业正常经营过程中，会计期末的未达账项数额一般不会很大，转变成已达账项的时间也不会很长，而且在权责发生制原则的要求下，收入和费用的确认与收款和付款的记录不在同一个会计期间完成是正常的，因而对未达账项暂不进行处理并不影响企业本期经营成果的确定。由此可知，编制银行存款余额调节表只起对账的作用，而不能将银行存款余额调节表作为调整账面记录的依据。

上述银行存款的清查方法也适用于其他货币资金的清查。

2．存货的清查

在企业中，存货占流动资产比重较大且易于流动，是企业日常管理的重点。存货的清查是指对原材料、包装物、在产品、产成品、低值易耗品、库存商品、委托加工物资等的清查。对其清查，一般采用实地盘点法和技术推算法。

为了明确经济责任，进行财产清查时，有关实物财产的保管人员必须在场，并参加盘点工作。对各项实物财产的盘点结果，应如实准确地登记在“盘存单”上，并由有关参加盘点人员同时签章生效。“盘存单”是实物财产盘点结果的书面证明，也是反映实物财产实有数额的原始凭证。“盘存单”的一般格式如表 8-8 所示。

表 8-8　盘存单

单位名称：　　　　　　　　　　盘点时间：　　　　　　　　　　编号：

财产类别：　　　　　　　　　　存放地点：

编　号	名　称	规格型号	计量单位	实存数量	单　价	金　额	备　注

盘点人签章：×××　　　　　　　　　　保管人签章：×××

盘点完毕，将“盘存单”中所记录的实存数与账面结存数相核对，如发现实物盘点结果与账面结存结果不相符时，应根据“盘存单”和有关账簿记录，填制“实存账存对比表”，以确定实物财产的盘盈数或盘亏数。“实存账存对比表”是财产清查的重要报表，是调整账面记录的原始凭证，也是分析盈亏原因，明确经济责任的重要依据。“实存账存对比表”的一般格式如表 8-9 所示。

表 8-9　实存账存对比表

单位名称：　　　　　　　　　　年　月　日　　　　　　　　　　编号：

类别及名称	计量单位	单价	实　存		账　存		差　异				备　注
							盘　盈		盘　亏		
			数量	金额	数量	金额	数量	金额	数量	金额	

报告人（签章）：

3．固定资产的清查

固定资产是企业开展经营活动的物质基础，在企业的资产总额中占有很大的比重。固定资产清查是对房屋、建筑物、机器设备、运输工具等进行的清查。固定资产的清查方法与存货的清查方法相同，通常也采用实地盘点法。清查完毕应编制“固定资产盘盈盘亏报告表”，如表 8-10 所示。

表 8-10　固定资产盘盈盘亏报告表

部门：　　　　　　　　　　　　　　年　月　日　　　　　　　　　　　　　　单位：元

<table>
<tr><th rowspan="2">固定资产编号</th><th rowspan="2">固定资产名称</th><th rowspan="2">固定资产规格及型号</th><th colspan="3">盘　盈</th><th colspan="3">盘　亏</th><th colspan="3">毁　损</th><th rowspan="2">原因</th></tr>
<tr><th>数量</th><th>重置价值</th><th>累计折旧</th><th>数量</th><th>原价</th><th>已提折旧</th><th>数量</th><th>原价</th><th>已提折旧</th></tr>
<tr><td></td><td></td><td></td><td></td><td></td><td></td><td></td><td></td><td></td><td></td><td></td><td></td><td></td></tr>
<tr><td rowspan="2">处理意见</td><td colspan="4"></td><td colspan="4">清查小组</td><td colspan="4">使用保管部门</td></tr>
<tr><td colspan="4"></td><td colspan="4"></td><td colspan="4"></td></tr>
</table>

盘点人：　　　　　　　　　　　　　　　　　　　　　　　出纳员：

4. 往来款项的清查方法

往来款项清查是指对单位应收、应付项目以及其他应收、应付项目等结算和往来款项所实施的清查，所采用的方法是查询法或核对法，也可两种方法同时采用。在清查过程中，不仅要查明往来款项的余额，还要查明形成的原因，以便加强管理。对于在清查中发现的坏账损失要按规定进行处理，不得擅自冲销账簿记录。其清查的程序如下。

（1）检查核对账簿记录。会计人员应将本单位的往来款项业务全部登记入账，以保证账簿记录的完整性。

（2）编制往来款项对账单。根据有关明细账的记录，按户编制对账单，如表 8-11 所示，并寄发给对方单位进行核对。对账单一般一式两联，其中一联作为回单，对方单位接到对账单核对无误后，在回单上注明“核对相符”字样，并加盖公章退回给寄发单位；若发现数额不符，对方单位在回单上注明不符情况，或另抄一份对账单寄回给寄发单位，作为进一步核对的依据；若存在未达账项，应进行余额调整（调整方法类似于银行存款余额调节），以确认债权、债务余额，核对是否相符。

表 8-11　往来款项对账单

____________单位：

你单位 20××年×月×日购入我单位×产品××台，已付货款×××元，尚有×××元货款未付，请核对后将回单联寄回。

核查单位：（盖章）

20××年×月×日

沿此虚线裁开，将以下回单联寄回！

……………………………………………………………………………

往来款项对账单（回单联）

核查单位：

你单位寄来的“往来款项对账单”已经收到，经核对与实相符无误（或不符，应注明具体内容）。

××单位（盖章）

20××年×月×日

（3）编制“往来款项清查结果报告表”。在检查、核对并确认了往来款项余额后，清查人员应根据清查中发现的问题和情况，及时编制“往来款项清查结果报告表”，如表8-12所示。

表8-12 往来款项清查结果报告表

单位名称：　　　　　　　　　　　　　　　　　　　　年 月 日

总分类账户		明细账户		对方结存数	对比结果及差异额	差异原因及金额			备注
名称	金额	名称	金额			未达账项	争议款项	无法收回	

清查人员（签章）　　　　　　　　　　　　　　记账人员（签章）：

第四节 财产清查结果的会计处理

一、财产清查结果的处理步骤

企业对财产清查的结果，应当按照国家有关会计准则、制度的规定进行认真处理。财产清查中发现的盘盈和盘亏等问题，首先要核准金额，然后按规定的程序报经上级部门批准后，才能进行会计处理。其主要步骤如下。

（一）核准金额，查明原因

在对财产清查结果进行具体的处理之前，应对有关原始凭证中所记录的盈亏数据做全面的核实，即核准货币资金、财产物资和债权债务的盈亏金额，并对各项差异的性质及其原因进行分析，以便针对不同原因所造成的盈亏确定处理方法，提出处理意见，报送有关领导和部门批准。

（二）调整账簿记录，做到账实相符

在核准金额，查明原因的基础上，为了做到账实相符，保证会计信息真实正确，对财产清查中发现的盘盈或盘亏，应及时进行批准前的会计处理，即根据“实存账存对比表”等原始凭证编制记账凭证，并据以调整账簿记录。

（三）进行批准后的账务处理

在有关领导部门对所呈报的财产清查结果处理意见作出批示后，企业应严格按照批复意见编制有关的记账凭证，登记有关账簿，及时进行批准后的账务处理。

二、财产清查结果的会计处理

为了反映和监督各单位在财产清查过程中查明的各种财产的盈亏或毁损及其报经批准后的转销数额，企业应设置“待处理财产损益”账户。该账户属于双重性质账户，下设“待处理流动资产损益”和“待处理固定资产损益”两个明细分类账户，以进行明细分类核算。该

账户借方登记各项财产的盘亏或毁损数额和各项盘盈财产报经批准后的转销数；贷方登记各项财产的盘盈数额和各项盘亏或毁损财产报经批准后的转销数。按规定企业的各项盘盈、盘亏必须于期末结账前处理完毕，所以该账户期末无余额。

（一）库存现金清查结果的会计处理

库存现金清查中发现库存现金短缺或盈余时，除了设法查明原因外，还应及时根据“库存现金盘点报告表”进行会计处理。

【例 8-7】某企业进行库存现金清查中发现长款 150 元。其会计处理如下。

（1）批准前。

借：库存现金 150

　　贷：待处理财产损益——待处理流动资产损益 150

（2）经反复核查，未查明原因，报经批准转作营业外收入。

借：待处理财产损益——待处理流动资产损益 150

　　贷：营业外收入 150

【例 8-8】某企业在库存现金清查中发现短款 500 元。其会计处理如下。

（1）批准前。

借：待处理财产损益——待处理流动资产损益 500

　　贷：库存现金 500

（2）经查，该短款属于出纳员李×的责任，应由该出纳员赔偿。

借：其他应收款——李× 500

　　贷：待处理财产损益——待处理流动资产损益 500

（二）存货清查结果的会计处理

1. 存货盘盈的会计处理

当存货盘盈时，应根据“实存账存对比表”，将盘盈存货的价值记入“原材料”“生产成本”“库存商品”等账户的借方，同时记入“待处理财产损益——待处理流动资产损益”账户的贷方；报经批准后，冲减管理费用。

【例 8-9】某企业财产清查中盘盈 G 材料 2 000 千克。经查明是由于收发计量上的错误所造成的，按每千克 4 元入账。其会计处理如下。

（1）批准前。

借：原材料——G 材料 8 000

　　贷：待处理财产损益——待处理流动资产损益 8 000

（2）批准后，冲减管理费用。

借：待处理财产损益——待处理流动资产损益 8000

　　贷：管理费用 8 000

2. 存货盘亏的会计处理

当存货盘亏或毁损时，批准以前应先记入“待处理财产损益——待处理流动资产损益”账户的借方，同时记入有关存货账户的贷方。批准后再根据造成亏损的原因，分别按以下情况进行账务处理。

（1）属于自然损耗产生的定额内的合理损耗，经批准后即可计入管理费用。

（2）属于超定额短缺的，能确定过失人的应由过失人负责赔偿；属于保险责任范围的，应向保险公司索赔；扣除过失人或保险公司赔款和残料价值后的余额，应计入管理费用。

（3）属于非常损失所造成的存货毁损，扣除保险公司赔款和残料价值后，应计入营业外支出。

【例 8-10】某企业盘亏 A 产品 100 千克，单位成本 100 元。经查明，属于定额内合理损耗。其会计处理如下。

（1）批准前。

借：待处理财产损益——待处理流动资产损益	11 700	
贷：库存商品		10 000
应交税费——应交增值税（进项税额转出）		1 700

（2）批准后，计入管理费用。

借：管理费用	11 700	
贷：待处理财产损益——待处理流动资产损益		11 700

【例 8-11】某企业盘亏甲材料 10 件，每件 200 元。经查明，是由于工作人员失职造成的材料毁损，应由过失人赔偿 1 000 元，毁损材料残值 300 元。其会计处理如下。

（1）批准前。

借：待处理财产损益——待处理流动资产损益	2 340	
贷：原材料——甲材料		2 000
应交税费——应交增值税（进项税额转出）		340

（2）批准后，分别视不同情况处理。

① 由过失人赔偿。

借：其他应收款——××	1 000	
贷：待处理财产损益——待处理流动资产损益		1 000

② 残料作价入库。

借：原材料——甲材料	300	
贷：待处理财产损益——待处理流动资产损益		300

③ 扣除过失人的赔款和残值后的盘亏数，计入管理费用。

借：管理费用	1 040	
贷：待处理财产损益——待处理流动资产损益		1 040

【例 8-12】某企业丙材料盘亏一批，实际成本为 5 000 元。经查明，属于非常事故造成的损失，保险公司应给予 3 000 元的赔偿。其会计处理如下。

（1）批准前。

借：待处理财产损益——待处理流动资产损益	5 850	
贷：原材料——丙材料		5 000
应交税费——应交增值税（进项税额转出）		850

（2）批准后，分别视不同情况处理。

① 应由保险公司赔偿部分。

借：其他应收款——保险公司　　3 000
　　贷：待处理财产损益——待处理流动资产损益　　3 000

② 计入营业外支出部分。

借：营业外支出　　2 850
　　贷：待处理财产损益——待处理流动资产损益　　2 850

（三）固定资产清查结果的会计处理

在固定资产清查过程中，如果发现有盘亏的固定资产，应查明原因，填制“固定资产盘盈盘亏报告表”并写出书面报告，报经企业主管领导批准后才能计入营业外支出。在批准之前，只能作为待处理财产损益处理。

对于盘亏的固定资产，企业应按盘亏固定资产的净值借记“待处理财产损益”账户，按已提折旧额借记“累计折旧”账户，按原值贷记“固定资产”账户。按规定程序批准后，应按盘亏固定资产的净值借记“营业外支出”账户，贷记“待处理财产损益”账户。

【例 8-13】某企业在财产清查中，盘亏设备一台，其原价为 200 000 元，累计折旧为 50 000 元。其会计处理如下。

（1）批准前。

借：待处理财产损益——待处理固定资产损益　　150 000
　　累计折旧　　50 000
　　贷：固定资产　　200 000

（2）批准后予以转销。

借：营业外支出　　150 000
　　贷：待处理财产损益——待处理固定资产损益　　150 000

（四）应收款项清查结果的会计处理

在财产清查过程中，如发现长期应收而收不回来的款项，即坏账损失，经批准应予以转销。坏账损失不需要通过“待处理财产损益”账户进行核算。转销方法通常采用备抵法。备抵法是指按期估计坏账损失，形成坏账准备，当某一应收款项全部或部分被确认为坏账时，应根据其金额冲减坏账准备，同时转销相应的应收款项金额的一种核算方法。估计坏账损失的方法有应收款项余额百分比法、账龄分析法和销货百分比法等，这里主要介绍常用的应收款项余额百分比法。

采用备抵法，企业需设置“坏账准备”账户。企业计提坏账准备时，借记“资产减值损失”账户，贷记“坏账准备”账户；实际发生坏账时借记“坏账准备”账户，贷记“应收账款”等账户。如果确认并转销的坏账以后又收回，则应按收回的金额，借记“应收账款”等账户，贷记“坏账准备”账户，以恢复企业债权、冲回已转销的坏账准备金额；同时，借记“银行存款”账户，贷记“应收账款”等账户，以反映款项收回情况。“坏账准备”账户平时（1 至 11 月）期末余额可能在借方，也可能在贷方，但其年末余额则一定在贷方。

【例 8-14】某企业自 2007 年末开始计提坏账准备。2007 年末应收账款余额为 4 000 000 元，2008 年 6 月份发生坏账 22 000 元，2008 年末应收账款余额为 4 400 000 元，2009 年 1 月份收回上年已转销的坏账 10 000 元，2009 年末应收账款余额为 5 000 000 元。该企业各年坏账准备提取比例均为5%。其有关会计处理如下。

1. 2007年末提取坏账准备200 000元（4 000 000×5%）。

借：资产减值损失　　200 000

　　贷：坏账准备　　200 000

2. 2008年6月发生坏账22 000元。

借：坏账准备　　22 000

　　贷：应收账款　　22 000

3. 2008年末坏账准备42 000元（4 400 000 ×5% − 200 000+22 000）。

借：资产减值损失　　42 000

　　贷：坏账准备　　42 000

4. 2009年1月收回已转销坏账10 000元。

借：银行存款　　10 000

　　贷：应收账款　　10 000

借：应收账款　　10 000

　　贷：坏账准备　　10 000

5. 2009年末补提坏账准备20 000元（5 000 000×50%–220 000–10 000）。

借：资产减值损失　　20 000

　　贷：坏账准备　　20 000

本章知识小结

◆ 财产物资盘存制度有“永续盘存制”和“实地盘存制”两种，两种存货盘存制度各有优缺点及适用范围。

◆ 财产清查就是指对各项财产进行盘点与核对，查明财产的实存数，并与其账面结存数进行核对以确定是否相符的一种方法。

通过财产清查可以保证会计核算资料的真实可靠；保护财产物资的安全完整；揭示财产物资的实有情况；挖掘其使用潜力，加速资金周转；可以有针对性地建立完善财产物资的管理制度。

财产清查按对象和范围分为全面清查和局部清查；按清查时间可分为定期清查和不定期清查；按清查的执行单位不同可分为内部清查和外部清查。

财产清查的一般方法有以下几种：实地盘点法、技术推算法、查询法和账单核对法。

◆ 为了反映和监督各单位在财产清查过程中查明的各种财产的盘亏或毁损及其报经批准后的转销数额，企业应设置“待处理财产损益”账户对其进行会计处理。该账户属于双重性质账户，下设“待处理流动资产损益”和“待处理固定资产损益”两个明细分类账户，以进行明细分类核算。该账户借方登记各项财产的盘亏或毁损数额和各项盘盈财产报经批准后的转销数；贷方登记各项财产的盘盈数额和各项盘亏或毁损财产报经批准后的转销数。按规定企业的各项盘盈、盘亏必须于期末结账前处理完毕，所以该账户期末无余额。

练　习　题

一、名词解释

1．财产清查
2．全面清查
3．局部清查
4．定期清查
5．不定期清查
6．内部清查
7．外部清查
8．永续盘存制
9．实地盘存制
10．技术推算法
11．账单核对法
12．未达账项

二、单项选择题

1．一般来说，单位撤消、合并或改变隶属关系之前要进行（　　）。
A．全面清查　　B．局部清查　　C．定期清查　　D．技术推算盘点
2．对于银行存款的清查，采用（　　）的方法。
A．检查银行存款日记账　　B．银行存款日记账和银行对账单核对
C．银行存款日记账与总账核对　　D．清查支票
3．现金清查时，在盘点结束后，应根据盘点结果，填制（　　）。
A．实存账存对比表　　B．盘存单
C．库存现金盘点表　　D．对账单
4．对各项财产物资的盘点结果首先要填制（　　）。
A．盘存单　　B．实存账存对比表
C．银行对账单　　D．库存现金盘点表
5．对于大量成堆难以逐一清点的财产物资的清查一般采用（　　）方法。
A．实地盘点法　　B．查询核对法
C．技术推算法　　D．抽查盘存法
6．银行存款日记账余额与银行对账单余额往往存在不一致情况，其主要原因是存在（　　）。
A．应付账款　　B．应收账款　　C．未达账项　　D．外埠存款
7．经过“银行存款余额调节表”的编制，消除未达账项的影响后，企业与银行双方余额相等后，这时处理方法为（　　）。
A．立即入账　　B．任意处理
C．等相关凭证到达后入账　　D．记入银行存款日记账
8．产生“未达账项”是企业与银行之间的（　　）。

A. 错账的时间不一致　　B. 对账的时间不一致
C. 记账的时间不一致　　D. 记账的金额不一致

9. 企业要进行财产清查的目的是（　　）。
A. 检查账账是否相符　　B. 检查账表是否相符
C. 检查账实是否相符　　D. 检查账证是否相符

10. 能够及时反映各种存货的收入、发出和结存情况，便于加强存货日常管理的制度是（　　）。
A. 收付实现制　　B. 权责发生制
C. 永续盘存制　　D. 实地盘存制

11. 在采用函证核对账目时，适用的对象是（　　）。
A. 固定资产　　B. 现金　　C. 存货　　D. 应收账款

12. “盘存单”是一张反映企业财产物资实有数的（　　）。
A. 外来原始凭证　　B. 自制原始凭证
C. 记账凭证　　D. 转账凭证

13. 对清查中以查明责任的盘亏财产物资，在转销时，凡因自然灾害发生的意外损失，应记入（　　）。
A. 管理费用　　B. 营业外支出　　C. 生产成本　　D. 其他应收款

三、多项选择题

1. 在财产清查中，造成账实不符的原因有（　　）。
A. 在财产收发过程中因记录不准确而发生的差错
B. 在收发财产物资时，因计量检验不准确而发生的差错
C. 财产保管过程中发生的自然损耗、意外损失或责任事故损失
D. 由于营私舞弊、贪污盗窃发生的财产损失

2. 以下情况适用于全面清查的有（　　）。
A. 年终决算之前，为确保年报的真实性
B. 企业撤消、合并或改变隶属关系
C. 开展资产评估，清产核资
D. 单位主要负责人调离工作

3. 下列属于不定期清查的有（　　）。
A. 月末的清查　　B. 年末的清查
C. 更换财产保管人时的清查　　D. 企业关、并、迁、转时的清查

4. 下列可采用实地盘点法进行清查的有（　　）。
A. 固定资产　　B. 库存商品
C. 现金　　D. 往来结算款项

5. 银行存款清查中涉及的核对依据为（　　）。
A. 银行存款日记账　　B. 银行对账单
C. 银行存款余额调节表　　D. 银行存款总分类账

6. 未达账项包括（　　）。

A. 企业已经入账，银行尚未入账的收入事项
B. 企业已经入账，银行尚未入账的付出事项
C. 银行已经入账，企业尚未入账的收入事项
D. 银行已经入账，企业尚未入账的付出事项
E. 银行与企业均未入账的款项

7. 导致企业的账面存款余额小于银行对账单的存款余额的未达账项包括（　　）。
A. 企业已收款入账，而银行尚未入账的账项
B. 企业已付款入账，而银行尚未入账的账项
C. 银行已收款入账，而企业尚未入账的账项
D. 银行已付款入账，而企业尚未入账的账项
E. 企业与银行双方都未入账的账项

8. 盘盈固定资产，在批准之前所用的账户有（　　）。
A. 固定资产　B. 营业外收入　C. 累计折旧　D. 待处理财产损益

9. “待处理财产损益”科目借方金额栏登记的内容有（　　）。
A. 待处理财产物资盘亏净值　B. 待处理财产物资盘亏原值
C. 结转批准处理的财产物资盘亏数　D. 结转批准处理的财产物资盘盈数

10. 财产清查按清查的时间可分为（　　）。
A. 全面清查　B. 局部清查　C. 定期清查　D. 不定期清查

11. 按清查对象的范围，可将财产清查划分为（　　）。
A. 全面清查　B. 局部清查　C. 定期清查　D. 不定期清查

12. 既属于不定期清查，又属于全面清查的是（　　）。
A. 年终决算前的清查
B. 开展清产核资的清查
C. 发生自然灾害或意外损失时，对有关财产的清查
D. 单位撤销、合并或改变隶属关系时的清查

13. 核对账目的方法适用于（　　）。
A. 现金清查　B. 银行存款清查
C. 固定资产清查　D. 往来款项清查

四、判断题

1. 年终决算前要进行全面清查，这属于定期清查。（　　）
2. 不定期清查，可以是全面清查，也可以是局部清查。（　　）
3. 对于现金的清查，一般采用实地盘点法。（　　）
4. 在对银行存款的清查中出现的未达账项应编制银行存款余额调节表进行调节，同时将未达账项编制记账凭证调整入账。（　　）
5. 进行财产清查时，如果发现账存数小于实存数，即为盘亏。（　　）
6. 更换财产、物资和现金保管人员时要进行全面清查，这属于不定期清查。（　　）
7. “未达账项”是指银行存款日记账同银行存款总账之间一方已入账，而另一方尚未入账的款项。（　　）

8. “银行存款余额调节表”是调整账簿记录的原始凭证。 (　　)

9. 存货发生盘盈后应暂时不做账务处理，待查明原因后再调整账簿记录。 (　　)

五、简答题

1. 造成账实不符的原因有哪些？
2. 什么是财产清查？财产清查有什么作用？
3. 如何对财产清查进行分类？
4. 简述财产清查的一般方法。
5. 如何进行财产清查结果的账务处理？
6. 什么是未达账项？它有哪些类型？如何调节未达账项？
7. 什么是永续盘存制？什么是实地盘存制？两者的主要区别有哪些？
8. 存货的计价方法有哪些？每种计价方法有什么特点？

六、业务题

习题 1：练习银行存款清查方法。

【资料】某企业 2012 年 7 月 31 日银行存款的账面余额为 535 000 元，开户银行送来对账单，其银行存款余额为 508 000 元。经查对，发现有以下几笔未达账项。

（1）7 月 30 日，委托银行收款 50 000 元，银行已收入企业银行存款账户中，收账通知尚未送达企业。

（2）7 月 30 日，企业开出现金支票一张，计 16 000 元，企业已作账减少银行存款，而现金支票尚未到达银行，银行尚未记账。

（3）7 月 31 日，银行已将企业电费支付 29 000 元，银行已入账，而扣款通知尚未到达企业，企业尚未记账。

（4）7 月 31 日，企业收到外单位转账支票一张，计 64 000 元，企业已收账，银行未接到该转账支票尚未记账。

【要求】请将上述对账情况，编制“银行存款余额调节表”。

习题 2：练习银行存款对账方法。

【资料】某工厂 2012 年 8 月 25 日至 30 日银行存款的账面记录如下。

（1）25 日开出支票#1247，支付购入材料运费 300 元。

（2）25 日开出支票#1248，支付购入材料价款 39 360 元。

（3）27 日存入销售款转账支票 40 000 元。

（4）28 日开出支票#1249，支付委托外单位加工费 16 800 元。

（5）30 日存入销售款转账支票 28 000 元。

（6）30 日开出支票#1250，支付机器修理费 376 元。

（7）30 日银行存款账面结存余额 42 594 元。

银行对账单记录如下。

（1）27 日支票#1248 付出 39 360 元。

（2）28 日转账收入 40 000 元。

（3）28 日代交电费 3 120 元。

（4）28 日支票#1247 付出 300 元。

（5）29日存款利息收入488元。

（6）29日代收浙江货款11 820元。

（7）29日支票#1249付出16 800元。

（8）30日结存余额24 158元。

【要求】逐笔核对，查找出未达账项，编制“银行存款余额调节表”。

习题3：练习财产清查结果的会计处理。

【资料】某企业年终进行财产清查发现如下问题。

（1）盘盈设备一台，估计现值5 000元，经审批后作为营业外收入处理。

（2）盘亏甲材料100千克，每千克7元，其中80千克为收发计量上的错误引起的，20千克属于保管员责任，作出审批前后的账务处理。

（3）盘盈乙材料200千克，每千克1元，由日常收发计量误差引起，作出审批前后的账务处理。

【要求】编制审批前后的会计分录。

习题4：练习财产清查结果的会计处理。

【资料】某工厂年终进行财产清查，在清查中发现下列事项。

（1）盘亏水泵一部，原价5 200元，账面已提折旧1 400元。

（2）发现账外机器一台，估计重置价10 000元，现值6 000元。

（3）甲材料账面余额455千克，价值19 110元，盘点实际存量为450千克，经查明其中3千克为定额损耗，2千克为日常收发计量差错。

（4）乙材料账面余额166千克，价值5 312元，盘点实际存量为161千克，缺少数为保管人员失职造成的损失。

（5）丙材料盘盈25千克，每千克30元，经查明属于日常收发计量差错。

上列各项盘盈、盘亏和损失，经查原因属实，报请领导审批作如下处理。

（1）盘亏水泵系因自然灾害招致毁损，作非常损失处理。

（2）账外机器尚可使用，交车间投入生产，作营业外收入处理。

（3）材料定额内损耗及材料收发计量错误，均列入管理费用处理。

（4）保管人员失职造成材料短缺损失，责成过失人赔偿。

【要求】编制审批前后的会计分录。

习题5：练习存货的计价方法。

【资料】某企业4月30日甲材料结余1 000吨，单价100元，共计100 000元。5月份甲材料收发情况如下。

（1）5月7日，购入2 000吨，单价110元。

（2）5月10日，发出1 500吨。

（3）5月19日，购入1 000吨，单价120元。

（4）5月24日，购入1 500吨，单价110元。

（5）5月27日，发出2 500吨。

【要求】根据上述资料，采用先进先出法、一次加权平均法、移动加权平均法分别计算5月份发出存货和期末存货的成本。

第九章 会计报表

本章内容提要

- ◆ 会计报表的意义、作用、种类
- ◆ 资产负债表的格式、内容与编制方法
- ◆ 利润表的格式、内容与编制方法

第一节　识别会计报表

一、财务会计报告及其核心内容

财务会计报告是指单位会计部门根据经过审核的会计账簿记录和有关资料，编制并对外提供的反映单位某一特定日期财务状况和某一会计期间经营成果、现金流量及所有者权益等会计信息的总结性书面文件。企业的财务会计报告是企业会计核算的最终成果，是企业对外提供财务会计信息的主要载体。企业外部利益关系人（投资者、债权人、政府管理部门等）了解企业的财务状况、经营成果和现金流量等方面信息的主要渠道就是企业对外提供的财务会计报告。

为了适应社会主义市场经济发展需要，提高企业财务报表列报质量和会计信息透明度，根据《企业会计准则——基本准则》，财政部于 2014 年 1 月 26 日修订并印发了《企业会计准则第 30 号—— 财务报表列报》（财会〔2014〕7 号），并规定自 2014 年 7 月 1 日起在所有执行企业会计准则的企业范围内施行，鼓励在境外上市的企业提前执行，对应原准则（财会〔2006〕3 号）同时废止。

根据《中华人民共和国会计法》第二十条第二款规定："财务会计报告由会计报表、会计报表附注和财务情况说明书组成。"由此可见，企业财务会计报告的核心内容是会计报表，本节重点介绍会计报表的作用、种类和主要报表的编制。

二、会计报表及其意义

会计报表是指企业以一定的会计方法和程序由会计账簿的数据整理得出，以表格的形式反映企业财务状况、经营成果和现金流量的书面文件，是财务会计报告的主体和核心。企业

会计报表按其反映的内容不同，分为资产负债表、利润表、现金流量表、所有者权益（股东权益）变动表。其中，相关附表是反映企业财务状况、经营成果和现金流量的补充报表，主要包括利润分配表以及国家统一会计制度规定的其他附表。

会计报表的意义在于：财务会计报告可以为投资者和债权人的投资、贷款决策提供信息；财务会计报告可以为单位加强经济管理提供资料；财务会计报告可以为有关管理部门加强检查、监督，维护经济秩序提供资料。

三、会计报表的种类

会计报表是会计报告的核心内容，也称财务报表。所谓会计报表，是指综合反映企业某一特定日期资产、负债和所有者权益及其结构情况，某一特定时期经营成果的实现及分配情况和某一特定时期现金流入、现金流出及净增加情况的书面文件。它由主表及相关附表组成，其中主表包括资产负债表、利润表和现金流量表，附表包括资产减值准备明细表、利润分配表等。主表与有关附表之间存在着密切联系，从不同的角度说明企业的财务状况、经营成果和现金流量情况，附表是对主表的进一步补充。会计报表按照不同的标准可以分为不同的类别，比较常见的分类标准及类别有五种，具体内容如下。

（一）会计报表按其反映的内容，可以分为动态会计报表和静态会计报表

动态会计报表是反映一定时期内经营成果和现金流量的会计报表。例如：利润表反映了企业一定时期内所实现的经营成果，现金流量表反映了企业一定时期内现金的流入、现金的流出及净增加数，因此利润表和现金流量表属于动态会计报表。静态会计报表是指反映企业在一定日期资产和权益总额的会计报表。例如：资产负债表反映了企业某一时点上的资产、负债和所有者权益的情况，因此资产负债表属于静态会计报表。

（二）会计报表按其编报的时间，可以分为月度报表、季度报表、半年度报表和年度报表

月度报表简称为月报，每月编报一次，包括资产负债表和利润表；季度报表简称为季报，每季编报一次，包括资产负债表和利润表；半年度报表简称为半年报，每年6月30日编报一次，包括资产负债表和利润表，但与月报和季报在部分指标上有一定的差异；年度报表简称为年报，每年编报一次，包括资产负债表、利润表和现金流量表，它要求完整地反映企业全面的财务状况、经营成果和现金流量情况。

（三）会计报表按其编制的单位，可以分为单位报表和汇总报表

单位报表是指企业在自身会计核算的基础上，对账簿记录进行加工而编制的会计报表，以反映企业本身的财务状况、经营成果和现金流量情况。汇总报表是指由总公司或主管部门（系统），根据所属单位报送的会计报表，连同本单位会计报表汇总编制的综合性会计报表，以反映总公司或本部门（系统）财务状况、经营成果和现金流量情况。

（四）会计报表按其编制的范围，可以分为个别会计报表和合并会计报表

个别会计报表是指仅仅反映一个会计主体的财务状况、经营成果和现金流量情况的报表；合并会计报表是将多个具有控股关系的会计主体的财务状况、经营成果和现金流量情况合并

编制的会计报表，该报表由母公司进行编制，包括所有控股公司会计报表的数字。

（五）会计报表按其服务的对象，可以分为对内报表和对外报表

对内报表是指为企业内部经营管理服务而编制的不对外公开的会计报表，它不要求统一格式，没有统一指标体系，如成本表就属于对内报表。对外报表是指企业为满足国家宏观经济管理部门、投资者、债权人及其他有关会计信息使用者对会计信息的需求而编制的对外提供服务的会计报表，它要求有统一的报表格式、指标体系和编制时间等，资产负债表、利润表和现金流量表等均属于对外报表。

四、会计报表的作用

会计报表信息对使用者的影响与重要性显而易见，其作用主要如下。

（一）引导与优化资源配置

从社会资源配置看，会计报表提供的财务状况、盈利能力、获利水平和现金流动状况，有助于现实的或潜在的投资人、贷款人和其他使用者对不同企业的经营业绩和财务能力进行比较、分析，使其决定投资或贷款的方向，从而引导和促使社会资源流向收益好、效率高的企业，实现资源优化配置；从企业资源配置看，可以通过分析会计报表提供的不同业务或产品的盈利能力与占用资源的综合信息，决定企业应该退出或扩张的领域，调整企业内部的资源配置，提高企业的经营效益与效率。

（二）揭示和协调风险与收益的辩证关系

在市场经济环境中，风险与收益是一对矛盾。一般而言，追求高收益往往意味着要承担更高的风险。如企业希望利用财务杠杆效应来谋取更高的收益水平，必然要求承担相应的偿债风险；通过降低客户的信用等级扩大销售，必然要求承担更多的坏账风险等。不同的企业有不同的经营风格，但从财务上说无非是追求风险与收益的不同组合。企业投资者可以根据自己的偏好选择具有不同组合的企业类型。企业内部管理者也可以根据经营情况的变化，适时调整经营发展战略。

（三）适时调整发展战略和有效实施管理策略

会计报表信息的流动与比较，可以揭示企业的优势与弱点，做到知己知彼，帮助企业在市场上开展竞争和调整发展战略；会计报表信息的进一步分析，可以及时诊断企业，揭示管理的重点与难点，找出改进的方向与措施。

（四）反映、评价企业管理者的受托经营责任和业绩

会计报表可以有效揭示企业期初、期末经济资源的数量、分布及其结构，反映企业的资产是否完整、资本是否有效保全以及管理层能否创造有利的现金净流入等，从而可以明确反映和正确评价企业管理者对受托资产责任的履行情况与经营业绩水平。

五、会计报表的编制要求

为了满足各方面使用会计报表的需要，充分发挥会计报表的作用。在编制会计报表时，

必须严格遵守以下几条基本要求。

（一）真实可靠

会计报表指标应当如实反映企业的财务状况、经营成果和现金流量。保证会计报表的真实可靠需做的准备工作有：企业在编制年度财务会计报告前，应当按照规定，全面清查资产，核实债务；核对各会计账簿记录与会计凭证的内容、金额等是否一致，记账方向是否相符；依照规定的结账日进行结账，结出有关会计账簿的余额和发生额，并核对各会计账簿之间的余额；检查相关的会计核算是否按照国家统一的会计制度的规定进行；对于国家统一的会计制度没有规定统一核算方法的交易、事项，检查其是否按照会计核算的一般原则进行确认和计量以及相关账务处理是否合理；检查是否存在因会计差错、会计政策变更等原因需要调整前期或者本期相关项目。在前款规定工作中发现问题的，应当按照国家统一的会计制度的规定进行处理。

（二）全面完整

会计报表应当反映企业生产经营活动的全貌，全面反映企业的财务状况、经营成果和现金流量。企业应当按照规定的会计报表的格式和内容编制会计报表。企业应按规定编报国家要求提供的各种会计报表，对于国家要求填报的有关指标和项目，应按照有关规定填列。

（三）前后一致

编制会计报表依据的会计方法，前后期应当遵循一致性原则，不能随意变更。如果确需改变某些会计方法，应在报表附注中说明改变的原因及改变后对报表指标的影响。

（四）编报及时

企业应根据有关规定，按月、按季、按半年、按年及时对外报送会计报表。会计报表的报送期限，由国家统一加以规定。月报应于月度终了后 6 天内（节假日顺延，下同）对外提供；季报应于季度终了后 15 天内对外提供；半年度报应于年度中期结束后 60 天内（相当于两个连续的月份）对外提供；年报应于年度终了后 4 个月内对外提供。

（五）便于理解

便于理解是指财务会计报表所提供的会计信息应当清晰明了，便于使用者理解和利用。

（六）手续完备

对外会计报表应依次编定页码、加具封面、装订成册、盖上单位公章；企业行政领导人员、总会计师、会计机构负责人和会计主管人员要签字；需要注册会计师行使监督验证职能的会计报表，还要有注册会计师签章。

第二节　资产负债表

一、资产负债表的内容

资产负债表亦称财务状况表，表示企业在一定日期（通常为各会计期末）的财务状况（即资产、负债和业主权益的状况）的主要会计报表，资产负债表利用会计平衡原则，将合乎会计原则的资产、负债、股东权益的交易科目分为“资产”和“负债及股东权益”两大区块，在经过分录、转账、分类账、试算、调整等会计程序后，以特定日期的静态企业情况为基准，浓缩成一张报表。其报表功用除了企业内部除错、经营方向、防止弊端外，也可让所有阅读者于最短时间内了解企业经营状况。资产负债表是一张重要报表。

二、资产负债表的格式

资产负债表一般有表首和正表两部分。其中，表首概括地说明报表名称、编制单位、编制日期、报表编号、货币名称、计量单位等；正表是资产负债表的主体，列示了用以说明企业财务状况的各个项目。资产负债表正表的格式一般有两种：报告式资产负债表和账户式资产负债表。报告式资产负债表是上下结构，上半部列示资产，下半部列示负债和所有者权益。具体排列形式又有两种：一是按“资产=负债+所有者权益”的原理排列；二是按“资产－负债=所有者权益”的原理排列。账户式资产负债表是左右结构，左边列示资产，右边列示负债和所有者权益。不管采取什么格式，资产各项目的合计等于负债和所有者权益各项目的合计这一等式不变。

（一）企业的资产负债表采用账户式结构

账户式资产负债表分左右两方。左方为资产项目，大体按资产的流动性大小排列，流动性大的资产如“货币资金”“交易性金融资产”等排在前面，流动性小的资产如“长期股权投资”“固定资产”等排在后面。右方为负债及所有者权益项目，一般按要求清偿时间的先后顺序排列，“短期借款”“应付票据”“应付账款”等需要在一年以内或者长于一年的一个正常营业周期内偿还的流动负债排在前面，“长期借款”等在一年以上才需偿还的非流动负债排在中间，在企业清算之前不需要偿还的所有者权益项目排在后面。

（二）账户式资产负债表中的资产各项目的合计等于负债和所有者权益各项目的合计，即资产负债表左方和右方平衡

通过账户式资产负债表，可以反映资产、负债、所有者权益之间的内在关系，即“资产=负债+所有者权益”。

资产负债表采用账户式结构，每个项目又分为“期末余额”和“年初余额”两栏分别填列。采用企业会计准则的非金融企业的资产负债表格式如表 9-1 所示。

表 9-1　资产负债表格式

资产负债表							
企 业 名 称:				年　月　日		单位：　元	
资产	行次	年初数	期末数	负债和所有者权益	行次	年初数	期末数
流动资产				流动负债			
货币资金	1			短期借款	31		
短期投资	2			应付票据	32		
应收票据	3			应付账款	33		
应收账款	4			预收账款	34		
预付账款	5			应付职工薪酬	35		
应收股利	6			应交税费	36		

续表

资产负债表							
企业名称：				年 月 日		单位：元	
资产	行次	年初数	期末数	负债和所有者权益	行次	年初数	期末数
应收利息	7			应付利息	37		
其他应收款	8			应付利润	38		
存货	9			其他应付款	39		
其中：原材料	10			其他流动负债	40		
在产品	11			流动负债合计	41	0.00	0.00
库存商品	12			非流动负债			
周转出来	13			长期借款	42		
其他流动资产	14			长期应付款	43		
流动资产合计	15	0.00	0.00	递延收益	44		
非流动资产				其他非流动负债	45		
长期债券投资	16			非流动负债合计	46	0.00	0.00
长期股权投资	17			负债合计	47	0.00	0.00
固定资产原价	18						
减：累计折旧	19						
固定资产账面价值	20	0.00	0.00				
在建工程	21						
工程物资	22						
固定资产清理	23						
生产性生物资产	24			所有者权益：			
无形资产	25			实收资本	48		
开发支出	26			资本公积	49		
长期待摊费用	27			盈余公积	50		
其他非流动资产	28			未分配利润	51		
非流动资产合计	29	0.00	0.00	所有者权益合计	52	0.00	0.00
资产总计	30	0.00	0.00	负债及所有者权益总计	53	0.00	0.00

三、资产负债表的填制内容与编制方法

（一）填制内容

资产负债表根据资产、负债、所有者权益（或股东权益，下同）之间的勾稽关系，按照一定的分类标准和顺序，把企业一定日期的资产、负债和所有者权益各项目予以适当排列。它反映的是企业资产、负债、所有者权益的总体规模和结构，即资产有多少；资产中，流动资产、固定资产各有多少；流动资产中，货币资金有多少，应收账款有多少，存货有多少等；所有者权益有多少；所有者权益中，实收资本（或股本，下同）有多少，资本公积有多少，盈余公积有多少，未分配利润有多少等。

在资产负债表中，企业通常按资产、负债、所有者权益分类分项反映。也就是说，资产按流动性大小进行列示，具体分为流动资产、长期投资、固定资产、无形资产及其他资产；负债也按流动性大小进行列示，具体分为流动负债、长期负债等；所有者权益则按实收资本、资本公积、盈余公积、未分配利润等项目分项列示。

银行、保险公司和非银行金融机构由于在经营内容上不同于一般的工商企业，导致其资产、负债、所有者权益的构成项目也不同于一般的工商企业，具有特殊性。但是，在资产负债表上列

示时，对于资产而言，通常也按流动性大小进行列示，具体分为流动资产、长期投资、固定资产、无形资产及其他资产；对于负债而言，也按流动性大小列示，具体分为流动负债、长期负债等；对于所有者权益而言，是按实收资本、资本公积、盈余公积、未分配利润等项目分项列示。

1．资产

资产负债表中的资产反映由过去的交易、事项形成并由企业在某一特定日期所拥有或控制的、预期会给企业带来经济利益的资源。资产应当按照流动资产和非流动资产两大类别在资产负债表中列示，在流动资产和非流动资产类别下进一步按性质分项列示。

流动资产是预计在一个正常营业周期中变现、出售或耗用，或者主要为交易目的而持有，或者预计在资产负债表日起一年内（含一年）变现的资产，或者自资产负债表日起一年内交换其他资产或清偿负债的能力不受限制的现金或现金等价物。

资产负债表中列示的流动资产项目通常包括：货币资金、交易性金融资产、应收票据、应收账款、预付款项、应收利息、应收股利、其他应收款、存货和一年内到期的非流动资产等。

非流动资产是流动资产以外的资产。资产负债表中列示的非流动资产项目通常包括长期股权投资、固定资产、在建工程、工程物资、固定资产清理、无形资产、开发支出、长期待摊费用以及其他非流动资产等。

2．负债

资产负债表中的负债反映在某一特定日期企业所承担的、预期会导致经济利益流出企业的现时义务。负债应当按照流动负债和非流动负债在资产负债表中进行列示，在流动负债和非流动负债类别下再进一步按性质分项列示。

流动负债是预计在一个正常营业周期中清偿，或者主要为交易目的而持有，或者自资产负债表日起一年内（含一年）到期应予以清偿，或者企业无权自主地将清偿推迟至资产负债表日后一年以上的负债。资产负债表中列示的流动负债项目通常包括短期借款、应付票据、应付账款、预收款项、应付职工薪酬、应交税费、应付利息、应付股利、其他应付款、一年内到期的非流动负债等。

非流动负债是流动负债以外的负债。非流动负债项目通常包括长期借款、应付债券和其他非流动负债等。

3．所有者权益

资产负债表中的所有者权益是企业资产扣除负债后的剩余权益，反映企业在某一特定日期股东（投资者）拥有的净资产的总额，它一般按照实收资本、资本公积、盈余公积和未分配利润分项列示。

（二）编制方法

会计报表的编制，主要是通过对日常会计核算记录的数据加以归集、整理，使之成为有用的财务信息。企业资产负债表各项目数据的来源，主要通过以下几种方式取得。

（1）根据总账科目余额直接填列。资产负债表大部分项目的填列都是根据有关总账账户的余额直接填列，如“应收票据”项目，根据“应收票据”总账科目的期末余额直接填列；“短期借款”项目，根据“短期借款”总账科目的期末余额直接填列。“交易性金融资产”“工程物资”“递延所得税资产”“短期借款”“交易性金融负债”“应付票据”“应付职工薪酬”“应缴税费”

“递延所得税负债”“预计负债”“实收资本”“资本公积”“盈余公积”等，都在此项之内。

（2）根据总账科目余额计算填列。如“货币资金”项目，根据“库存现金”“银行存款”“其他货币资金”科目的期末余额合计数计算填列。

（3）根据明细科目余额计算填列。如“应收账款”项目，应根据“应收账款”“预收账款”两个科目所属的有关明细科目的期末借方余额扣除计提的减值准备后计算填列；“应付账款”项目，根据“应付账款”“预付账款”科目所属相关明细科目的期末贷方余额计算填列。

（4）根据总账科目和明细科目余额分析计算填列。如“长期借款”项目，根据“长期借款”总账科目期末余额，扣除“长期借款”科目所属明细科目中反映的、将于一年内到期的长期借款部分，分析计算填列。

（5）根据科目余额减去其备抵项目后的净额填列。如“存货”项目，根据“存货”科目的期末余额，减去“存货跌价准备”备抵科目余额后的净额填列；又如，“无形资产”项目，根据“无形资产”科目的期末余额，减去“无形资产减值准备”与“累计摊销”备抵科目余额后的净额填列。

资产负债表的“年初数”栏内各项数字，根据上年末资产负债表“期末数”栏内各项数字填列，“期末数”栏内各项数字根据会计期末各总账账户及所属明细账户的余额填列。如果当年度资产负债表规定的各个项目的名称和内容同上年度不相一致，则按编报当年的口径对上年末资产负债表各项目的名称和数字进行调整，填入本表“年初数”栏内。

第三节 利 润 表

一、利润表的内容

利润表是反映企业在一定会计期间经营成果的报表。由于它反映的是某一期间的情况，所以又被称为动态报表。利润表也可称为损益表、收益表，它是企业最终财务成果的报表。

利润表分项列示了企业在一定会计期间因销售商品、提供劳务、对外投资等所取得的各种收入以及与各种收入相对应的费用、损失，并将收入与费用、损失加以对比结出当期的净利润。这一将收入与相关的费用、损失进行对比，结出净利润的过程，会计上称为配比。其目的是为了衡量企业在特定时期或特定业务中所取得的成果以及为取得这些成果所付出的代价，为考核经营效益和效果提供数据。比如分别列示主营业务收入和主营业务成本、主营业务税金及附加并加以对比，得出主营业务利润，从而掌握一个企业主营业务活动的成果。配比是一项重要的会计原则，在利润表中得到了充分体现。

通过利润表，可以反映企业一定会计期间的收入实现情况，即实现的主营业务收入有多少、实现的其他业务收入有多少、实现的投资收益有多少、实现的营业外收入有多少等；可以反映一定会计期间的费用耗费情况，即耗费的主营业务成本有多少，主营业务税金有多少，销售费用、管理费用、财务费用各有多少，营业外支出有多少等；可以反映企业生产经营活动的成果，即净利润的实现情况，据以判断资本保值、增值情况。将利润表中的信息与资产负债表中的信息相结合，还可以提供进行财务分析的基本资料，如将赊销收入净额与应收账款平均余额进行比较，计算出应收账款周转率；将销货成本与存货平均余额进行比较，计算出存货周转率；将净利润与资产总额进行比较，计算出资产收益率等，可以表现企业资金周转情况以及企业的盈利能力和水平，便于会计报表使用者判断企业未来的发展趋势，作出经济决策。

编制利润表的主要目的是将企业经营成果的信息提供给各种报表使用者，以供他们作为决策的依据或参考。

二、利润表的格式

利润表正表的格式一般有两种：单步式利润表和多步式利润表。

单步式利润表是将当期所有的收入列在一起，然后将所有的费用列在一起，两者相减得出当期净损益。多步式利润表是通过对当期的收入、费用、支出项目按性质加以归类，按利润形成的主要环节列示一些中间性利润指标，如营业利润、利润总额、净利润，分步计算当期净损益。

在我国，利润表采用多步式，每个项目通常又分为“本月数”和“本年累计数”两栏分别罗列。“本月数”栏反映各项目的本月实际发生数；在编报中期财务会计报告时，填列上年同期累计实际发生数；在编报年度财务会计报告时，填列上年全年累计实际发生数。如果上年度利润表与本年度利润表的项目名称和内容不相一致，则按编报当年的口径对上年度利润表项目的名称和数字进行调整，填入本表“上年数”栏。在编报中期和年度财务会计报告时，将“本月数”栏改成“上年数”栏。本表“本年累计数”栏反映各项目自年初起至报告期末止的累计实际发生数。多步式利润表主要分四步计算企业的利润（或亏损）：第一步，以主营业务收入为基础，减去主营业务成本和主营业务税金及附加，计算主营业务利润；第二步，以主营业务利润为基础，加上其他业务利润，减去销售费用、管理费用、财务费用，计算出营业利润；第三步，以营业利润为基础，加上投资净收益、补贴收入、营业外收入，减去营业外支出，计算出利润总额；第四步，以利润总额为基础，减去所得税，计算净利润（或净亏损）。

多步式利润表格式如表 9-2 所示。

表 9-2 利润表

编制单位： 单位：元

项 目	行 数	本 月 数	累 计 数
一、主营业务收入	1		
减：主营业务成本	2		
主营业务税金及附加	3		
二、主营业务利润（亏损以“-”号填列）	4		
加：其他业务利润（亏损以“-”号填列）	5		
减：营业费用	6		
管理费用	7		
财务费用	8		
三、营业利润（亏损以“-”号填列）	9		
加：投资收益（损失以“-”号填列）	10		
补贴收入	11		
营业外收入	12		
减：营业外支出	13		
四、利润总额（亏损总额以“-”号填列）	14		
减：所得税	15		
五、净利润（净亏损以“-”号填列）	16		

三、利润表的编制步骤与编制方法

（一）编制步骤

（1）根据原始凭证编制记账凭证，登记总账及明细账，并进行账账核对、账实核对及账证核对。

（2）保证所有会计业务均入账的前提下，编制试算平衡表，检查会计账户的正确性，为编制会计报表作准备。

（3）依据试算平衡表损益类账户的发生额，结合有关明细账户的发生额，计算并填列利润表的各项目。

（4）计算营业利润，是以营业收入为基础，减去营业成本、营业税金及附加、销售费用、管理费用、财务费用、资产减值损失，加上公允价值变动收益（减去公允价值损益）和投资收益（减去投资损失），计算出营业利润。

（5）计算利润总额，是以营业利润为基础，加上营业外收入，减去营业外支出，计算出利润总额。

（6）计算净利润（或净亏损），是以利润总额为基础，减去所得税费用，计算出净利润。

（7）检验利润表的完整性及正确性，包括表头部分的填制是否齐全、各项目的填列是否正确、各种利润的计算是否正确。

（8）有关人员签字盖章。

（二）编制方法

计算利润时，企业应以收入为起点，计算出当期的利润总额和净利润额。其利润总额和净利润额形成的计算步骤如下。

（1）以主营业务收入减去主营业务成本、主营业务税金及附加。计算主营业务利润，目的是考核企业主营业务的获利能力。

主营业务利润=主营业务收入−主营业务成本−主营业务税金及附加

上述公式的特点是：主营业务成本、主营业务税金及附加与主营业务直接有关，先从主营业务收入中直接扣除，计算出主营业务利润。

（2）从主营业务利润和其他业务利润中减去管理费用、营业费用和财务费用，计算出企业的营业利润，目的是考核企业生产经营活动的获利能力。

营业利润=主营业务利润+其他业务利润−管理费用−营业费用−财务费用

上述公式的特点是：主营业务利润和其他业务利润减去管理费用、营业费用和财务费用后，得出的营业利润近似净利润的概念。公式中，将管理费用、营业费用和财务费用作为营业利润的扣减项目，意味着不仅主营业务应负担管理费用、营业费用和财务费用，其他业务也应负担管理费用、营业费用和财务费用。

（3）在营业利润的基础上，加上投资净收益、补贴收入、营业外收支净额，计算出当期利润总额，目的是考核企业的综合获利能力。

利润总额=营业利润+投资净收益+营业外收支净额+补贴收入

其中，

$$投资净收益=投资收益-投资损失$$

$$营业外收支净额=营业外收入-营业外支出$$

（4）在利润总额的基础上，减去所得税，计算出当期净利润额，目的是考核企业最终获利能力。

多步式利润表的优点是便于对企业利润形成的渠道进行分析，明了盈利的主要因素或亏损的主要原因，使管理更具有针对性；同时也有利于不同企业之间进行比较，还可以预测企业未来的盈利能力。

第四节　现金流量表

一、现金流量表的内容

现金流量表是财务报表的三个基本报告之一，是反映一定时期内（如月度、季度或年度）企业经营活动、投资活动和筹资活动对其现金及现金等价物所产生影响的财务报表。现金流量表是原先财务状况变动表或者资金流动状况表的替代物。它详细描述了由公司的经营、投资与筹资活动所产生的现金流。这张表由财务会计标准委员会于 1987 年批准生效，因而有时被称为 FASB95 号表。这份报告显示资产负债表及损益表如何影响现金和等同现金以及根据公司的经营、投资和融资角度作出分析。

作为一个分析的工具，现金流量表的主要作用是决定公司短期生存能力，特别是缴付账单的能力。它是反映一家公司在一定时期现金流入和现金流出动态状况的报表。其组成内容与资产负债表和损益表相一致。通过现金流量表，可以概括反映经营活动、投资活动和筹资活动对企业现金流入流出的影响，对于评价企业的实现利润、财务状况及财务管理，能比传统的损益表提供更好的基础。

现金流量表提供了一家公司经营是否健康的证据。如果一家公司经营活动产生的现金流无法支付股利与保持股本的生产能力，它就得用借款的方式满足这些需要，那么这就给出了一个警告，这家公司从长期来看无法维持正常情况下的支出。现金流量表通过显示经营中产生的现金流量的不足和不得不用借款来支付无法永久支撑的股利水平，从而揭示了公司内在的发展问题。

一个正常经营的企业，在创造利润的同时，还应创造现金收益，通过对现金流入来源分析，就可以对创造现金能力作出评价，并可对企业未来获取现金能力作出预测。现金流量表所揭示的现金流量信息可以从现金角度对企业偿债能力和支付能力作出更可靠、更稳健的评价。企业的净利润是以权责发生制为基础计算出来的，而现金流量表中的现金流量是以收付实现制为基础的。通过对现金流量和净利润的比较分析，可以对收益的质量作出评价。投资活动是企业将一部分财力投入某一对象，以谋取更多收益的一种行为；筹资活动是企业根据财力的需求，进行直接或间接融资的一种行为。企业的投资和筹资活动和企业的经营活动密切相关，因此对现金流量表中所揭示的投资活动和筹资活动所产生的现金流入和现金流出信息，可以结合经营活动所产生的现金流量信息和企业净收益进行具体分析，从而对企业的投资活动和筹资活动作出评价。

二、现金流量表的编制程序

（一）工作底稿法

采用工作底稿法编制现金流量表，就是以工作底稿为手段，以利润表和资产负债表数据为基础，对每一个项目进行分析并编制调整分录，从而编制出现金流量表。

在直接法下，整个工作底稿纵向分成三段：第一段是资产负债表项目，其中又分为借方项目和贷方项目两部分；第二段是利润表项目；第三段是现金流量表项目。工作底稿横向分为五栏，在资产负债表部分：第一栏是项目栏，填列资产负债表各项目名称；第二栏是期初数，用来填列资产负债表项目的期初数；第三栏是调整分录的借方；第四栏是调整分录的贷方；第五栏是期末数，用来填列资产负债表各项目的期末数。在利润表和现金流量表部分，第一栏也是项目栏，用来填列利润表和现金流量表项目名称；第二栏空置不填；第三、四栏分别是调整分录的借方和贷方；第五栏是本期数，利润表部分这一栏数字应和本期利润表数字核对相符，现金流量表部分这一栏的数字可直接用来编制正式的现金流量表。

采用工作底稿法编制现金流量表的程序如下。

第一步，将资产负债表的期初数和期末数过入工作底稿的期初数栏和期末数栏。

第二步，对当期业务进行分析并编制调整分录。调整分录大体有以下几类：第一类涉及利润表中的收入、成本和费用项目以及资产负债表中的资产、负债及所有者权益项目，通过调整，将权责发生制下的收入费用转换为现金基础；第二类是涉及资产负债表和现金流量表中的投资、筹资项目，反映投资和筹资活动的现金流量；第三类是涉及利润表和现金流量表中的投资和筹资项目，目的是将利润表中有关投资和筹资方面的收入和费用列入现金流量表投资、筹资现金流量。此外，还有一些调整分录并不涉及现金收支，只是为了核对资产负债表项目的期末期初变动。

在调整分录中，有关现金和现金等价物的事项，并不直接借记或贷记现金，而是分别记入“经营活动产生的现金流量”“投资活动产生的现金流量”“筹资活动产生的现金流量”有关项目，借记表明现金流入，贷记表明现金流出。

第三步，将调整分录过入工作底稿中的相应部分。

第四步，核对调整分录，借贷合计应当相等，资产负债表项目期初数加减调整分录中的借贷金额以后，应当等于期末数。

第五步，根据工作底稿中的现金流量表项目部分编制正式的现金流量表。

（二）T 型账户法

采用 T 型账户法，就是以 T 型账户为手段，以利润表和资产负债表数据为基础，对每一项目进行分析并编制出调整分录，从而编制出现金流量表。

采用 T 型账户法编制现金流量表的程序如下。

第一步，为所有的非现金项目（包括资产负债表项目和利润表项目）分别开设 T 型账户，并将各自的期末期初变动数过入各对应账户。

第二步，开设一个大的“现金及现金等价物”T 型账户，每边分为经营活动、投资活动和筹资活动三个部分，左边记现金流入，右边记现金流出。与其他账户一样，过入期末期初变动数。

第三步，以利润表项目为基础，结合资产负债表分析每一个非现金项目的增减变动，并据此编制调整分录。

第四步，将调整分录过入各 T 型账户，并进行核对，该账户借贷相抵后的余额与原先过入的期末期初变动数应当一致。

第五步，根据大的“现金及现金等价物”T 型账户编制正式的现金流量表。

三、现金流量表的编制方法

新准则下现金流量表的编制方法如下。

（一）经营活动产生的现金流量的编制方法

按规定，企业应当采用直接法，列示经营活动产生的现金流量。直接法是按现金流入和现金流出的主要类别列示企业经营活动产生的现金流量。在直接法下，一般是以利润表中的营业收入为起算点，调整与经营活动有关的项目的增减变动，然后计算出经营活动产生的现金流量。采用直接法具体编制现金流量表时，可以采用工作底稿法或 T 型账户法。业务简单的，也可以根据有关科目的记录分析填列。

1.“销售商品、提供劳务收到的现金”项目

本项目可根据“主营业务收入”“其他业务收入”“应收账款”“应收票据”“预收账款”“库存现金”“银行存款”等账户分析填列。

本项目的现金流入可用下述公式计算求得：

销售商品、提供劳务收到的现金=本期营业收入净额＋本期应收账款减少额（–应收账款增加额）+本期应收票据减少额（–应收票据增加额）+本期预收账款增加额（–预收账款减少额）

注：上述公式中，如果本期有实际核销的坏账损失，也应减去（因核销坏账损失减少了应收账款，但没有收回现金）；如果有收回前期已核销的坏账金额，应加上（因收回已核销的坏账，并没有增加或减少应收账款，但却收回了现金）。

2.“收到的税费返还”项目

该项目反映企业收到返还的各种税费。本项目可以根据“库存现金”“银行存款”“应交税费”“营业税金及附加”等账户的记录分析填列。

3.“收到的其他与经营活动有关的现金”项目

本项目反映企业除了上述各项目以外收到的其他与经营活动有关的现金流入，如罚款收入、流动资产损失中由个人赔偿的现金收入等。本项目可根据“营业外收入”“营业外支出”“库存现金”“银行存款”“其他应收款”等账户的记录分析填列。

4.“购买商品、接受劳务支付的现金”项目

本项目可根据“应付账款”“应付票据”“预付账款”“库存现金”“银行存款”“主营业务成本”“其他业务成本”“存货”等账户的记录分析填列。

本项目的现金流出可用以下公式计算求得：

购买商品、接受劳务支付的现金=营业成本+本期存货增加额（–本期存货减少额）+本期应付账款减少额（–本期应付账款增加额）+本期应付票据减少额（–本期应付票据增加额）+本期预付账款增加额（一本期预付账款减少额）

5．“支付给职工以及为职工支付的现金”项目

该项目反映企业实际支付给职工及为职工支付的工资、奖金、各种津贴和补贴等（含为职工支付的养老、失业等各种保险和其他福利费用）。但不含为离退休人员支付的各种费用和固定资产购建人员的工资。

本项目可根据“库存现金”“银行存款”“应付职工薪酬”“生产成本”等账户的记录分析填列。

6．“支付的各项税费”项目

本项目反映的是企业按规定支付的各项税费和有关费用。但不包括已计入固定资产原价而实际支付的耕地占用税和本期退回的所得税。

本项目应根据“应交税费”“库存现金”“银行存款”等账户的记录分析填列。

7．“支付的其他与经营活动有关的现金”项目

本项目反映企业除上述各项目外，支付的其他与经营活动有关的现金，包括罚款支出、差旅费、业务招待费、保险费支出、支付的离退休人员的各项费用等。

本项目应根据“管理费用”“销售费用”“营业外支出”等账户的记录分析填列。

（二）投资活动产生的现金流量的编制方法

投资活动现金流入和现金流出的各项目的内容和填列方法如下。

1．“收回投资所收到的现金”项目

本项目反映企业出售、转让和到期收回的除现金等价物以外的交易性金融资产、长期股权投资而收到的现金以及收回持有至到期投资本金而收到的现金。不包括持有至到期投资收回的利息以及收回的非现金资产。本项目应根据“交易性金融资产”“长期股权投资”“库存现金”“银行存款”等账户的记录分析填列。

2．“取得投资收益所收到的现金”项目

本项目反映企业因股权性投资而分得的现金股利和分回利润所收到的现金以及债权性投资取得的现金利息收入。本项目应根据“投资收益”“库存现金”“银行存款”等账户的记录分析填列。

3．“处置固定资产、无形资产和其他长期资产所收回的现金净额”项目

该项目反映处置上述各项长期资产所取得的现金，减去为处置这些资产所支付的有关费用后的净额。本项目可根据“固定资产清理”“库存现金”“银行存款”等账户的记录分析填列。

如该项目所收回的现金净额为负数，应在“支付的其他与投资活动有关的现金”项目填列。

4．“收到的其他与投资活动有关的现金”项目

本项目反映除上述各项目以外，收到的其他与投资活动有关的现金流入。应根据“库存现金”“银行存款”和其他有关账户的记录分析填列。

5.“购建固定资产、无形资产和其他长期资产所支付的现金”项目

本项目反映企业购买、建造固定资产，取得无形资产和其他长期资产所支付的现金。其中企业为购建固定资产支付的现金，包括购买固定资产支付的价款现金及增值税款、固定资产购建支付的现金，但不包括购建固定资产的借款利息支出和融资租入固定资产的租赁费。

本项目应根据“固定资产”“无形资产”“在建工程”“库存现金”“银行存款”等账户的记录分析填列。

6.“投资所支付的现金”项目

该项目反映企业在现金等价物以外进行交易性金融资产、长期股权投资、持有至到期投资所实际支付的现金，包括佣金手续费所支付的现金。但不包括企业购买股票和债券时，实际支付价款中包含的已宣告尚未领取的现金股利或已到付息期但尚未领取的债券利息。

本项目应根据“交易性金融资产”“长期股权投资”“持有至到期投资”“库存现金”“银行存款”等账户记录分析填列。

7.“支付的其他与投资活动有关的现金”项目

本项目反映企业除了上述各项以外，支付的与投资活动有关的现金流出，包括企业购买股票和债券时，实际支付价款中包含的已宣告尚未领取的现金股利或已到付息期但尚未领取的债券利息等。本项目应根据“库存现金”“银行存款”“应收股利”“应收利息”等账户的记录分析填列。

（三）筹资活动产生的现金流量的编制方法

筹资活动产生的现金流入和现金流出包括的各项目的内容和填列方法如下。

1.“吸收投资所支付的现金”项目

本项目反映企业收到投资者投入的现金，包括以发行股票、债券等方式筹集资金实际收到的款项净额（即发行收入减去支付的佣金等发行费用后的净额）。本项目可根据“实收资本（或股本）”“应付债券”“库存现金”“银行存款”等账户的记录分析填列。

2.“借款所得到的现金”项目

本项目反映企业举借各种短期借款、长期借款而收到的现金。本项目可根据“短期借款”“长期借款”“银行存款”等账户的记录分析填列。

3.“收到的其他与筹资活动有关的现金”项目

该项目反映企业除上述各项以外，收到的其他与筹资活动有关的现金流入。本项目应根据“库存现金”“银行存款”和其他有关账户的记录分析填列。

4.“偿还债务所支付的现金”项目

本项目反映企业以现金偿还债务的本金，包括偿还金融机构的借款本金、偿还到期的债券本金等。本项目可根据“短期借款”“长期借款”“应付债券”“库存现金”“银行存款”等账户的记录分析填列。

5.“分配股利、利润或偿还利息所支付的现金”项目

本项目反映企业实际支付的现金股利、支付给投资人的利润或用现金支付的借款利息、债券利息等。本项目可根据“应付股利（或应付利润）”“财务费用”“长期借款”“应付债券”“库存现金”“银行存款”等账户的记录分析填列。

6.“支付的其他与筹资活动有关的现金”项目

本项目反映除了上述各项目以外，支付的与筹资活动有关的现金流出。例如发行股票债券所支付的审计、咨询等费用。该项目可根据“库存现金”“银行存款”和其他有关账户的记录分析填列。

现金流量表的基本格式如表 9–3 所示。

表 9-3　现金流量表

会企 03 表

编制单位：　　　　　　　　　　年　月　日　　　　　　　　　　单位：元

项　　目	本期金额	上期金额
一、经营活动产生的现金流量：		
销售商品、提供劳务收到的现金		
收到的税费返还		
收到其他与经营活动有关的现金		
经营活动现金流入小计		
购买商品、接受劳务支付的现金		
支付给职工以及为职工支付的现金		
支付的各项税费		
支付其他与经营活动有关的现金		
经营活动现金流出小计		
经营活动产生的现金流量净额		
二、投资活动产生的现金流量：		
收回投资收到的现金		
取得投资收益收到的现金		
处置固定资产、无形资产和其他长期资产收回的现金净额		
处置子公司及其他营业单位收到的现金净额		
收到其他与投资活动有关的现金		
投资活动现金流入小计		
购建固定资产、无形资产和其他长期资产支付的现金		
投资支付的现金		
取得子公司及其他营业单位支付的现金净额		
支付其他与投资活动有关的现金		
投资活动现金流出小计		
投资活动产生的现金流量净额		

续表

项　目	本期金额	上期金额
三、筹资活动产生的现金流量：		
吸收投资收到的现金		
取得借款收到的现金		
收到其他与筹资活动有关的现金		
筹资活动现金流入小计		
偿还债务支付的现金		
分配股利、利润或偿付利息支付的现金		
支付其他与筹资活动有关的现金		
筹资活动现金流出小计		
筹资活动产生的现金流量净额		
四、汇率变动对现金及现金等价物的影响		
五、现金及现金等价物净增加额		
加：期初现金及现金等价物余额		
六、期末现金及现金等价物余额		

本章知识小结

◆　会计报表是对企业财务状况、经营成果和现金流量的结构性表述。

◆　会计报表的作用包括：引导与优化资源配置；揭示和协调风险与收益的辩证关系；适时调整发展战略和有效实施管理策略；反映、评价企业管理者的受托经营责任和业绩。

◆　资产负债表也称财务状况表，表示企业在一定日期（通常为各会计期末）的财务状况（即资产、负债和业主权益的状况）的主要会计报表，资产负债表利用会计平衡原则，将合乎会计原则的资产、负债、股东权益等交易科目分为“资产”和“负债及股东权益”两大区块，在经过分录、转账、分类账、试算、调整等会计程序后，以特定日期的静态企业情况为基准，浓缩成一张报表。

◆　利润表是反映企业在一定会计期间经营成果的报表。由于它反映的是某一期间的情况，又被称为动态报表。

◆　现金流量表是反映一定时期内（如月度、季度或年度）企业经营活动、投资活动和筹资活动对其现金及现金等价物所产生影响的财务报表。

练　习　题

一、单项选择题

1. 资产负债表是反映企业（　　）财务状况的会计报表。

A. 某一会计期间　B. 一年中　C. 一定期间　D. 特定日期

2．我国规定资产负债表格式一般采用（　　）结构。
A. 账户式　B. 单步式　C. 报告式　D. 多步式
3．我国资产负债表中，资产各项目排列顺序的依据是（　　）。
A. 流动资产、长期投资、固定资产、无形资产及其他资产
B. 流动资产、固定资产、长期投资、无形资产
C. 流动资产、长期投资、无形资产、固定资产
D. 其他长期资产、固定资产、无形资产、流动资产
4．企业编制的会计报表，债权人侧重关心企业的（　　）信息。
A. 盈利能力　B. 偿债能力　C. 资本结构　D. 利润分配政策
5．我国《企业会计制度》规定，我国企业的利润表格式采用（　　）。
A. 多步式　B. 单步式　C. 账户式　D. 报告式
6．下列资产负债表项目中，应根据相应总分类账户期末余额直接填列的项目是（　　）。
A. 待摊费用　B. 原材料　C. 长期债权投资　D. 预付账款
7．"应收账款"科目所属明细科目期末如有贷方余额，应合并在（　　）项目列示。
A. 应收账款　B. 应付账款　C. 预收账款　D. 预付账款
8．"应付账款"科目所属明细科目期末如有借方余额，应在报表（　　）项目反映。
A. 应收账款　B. 应付账款　C. 预收账款　D. 预付账款
9．下列会计报表中，不属于企业对外报送的主要会计报表的是（　　）。
A. 资产负债表　B. 利润表　C. 现金流量表　D. 制造费用分配表
10．资产负债表中，"应收账款"项目应根据（　　）填列。
A. "应收账款"总分类账户期末余额
B. "应收账款"和"预收账款"明细账期末借方余额合计
C. "应收账款"和"应付账款"明细账期末借方余额合计
D. "应收账款"各明细分类账户期末借方余额合计
11．资产负债表中，"应付账款"项目应根据（　　）填列。
A. "应付账款"总分类账户期末余额
B. "应付账款"账户所属明细分类账户期末贷方余额合计
C. "应收账款"账户所属明细分类账户期末贷方余额合计
D. "应付账款"和"预付账款"所属明细分类账户期末贷方余额合计
12．利润表是反映企业（　　）的会计报表。
A. 一定会计期间经营成果　B. 某一特定日期经营成果
C. 一定会计期间财务状况　D. 某一特定日期财务状况
13．企业月度财务会计报告应于月份终了后（　　）。
A. 3天内对外报送　B. 6天内对外报送
C. 半个月内对外报送　D. 一周内对外报送
14．企业年度财务会计报告应于会计年度终了后（　　）。
A. 60天内报出　B. 3个月内报出
C. 4个月内报出　D. 4个月后报出

15．资产负债表各项目的填制根据主要是（　　）。

A．总账期末余额填制
B．总账和有关明细账期末余额填制
C．总账本期发生额填制
D．总账和有关明细账本期发生额填制

16．利润表各项目的填制根据主要是（　　）。

A．收入类账户期末余额分析计算填列
B．损益类账户本期发生额分析计算填列
C．费用类账户期末余额分析计算填列
D．损益类账户期末余额分析计算填列

17．多步式利润表是通过多步计算求出当期利润，它通常将利润的形成分为（　　）步。

A．主营业务利润、营业利润、利润总额和净利润
B．毛利、营业利润和应纳税所得额
C．毛利、营业利润和营业外收支净额
D．营业收入、营业利润和可分配利润

二、多项选择题

1．会计报表的编制必须做到（　　）。

A．计算准确　　B．编报及时　　C．内容完整　　D．数字真实

2．会计报表使用者包括（　　）。

A．投资者
B．债权人
C．政府部门
D．企业管理者及企业职工

3．资产负债表中“预收账款”项目应根据（　　）填列。

A．“应收账款”科目所属明细科目的借方余额
B．“应收账款”科目所属明细科目的贷方余额
C．“预收账款”科目所属明细科目的借方余额
D．“预收账款”科目所属明细科目的贷方余额

4．会计报表按反映的经济内容可分为（　　）。

A．反映财务状况的报表
B．反映财务成果的报表
C．反映费用成本的报表
D．对内报表

5．会计报表按报送对象不同可分为（　　）。

A．内部报表　　B．资产负债表　　C．外部报表　　D．利润表

6．资产负债表能够提供（　　）信息。

A．资产状况
B．负债状况
C．所有者权益状况
D．利润形成状况

7．利用资产负债表可以考核评价企业的（　　）。

A．偿债能力
B．筹资能力
C．财务风险
D．预测企业未来财务发展趋势

8．下列项目中，列在资产负债表中的有（　　）。

A．固定资产　　B．累计折旧　　C．预提费用　　D．长期借款

9. 下列会计报表中，属于动态的会计报表的是（　　）。
A. 利润表　B. 利润分配表　C. 现金流量表　D. 资产负债表

10. 在编制资产负债表时，直接根据该科目总分类账账户期末余额填列的项目（　　）。
A. 长期借款　B. 货币资金　C. 短期投资　D. 实收资本

11. 资产负债表中，需要根据总分类账及其所属明细账户分析计算填列的项目有（　　）。
A. 应收票据　B. 货币资金　C. 预付账款　D. 应收账款

12. 下列关于利润表的说法正确的是（　　）。
A. 反映企业在一定时期经营成果的报表，是一张动态报表
B. 通过收入与成本、费用相配比，全面反映企业在一定期间的经营成果
C. 可以分析企业的经济效益和盈利能力
D. 预测企业在未来一定时期内的盈利趋势

13. 企业必须定期编制和对外报送的会计报表有（　　）。
A. 资产负债表　B. 利润表　C. 现金流量表　D. 成本报表

14. 下列项目中，列在资产负债表右方的有（　　）。
A. 累计折旧　B. 预提费用　C. 长期借款　D. 坏账准备

15. 下列会计报表中，不属于月报表的有（　　）。
A. 资产负债表　B. 利润表　C. 利润分配表　D. 现金流量表

16. 下列各项中，属于利润表主要项目的有（　　）。
A. 主营业务利润　B. 营业利润　C. 利润总额　D. 净利润

三、填空题

1. 会计报表是以 ________ 为依据定期（一般是期末）编制的，用统一的单位集中、概括的反映企业单位 ________ 和 ________ 的书面报告。

2. 编制会计报表要做到 ________ 、 ________ 、 ________ 、 ________ 。

3. 会计报表按反映资金运动状况可分为 ________ 和 ________ 两种。

4. 资产负债表是总括的反映企业在 ________ 的全部资产、负债和所有者权益等情况的财务报表。它反映的是期末 ________ 时企业的财务状况，是一张 ________ 报表。

5. 资产负债表一般由 ________ 、 ________ 和补充资料三部分内容构成。

6. 资产负债表是依据 ________ 这一会计平衡公式进行设计而成的。

7. 资产负债表的结构通常有 ________ 和 ________ 两种，目前我国企业采用的是 ________ 。

8. 利润表也称损益表，是总括的反映企业 ________ 的实际形成情况的会计报表，它是一张 ________ 报表。

9. 利润表的结构通常有 ________ 和 ________ 两种，我国企业目前采用的是 ________ 。

10. 利润表的主要项目有 ________ 、 ________ 、 ________ 和 ________ 。

11. 主营业务利润 = ________ − ________ − ________ 。

12. 利润总额 = ________ + ________ + ________ + ________ − ________ 。

13. 净利润 = ________ − ________ 。

14. 目前，会计报表应于月份终了后 ________ 天内报出，中期会计报表应于年度中期结束后 ________ 天内报出，年度会计报表应于年度终了后 ________ 个月内报出。

四、判断题

1. 内部会计报表是为企业内部管理需要而编制，一般不对外公开；外部报表为外部提供经济信息，不对内提供。 （ ）

2. 会计报表的数字一般是根据账簿资料编制的。 （ ）

3. 资产负债表左方的资产项目是按资产流动性由大到小的顺序排列，右方负债项目是按债务期由短到长顺序排列。 （ ）

4. 资产负债表是反映企业某一特定日期财务状况的报表。 （ ）

5. 利润表是反映企业某一会计期间经营成果的报表。 （ ）

6. 按照所提供会计报表的重要程度不同，企业的会计报表可分为主表和附表。主表是对外报送的会计报表，附表是内部管理使用的报表。 （ ）

7. 资产负债表中的“应收账款”项目应根据“应收账款”和“预收账款”科目所属各明细科目的期末借方余额合计数填列。 （ ）

8. 企业编制好会计报表，在报送之前，必须由本单位会计主管人员和企业负责人进行认真复核。 （ ）

五、业务与计算题

【资料】某工业企业××××年4月份发生如下经济业务。

（1）销售产品一批，货款120 000元，税款20 400元，款项均已存入银行。

（2）采购材料一批，买价79 000元，税金13 430元，运杂费280元，均以银行存款支付。

（3）收到南方公司上月欠货款18 800元，存入银行。

（4）向银行借入临时借款100 000元，款项已存入银行。

（5）以银行存款支付本月电话费1 280元。

（6）摊销应由本月负担的管理费用1 500元。

（7）提本月银行借款利息1 200元。

（8）以银行存款支付产品的销售费用1 800元。

（9）收到北源公司违约罚金2 600元，并存入银行。

（10）结转本月已销售产品成本77 800元。

（11）计算本月应交产品消费税12 000元。

（12）结转上述“收入类”和“费用类”账户。

【要求】

（1）根据经济业务编制会计分录。

（2）计算本月利润总额，并计算结转应交所得税（按利润总额的33%计提所得税）。

（3）编制利润表。

第十章
会计工作的组织

本章内容提要

- 会计法规体系的意义和内容
- 会计工作管理体制
- 会计人员和会计职业道德法
- 会计电算化的基本原理和组织管理

会计工作的组织是完成会计工作任务，发挥会计工作作用的重要保证。正确组织会计工作，就是要求企业和行政、事业单位设置合理的会计机构，配备适当的会计人员以及建立和执行各项会计制度，以达到加强经营管理的要求。

第一节　会计工作的管理体制

一、正确组织会计工作的意义

（一）有利于提高会计工作质量

会计工作是一项细致复杂的工作，各个部门、各种程序、各项手续以及各项数字之间必须密切联系，要求会计机构和会计人员通过合理的手续制度和处理程序，有机地联系和沟通生产经营的各个环节，相互配合，协调一致，以保证会计工作质量，提高会计工作效率。

（二）有利于对企业各项计划、预算进行有效的控制和对各项制度的贯彻执行

会计是核算和监督各单位的经济活动是否符合国家的方针、政策，是否符合企业的各项计划和预算。它所提供的各项指标又是为编制和检查计划、预算，进行综合平衡的一种依据。因此，按照国家的要求组织会计工作，有利于保证国家方针、政策和企业计划、预算的贯彻实施。这不仅是微观经济的需要，也是宏观经济的需要。

（三）有利于会计机构、会计人员和会计制度适应改革、开放的要求

我国在进行经济体制改革和对外开放的条件下，要求财会工作开拓视野、转变思想、提高效率、加强经济核算，这就需要有一个相适应的工作机构和工作人员，确定一定的会计制

度，根据实际情况和实际需要来组织会计工作，从而发挥会计工作应有的作用。正确组织会计工作就是要使会计工作适应客观的需要。

二、会计工作的管理体制

（一）会计工作的管理体制的概念

所谓体制，是国家、企业、事业单位等的组织制度。会计工作的管理体制就是会计工作管理的组织制度。

（二）实行统一领导、分级管理的管理体制

建国以来，我国的会计工作一直由各级财政部门管理。会计工作的最基本、最重要的任务是提供财政、财务收支信息，反映财政预算和财务收支计划的执行结果，增收节支，励行节约，严格执行国家财政、财务制度和财经纪律。因此，由财政部门负责管理会计工作是合理的，也是必要的。我国 1999 年修订的《会计法》规定：国务院财政部门管理全国的会计工作，县级以上地方各级人民政府的财政部门管理本地区的会计工作。

财政部设置了会计事务管理司作为财政部管理全国会计工作的办事机构。该司的具体职责有以下几点。

（1）了解、检查会计工作情况，总结、交流会计工作经验，研究、拟订改进会计工作的措施。

（2）拟订全国性的会计法令、规章、制度并组织贯彻实施，审查各地区、各部门拟订的会计制度、办法。

（3）制定全国会计干部培训规划，推动和协助各地区、各部门做好会计干部的业务培训工作。

（4）会同有关部门制定有关会计干部专业技术职务制度的办法，并贯彻实施。

（5）逐步授权注册会计师协会来管理、监督会计师事务所的业务，组织注册会计师资格的考试，批准注册会计师，颁发注册会计师证书。

（6）管理报批外国会计公司在华设立常驻代表机构，并依法对其业务进行管理、监督。

三、组织会计工作的基本要求

组织会计工作的基本要求有以下几点：必须符合国家对会计工作的要求；必须根据各单位生产经营管理的特点来组织会计工作；必须保证工作质量，讲求工作效率，节约工作时间和费用；必须做到专业核算与群众核算相结合；必须执行内部牵制制度。所谓专业核算，是指由专职会计人员进行的核算；所谓群众核算，是指由职工群众直接参加的单位内部各部门的经济核算。内部牵制制度是内部控制制度的一种，是指凡涉及财物和货币资金的收付、结算及其登记的任何一项工作，规定由两人或两人以上分工掌管，以起相互制约作用的一种工作制度。

四、会计模式

会计是社会经济发展的产物。经济、政治、法律、科技和社会等因素无不影响会计，并

导致会计的变革与发展。不同的社会经济环境衍生出特定模式的会计。可以说，不同国家的会计都是一种特定的会计模式，并适应其本国经济发展的需要。

正因如此，从比较会计的角度出发，我们可以将世界各国的会计大体划分为五种模式，即英国模式（“真实与公允”）、美国模式（“公认会计原则”）、法国-西班牙-意大利模式（保证国家税收）、北欧模式（维护企业利益）和社会主义国家模式（服从于计划经济体制）。这里所讲的会计模式，不同于前文所讲的会计基本模式。所谓会计基本模式，是针对账务处理程序而言的。

长期以来，我国奉行高度集权的计划经济管理体制，其会计活动也充分体现着计划经济会计模式的特征。改革开放以来，这种模式逐步被有计划的商品经济会计模式所取代。随着社会主义市场经济体制的建立与完善，客观上又要求确立与之相适应的会计模式。这种社会主义市场经济体制下的会计模式既不等于完全自由市场经济会计模式，也不同于西方发达国家的会计模式，应借鉴西方国家会计的先进经验与方法，建立起具有中国特色的会计模式，使我国会计实现以下转变。

（1）会计信息由满足国家宏观经济计划管理需要，转变为既符合国家宏观管理需要，又满足有关各方了解企业财务状况、经营成果和现金流量的需要，同时还满足企业加强内部经营管理的需要。

（2）以分行业、分所有制的统一会计制度为主的会计法规体系转变为由“会计法—会计准则—会计制度（全国统一会计制度—企业本身会计制度）”构成，具有统一完整、高效、灵活等特征的会计法规体系。

（3）以政府直接管理全国会计事务为特征的会计体制转变为以间接管理为主而以直接管理为辅、能充分发挥地方各级会计机构能动性和积极性的、机制合理的会计事务管理体制。

（4）注册会计师事业得以蓬勃发展，注册会计师制度得以健全和进一步完善。

第二节　会计机构

会计机构是贯彻执行党和国家方针政策，制定和执行会计制度，组织领导和处理会计工作的职能机构。合理设置会计机构，明确工作任务，是保证会计工作顺利进行的重要条件。

一、会计机构的设置

我国会计管理机构的设置一般分为三个层次：中央和省、市地方财政设立会计事务管理机构，负责领导全国会计工作；中央和地方各级企业管理机关设置会计事务管理机构，负责组织、领导和监督所属单位的会计工作；基层企业设置会计事务管理机构（如会计处、科、组），在厂长、经理或总会计师领导下，负责办理本单位的会计工作，接受上级会计事务管理机构的指导和监督。

由于会计工作（主要是会计核算）同财务工作（主要是财务管理）都是综合性的经济管理工作，它们之间的关系又非常密切，因此通常把二者结合起来，设置一个财务会计机构（如财会处、科、组）来统一办理财务工作和会计工作。企业和机关、事业单位都应当单独设置财务会计机构。财务机构是各单位内部组织领导和直接从事财务工作的职能部门。会计机构是各单位内部组织领导和直接从事会计工作的职能部门。目前，我国应逐步推行财务与会计分设机构，以利相互监督、互相促进，防止职责不清、相互扯皮和“重会计核算轻财务管理”的现象。对规模小、人员少、业务简单的单位，可以在有关机构中设置会计人员，并指定会计主管人员。不具备条件的，可以委托经批准设立的会计咨询、服务机构进行代理记账。

国有和国有资产占控股地位或者主导地位的大中型企业必须设置总会计师。事业单位和业务主管部门经批准可以设置总会计师。总会计师由取得会计师任职资格后，主管一个单位内一个重要方面的财务会计工作时间不少于 3 年的人员担任。会计机构内部应当建立稽核制度。同时，应当根据业务的繁简进行合理分工。规模较大的企业，在财务会计科内还分设若干职能组。例如，有些工业企业的财务会计科分设材料组、工资组、成本组、财务组、费用组，分别负责有关业务的核算、分析和检查工作，不属于各职能组的财务会计工作以及全科的各项综合性工作，则另设综合组负责办理。

二、会计机构的组织形式

会计机构的组织形式是由企业的规模和它所担负的任务决定的，一般可分为独立核算机构和非独立核算机构。非独立核算机构又可分为半独立核算和报账单位。

（一）独立核算

企业实行独立核算必须具备一定的条件，通常要有一定的自有资金，有独立经营的自主权，能单独编制计划，单独计算盈亏，单独在银行开户并经工商行政部门注册登记。独立核算单位必须全面地进行记账、独立对外结算和定期编制财务会计报告。

实行独立核算单位的记账工作组织形式又可分为集中核算和分散核算两种。集中核算是账务工作全部在会计部门进行，各车间、部门一般不进行单独核算，而只是对所发生的经济业务进行原始记录，办理原始凭证手续，并对原始凭证进行适当汇总，定期将原始凭证或汇总原始凭证送交财务会计部门进行总分类核算和明细分类核算。其优点是可以减少核算环节，简化核算手续，有利于及时掌握全面的经营情况和精简人员，一般适合于中、小型企业。分散核算是指企业所属的分厂、车间根据生产经营的原始凭证、登记账簿，定期编制记账凭证汇总表向财务会计部门报账（这种单位称为报账单位），或由部门编制本部门的会计报表送财务会计部门汇总编表（这种单位称为半独立核算单位），其编制方法类似合并会计报表的编制，将在财务会计学中介绍。即企业的内部单位对本身所发生的经济业务进行较全面的核算。这种组织形式一般适用于大型企业。所以，一个企业实行集中核算还是分散核算，应视企业规模大小和经营管理的要求而决定。而且往往一个企业对某些会计业务采用集中核算，而对另一些业务又采用非集中核算。但无论采用哪种组织形式，企业对外的现金往来、物资购销、债权债务和结算都应由财务会计部门集中办理。

（二）半独立核算

半独立核算是指独立核算企业的所属的分厂、车间或生产、业务单位，其规模比较大，生产、经营上有一定的独立性，但不具备完全独立核算的某些必要条件，如不能在银行单独开户、没有独立的资金等。这些单位配备一定的会计人员，单独编制会计凭证、单独记账和编制财务会计报告，然后送会计部门汇总编表。其优点是部门负责人和职工能及时掌握部门的生产成本、经营情况和财务成果，动员职工参加企业管理。这种核算组织对实行经济责任制更为需要。

（三）报账单位

报账单位是指企业内部各部门本身不单独计算盈亏，只记录和计算几个主要指标，进行简易核算，以考核其工作质量。这些单位如商品流通企业所属的门市部和分销店，平时只向上级领取备用金，定期向上级报销，一次收入全部解缴上级，由财会部门集中进行核算。

三、会计人员

会计人员是决定会计工作质量的关键。明确会计人员的职责和权限，是充分发挥会计人员积极性的有效措施。会计部门必须配备适当的会计人员，提高会计人员的政治素质和业务水平，深入贯彻《中华人民共和国会计法》，保障会计人员行使职权，为会计人员更好地发挥会计职能作用创造条件。

（一）会计人员的职责和法律责任

1. 会计人员的职责

会计人员的主要职责，一般有以下四个方面。

（1）认真执行《中华人民共和国会计法》和《企业会计准则》等会计规范。

（2）认真进行会计核算，保证一切会计凭证、账簿、财务会计报告及其他会计资料的合法、真实、准确和完整。

（3）贯彻执行党和国家的方针、政策和财务制度，遵守各项财政、税收、信贷、结算和计划制度，严格监督生产经营活动和财务收支，维护国家财经纪律。

（4）认真编制、执行和考核、分析财务计划、预算，参与企业预测、决策，参与拟订经济计划、业务计划，参与改善企业经营管理的各项活动，推动增产节约、增收节支，提高企业经济效益。

2. 单位负责人和会计人员的法律责任

修正后的《中华人民共和国会计法》进一步明确了会计人员的职责和法律责任，尤其突出了单位负责人对会计工作的法律责任，主要有以下几个方面。

（1）单位负责人对本单位的会计工作和会计资料的真实性、完整性负责。会计机构、会计人员依照《中华人民共和国会计法》进行会计核算，实行会计监督。任何单位或者个人不得以任何方式授意、指使、强令会计机构、会计人员伪造、变造会计凭证、会计账簿和其他会计资料，提供虚假财务会计报告。任何单位或者个人不得对依法履行职责、抵制违反《中华人民共和国会计法》规定行为的会计人员实行打击报复。单位负责人和其他人员对依法履行职责的会计人员进行打击报复的，给予行政处分；构成犯罪的，依法追究刑事责任。

（2）财政、审计、税务、人民银行、证券监管、保险监管等部门应当依照有关法律、行政法规规定的职责，对有关单位的会计资料实施监督检查。有关监督检查部门已经作出的检查结论能够满足其他监督检查部门履行本部门职责需要的，其他监督检查部门应当加以利用，避免重复查账。单位负责人、会计人员和其他人员伪造、变造、故意毁灭会计凭证、会计账簿、财务会计报告和其他会计资料的，或者利用虚假的会计凭证、会计账簿、财务会计报告和其他会计资料偷税或损害国家利益、社会公众利益的，由县级以上财政、审计、税务机关或者其他有关主管部门依据法律、行政法规规定的职责负责处理并追究责任，具体包括：责令限期改正、通报、罚款；属于国家工作人员的，还可以由其所在单位或者有关单位依法给予行政处分；情节严重的，由县级以上人民政府财政部门吊销会计从业资格证书；构成犯罪的，依法追究刑事责任。

（3）国家实行统一的会计制度。会计凭证、会计账簿、财务会计报告和其他会计资料，必须符合国家统一的会计制度的规定。使用电子计算机进行会计核算的，其软件及其生成的会计凭证、会计账簿、财务会计报告和其他会计资料，也必须符合国家统一的会计制度的规定。任何单位和个人不得伪造、变造会计凭证、会计账簿及其他会计资料，不得提供虚假的财务会计报告。会计机构、会计人员必须按照国家统一的会计制度的规定对原始凭证进行审核，对不真实、不合法的原始凭证有权不予接受，并向单位负责人报告；对记载不准确、不完整的原始凭证予以退回，并要求按照国家统一的会计制度的规定更正、补充。各单位应当建立、健全本单位内部会计监督制度。会计机构、会计人员对违反《会计法》和国家统一的会计制度规定的会计事项，有权拒绝办理或者按照职权予以纠正。任何单位和个人对违反《会计法》和国家统一的会计制度规定的行为，有权检举。收到检举的部门有权处理的，应当依法按照职责分工及时处理；无权处理的，应当及时移送有权处理的部门处理。收到检举的部门、负责处理的部门应当为检举人保密，不得将检举人姓名和检举材料转给被检举单位和被检举人个人。

（4）有关法律、行政法规规定，须经注册会计师进行审计的单位，应当向受委托的会计师事务所如实提供会计凭证、会计账簿、财务会计报告和其他会计资料及有关情况。任何单位或者个人不得以任何方式要求或者示意注册会计师及其所在的会计师事务所出具不实或者不当的审计报告。财政部门有权对会计师事务所出具的审计报告的程序和内容进行监督。

（5）从事会计工作的人员，必须取得会计从业资格证书。因有提供虚假财务会计报告，做假账，隐匿或者故意销毁会计凭证、会计账簿、财务会计报告，贪污，挪用公款，职务侵占等，与会计职务有关的违法行为被依法追究刑事责任的人员，不得取得或者重新取得会计从业资格证书。因违法违纪行为被吊销会计从业资格证书的人员，自被吊销会计从业资格证书之日起五年内，不得重新取得会计从业资格证书。

国有企业、事业单位的会计机构负责人、会计主管人员的任免应当经过主管单位同意，不得任意调动和撤换；会计人员忠于职守，坚持原则，受到错误处理的，主管单位应当责成所在单位予以纠正。

会计人员调动工作或者离职，必须与接管人员办清交接手续。一般会计人员办理交接手续，由会计机构负责人、会计主管人员监交。会计机构负责人、会计主管人员办理交接手续，由单位领导人监交，必要时可以由主管单位派人会同监交。交接双方及监交人均应签字以示负责。

（二）岗位责任制

会计工作岗位责任制是在财务会计机构内部，按照财务会计工作的内容和会计人员的配备情况，进行合理的分工，使每一项财务会计工作都有专人负责，每一个会计人员都有明确的职责。

应根据企业的规模和经营管理的要求建立财务会计处（或科、组），并在其内部设立各个职能组负责有关的财务与会计工作。会计主管负责组织领导本企业的财务会计工作，参与企业预测、决策、经济计划和有关经营管理工作。具体工作人员一般分为会计员、出纳员、成本员、稽核员、计划员、综合员等，负责执行各职能组的财会工作，配有计算机的单位还要配备程序设计员和操作员。各单位应该根据业务繁简和人员多少，实行一人一岗、一人多岗或一岗多人，明确职责，各司其职。但管钱的不能管账，管账的不能管钱，出纳人员不得兼管稽核和会计档案保管和收入、费用、债权债务账目的登记工作。

四、会计规范

会计规范是处理会计事务的法律、原则、程序和方法的总称，是进行会计工作的规则和准则。要使会计工作有组织、有秩序地进行，发挥其在核算、监督和加强经营管理，提高经济效益中的作用，必须建立科学的会计规范。

（一）我国会计规范的分层

当前，我国会计规范基本上分为四个层次：一是全国性综合法规，由国家统一制定，《中华人民共和国会计法》是我国会计工作的根本大法，是会计工作的最高准则；二是《企业会计准则》，由财政部制定，作为企业会计制度的依据；三是财政部颁布的统一《企业会计制度》，是为了保证顺利、有效地实施会计准则所采取的措施，以便做到改而不乱；四是企业自行制定的会计制度，由企业根据《企业会计准则》和《企业会计制度》等制定。新《企业会计制度》和企业自行制定的会计制度统称为会计制度。

（二）制订会计制度的基本原则

企业会计制度是企业的一项重大制度，一方面是受国家法令和制度的约束，另一方面要适应专业的条件。基层单位的会计制度要根据统一《企业会计制度》的规定，并适应企业的内部条件。制定会计制度一般要遵守以下几条原则：要符合党和国家的财经政策、法令和制度；实行统一领导、分级管理、因地制宜的原则；要符合《企业会计准则》的要求；要适应本行业和本企业生产经营的特点。在保证执行国家有关制度的前提下，制定适合于本企业的具体制度和实施办法，以促进改善经营管理；要加强企业内部控制制度，发挥会计的监督作用。

（三）会计制度的基本内容

企业会计制度是各项会计业务的具体处理办法，通常包括以下几个方面：有关会计制度的原则规定，一般称为总则，包括会计工作的任务、会计制度所应遵循的原则等；有关会计业务核算的具体规定，如会计科目及其使用方法的规定；会计凭证、账簿、记账程序和记账方法的规定；会计报表的格式及其编制方法；有关财产管理、成本计算方面的规定，如有关固定资产和各项流动资金核算办法的规定以及成本计算办法等；有关财产清查、会计人员交接和会计档案管理方面的规定等。

五、会计档案

会计档案是指会计凭证、会计账簿和财务会计报告等会计核算专业材料，它是记录和反映经济业务的重要史料和证据，是国家档案的重要组成部分，也是各单位的重要档案之一。各单位必须建立和健全会计档案的立卷、归档、保管、调阅和销毁等管理制度。

（一）会计档案的保管

各单位每年形成的会计档案应由财会部门按照归档的要求，负责整理立卷或装订成册。当年的会计档案，可暂由财会部门保管一年，期满之后，编造清册移交档案部门保管。

保存的会计档案应为单位积极提供利用，原则上不得向外单位借出。如有特殊需要，须经上级主管单位批准，但不得拆散原卷，并应限期归还。

会计档案的保管期限，根据其特点分为永久和定期两类。年度财务会计报告及某些涉外的会计凭证、会计账簿属于永久保管，其他属于定期保管。保管期分为 3 年、5 年、10 年、15 年、25 年五种。

（二）会计档案的移交及销毁

撤销、合并单位和建设单位完工后的会计档案，应随同单位的全部档案一并移交给指定的单位，并按规定办理交接手续。

会计档案保管期满，需要销毁时，由档案部门提出意见，会同财会部门共同鉴定，严格审查，编造会计档案销毁清册，上报审批。对于其中未了结的债权债务的原始凭证，应单独抽出另行立卷，保管到结清债权债务为止。销毁会计档案时，应由档案部门和财会部门共同派员监销；各级主管部门销毁会计档案时应由同级财政部门、审计部门派员参加监销；销毁后监销人员在销毁清册上签名盖章，并将情况报本单位领导。销毁清册永久保存。

第三节　会计电算化的基本原理和组织管理

一、会计电算化的基本原理

会计电算化是把电子计算机和现代数据处理技术应用到会计工作中的简称，是用电子计算机代替人工记账、算账和报账以及部分代替人脑完成对会计信息的分析、预测、决策的过程，其目的是提高企业财会管理水平和经济效益，从而实现会计工作的现代化。

广义上来讲，就是指与会计工作电算化有关的所有工作，包括会计电算化软件的开发与应用、会计电算化人才的培训、会计电算化的宏观规划、会计电算化制度建设、会计电算化软件市场的培育与发展等。

会计电算化是一个人机相结合的系统，其基本构成包括会计人员、硬件资源、软件资源和信息资源等要素，其核心部分则是功能完善的会计软件资源。

会计电算化已成为一门融计算机科学、管理科学、信息科学和会计科学为一体的边缘学科，在经济管理的各个领域中处于应用电子计算机的领先地位，正在起着带动经济管理诸领域逐步走向现代化的作用。会计电算化极大地减轻了会计人员的劳动强度，提高了会计工作的效率和质量，促进了会计职能的转变。随着信息技术的快速发展和管理要求的不断提高，会计手工操作正逐步被会计电算化所取代，要满足社会经济发展对会计人才的需要，必须培养和造就大批既掌握计算机基本应用，又懂会计业务处理的复合应用型会计人才。

二、会计电算化的组织管理

会计电算化的管理体制是财政部管理全国的会计电算化工作，地方各级财政部门管理本地区的会计电算化工作，各单位在遵循国家统一的会计制度和财政部门会计电算化发展规划的前提下，结合本单位具体情况，具体组织实施本单位的会计电算化工作。

会计电算化系统的实施本身就是一项复杂的工程，在配置合适设备的基础上，需要经过制订总体规划与解决方案、培训人员、重整业务流程、形成信息规范、制定管理制度、配置系统与测试、试运行，才能最终实现计算机替代手工会计。为此人们常用实施这个词来表述它。实施是一个有难度的过程，对于 ERP 之类的大型系统，甚至关系到成败，因此有“三分软件七分实施”之说。

三、电算化会计与传统手工会计的区别

（一）电算化会计建立了一套新的会计资料档案

传统会计档案包括原始凭证、记账凭证、日记账、明细账、总账以及报表。一个单位每个会计期间的会计档案都要按一定的要求排列，连同各种附件定期加具封面、装订成册，耗费了大量的时间和空间，查找十分不便，又易于毁坏。老会计人员应该还记得每到月初报表出来以后，还有一项重要的工作要做，即装订凭证，虽然美其名曰活动筋骨，但穿孔打眼、飞针走线，也够难为会计人员了。等到年底，三大检查团来检查工作时，会计人员还得在堆积如山的档案库中翻找凭证。随着计算机在会计中的运用，这一切都成为了历史，电算化会计档案都存放在软盘或硬盘等设备中，这些设备的存贮密度是以往任何一种会计档案所不能比拟的，其查询速度快、检索能力强，可以快速传递会计信息。

（二）数据处理程序具有新的特点

电算化会计数据处理程序与传统会计不同。在传统会计中，针对企业的生产规模、经营方式和管理方式形成的特征，必须采用与之适应的不同的账簿组织形式、记账程序和记账方法。而在电算化会计中，由于数据处理的精度高和速度快，可以采用一种统一的核算形式。而且由于计算机处理数据差错的概率小，没必要像传统会计那样，在数据处理过程中进行各种核对，如账账核对、账证核对、账表核对。会计人员应该有过这种体验：到了月底对账时，为了几分钱的差额而必须翻遍所有的凭证、账册。

（三）记账的含义不尽相同

手工条件下，记账指明细账、日记账、总账由不同人员按照不同的科目，分别在不同的账册上加以记录。这种重复而烦琐的抄抄写写造成会计工作周期长、速度慢、效率低。电算化后，记账仅是一个数据处理过程，通过记账这一数据处理步骤，使被审核过的记账凭证成为正式会计档案，从“凭证临时库”转移到“流水账库”中存放，记账后的凭证不再允许修改，记账的同时，对科目的发生额进行汇总，更新“科目余额，发生额库”。而真正的账册，只有在需要时临时从“流水账库”中把有关科目的经济业务分离出来，在屏幕上显示或在打

印机上打印。

（四）会计信息的特点不尽相同。

相对于传统会计，电算化会计提供的信息具有速度快、质量高、针对性强的特点，可以翻译为Computerized Accounting、Computer-Based Accounting等。一般不会去与电算化会计严格区分，已经成为一个代名词了。

本章知识小结

◆ 会计工作的管理体制就是会计工作管理的组织制度。

◆ 我国会计管理机构的设置一般分为三个层次：中央和省、市地方财政设立会计事务管理机构，负责领导全国会计工作；中央和地方各级企业管理机关设置会计事务管理机构，负责组织、领导和监督所属单位的会计工作；基层企业设置会计事务管理机构（如会计处、科、组），在厂长、经理或总会计师领导下，负责办理本单位的会计工作，接受上级会计事务管理机构的指导和监督。

◆ 会计规范是处理会计事务的法律、原则、程序和方法的总称，是进行会计工作的规则和准则。

◆ 会计档案是指会计凭证、会计账簿和财务会计报告等会计核算专业材料，它是记录和反映经济业务的重要史料和证据，是国家档案的重要组成部分，也是各单位的重要档案之一。

◆ 会计电算化是把电子计算机和现代数据处理技术应用到会计工作中的简称，是用电子计算机代替人工记账、算账和报账以及部分代替人脑完成对会计信息的分析、预测、决策的过程，其目的是提高企业财会管理水平和经济效益，从而实现会计工作的现代化。

练　习　题

一、单项选择题

1. 企业会计工作组织的组织形式有（　　）。
   A. 独立核算　　B. 集中核算与非集中核算
   C. 独立核算与集中核算　　D. 独立核算与非集中核算
2. 管理全国会计工作的部门是（　　）。
   A. 国务院　　B. 国务院财政部门
   C. 各地区财政厅、局　　D. 各级政府
3. 进行会计核算，实行会计监督，属于会计人员的（　　）。
   A. 权限　　B. 职责
   C. 职业道德　　D. 任务
4. 各企业、单位应当配备（　　）。
   A. 持有会计证的会计人员　　B. 持有会计证或没有会计证的人员

C. 具有会计员职务的会计人员　　D. 具有中专以上学历的会计人员

5. 能担任一个单位或管理一个地区、一个部门、一个系统某个方面的财务会计工作，是对（　　）。

A. 会计员职务的要求之一　　B. 助理会计师职务的要求之一

C. 会计师职务的要求之一　　D. 高级会计师职务的要求之一

6. 国有企业、事业单位的会计机构负责人、会计主管人员的任免，应当（　　）。

A. 由主管财务会计工作的行政领导人同意

B. 由厂长、经理同意

C. 由行政领导集体讨论同意

D. 经过上级主管单位同意

7. 会计人员违反职业道德的，由所在单位进行处罚；情节严重的，（　　）。

A. 由会计证发证机关吊销其会计证

B. 由会计机构负责人吊销其会计证

C. 由主管财务会计工作的行政领导吊销其会计证

D. 由所在单位的厂长、经理吊销其会计证

8. 会计准则属于（　　）。

A. 会计工作准则　　B. 会计核算准则

C. 会计监督准则　　D. 会计方法准则

9. 以法律形式确立了会计工作管理体制的法规是（　　）。

A. 会计法　　B. 会计准则　　C. 财务通则　　D. 会计制度

10. 各单位按规定销毁会计档案时应当由（　　）。

A. 单位内的财务会计部门销毁

B. 单位内的档案保管部门销毁

C. 单位内的档案保管部门和财务会计部门共同派员监销

D. 单位内的档案部门、会计部门、同级财政部门、审计部门共同派员监销

11. 下列的会计法律法规中，不是由财政部制定发布的是（　　）。

A.《中华人民共和国会计法》　　B.《会计电算化工作规范》

C.《会计核算软件基本功能规范》　　D.《会计电算化管理办法》

二、多项选择题

1. 会计工作组织的内容有（　　）。

A. 会计机构的设置　　B. 会计人员的配备

C. 会计法规和制度的制定与执行　　D. 报表的编制

E. 会计档案的建立

2. 会计工作的组织方式有（　　）。

A. 集中核算　　B. 非集中核算

C. 独立核算　　D. 非独立核算

E. 总分类核算和明细分类核算

3. 企业无论采用哪种会计工作组织方式，都应由厂部会计部门集中办理的事项有（　　）。

A. 成本计算
B. 现金往来
C. 物资购销
D. 债权结算
E. 债务结算

4. 有关会计人员的法规主要包括（　　）。

A. 会计人员职权条例
B. 总会计师条例
C. 企业会计工作条例
D. 会计档案管理办法
E. 注册会计师条例

5. 我国会计法规体系的构成内容有（　　）。

A. 基本法即会计法
B. 会计准则
C. 会计原则
D. 会计制度
E. 会计假设

6. 落实会计工作岗位人员的合理方法有（　　）。

A. 一人一岗
B. 一人多岗
C. 一岗多人
D. 实行钱、账、物分管制度
E. 实行岗位轮换制度

三、判断题

1. 《中华人民共和国会计法》明确规定，国务院直接管理全国的会计工作。（　　）
2. 企业会计工作的组织形式是统一领导、分级管理。（　　）
3. 实际工作中，企业可以对某些业务采用集中核算，而对另外一些业务采用非集中核算。（　　）
4. 在《企业会计准则》中，对会计机构负责人和会计主管人员的任免，都作了若干特殊的规定。（　　）
5. 我国的会计法规制度体系由三个层次构成，即会计法、企业会计准则、企业财务通则。（　　）
6. 会计档案的保管期限分为永久保管和定期保管两种，其中定期保管又分为3年、5年、10年、15年和25年。（　　）
7. 企业单位采用非集中核算，财会部门掌握的资料比较完整、详细。（　　）
8. 会计制度包括全国统一的行业会计制度和企业单位内部的会计制度。（　　）
9. 会计人员的职责包括决定经营方针。（　　）
10. 用电子计算机生成的会计凭证、会计账簿、财务会计报告在格式、内容以及会计资料的真实性和完整性等方面，都必须符合国家统一的会计制度的规定。（　　）

四、简答题

1. 会计工作组织包括哪些基本内容？
2. 会计人员的职责权限有哪些？
3. 会计岗位如何确定？一般有哪些会计岗位？
4. 企业会计工作的组织形式有哪几种？
5. 我国会计法规体系的构成如何？

五、案例题

【案例 1】 201×年 3 月，某市财政局派出检查组对市区属某国有企业的会计工作进行检查。检查中了解到以下情况。

（1）200×年 10 月，公司领导调换，新的负责人林总上任后，将其儿子林进调入该厂会计科任出纳，兼任会计档案保管工作。林进没有会计从业资格证书。

（2）200×年 11 月，会计张某申请调离该厂，厂人事部门在其没有办清会计工作交接手续的情况下，即为其办理了调动手续。

（3）200×年 1 月 6 日，该厂档案科会同会计科编制会计档案销毁清册，经厂长签字后，按规定程序进行了监销。经核实，销毁的会计档案中有一些是保管期满但未结清债务的原始凭证。

【要求】 说明这些情况是否符合有关规定，并说明理由。

【案例 2】 某公司为获得一项工程合同，拟向工程发包方有关人员支付好处费 10 万元。公司市场部持公司董事长的指示到财会部申领该笔款项。财会部经理王某认为，该项支出不符合有关规定，但考虑到公司主要领导已作了指示，即同意拨付该笔款项。王某的行为违背了哪些会计职业道德要求？

【案例 3】 王某，23 岁，大学专科毕业后被分配到某市一国债服务部，担任柜台出纳兼任金库保管员。2002 年 5 月 11 月，王某偷偷从金库中取出 2000 年国库券 30 万元，4 个月后，王某见无人知晓，胆子开始大了起来，又取出 50 万元，通过证券公司融资回购方法，拆借人民币 89.91 万元，用来炒股，没想到赔了钱。王某在无力返还单位债券的情况下，索性于 2003 年 12 月 14、15 日，将金库里剩余的 14.03 万元国库券和股市上所有的 73.7 万元人民币全部取出后潜逃，用化名在该市一处民房租住隐匿。至此，王某共贪污 2000 年国库券 94.03 万元，折合人民币 118.51 万元。案发后，当地人民检查院立案侦查，王某迫于各种压力，于 2004 年 1 月 8 日投案自首，检察院依法提起公诉。

【要求】

（1）上述案例中犯罪嫌疑人王某年轻、有学历，在比较重要岗位工作，但胆大妄为，从学校刚刚走上工作岗位就犯罪。这说明什么？

（2）结合上述案例简述会计职业道德教育的意义？

（3）简述会计职业道德教育的层次及具体内容？

【案例 4】 2002 年 11 月 19 日，朱镕基同志在第 16 届世界会计师大会闭幕式上演讲时指出："在现代市场经济中，会计师的执业准则和职业道德极为重要。诚信是市场经济的基石，也是会计执业机构和会计人员安身立命之本。"

请结合近年来国内外出现的会计造假事件，谈谈你对这段话的理解。

【要求】

（1）简述会计职业道德规范的主要内容？

（2）简述"诚实守信""坚持准则"的基本要求？

（3）为什么说"诚信是市场经济的基石，也是会计执业机构和会计人员安身立命之本"？

【案例 5】 201×年 11 月，东茂公司因产品销售不畅，新产品研发受阻。公司财会部预测公司本年度将发生 800 万亏损。刚刚上任的公司总经理责成总会计师王某千方百计实现当年盈利目标，并说："实在不行，可以对会计报表做一些会计技术处理。"总会计师很清楚公司本年度亏损已成定局，要落实总经理的盈利目标，只能在财务会计报告上做手脚。总会计师感到左右为难：如果不按总经理的意见去办，自己以后在公司不好待下去；如果照总经理意见办，对自己也有风险。为此，总会计师思想负担很重，不知如何是好。

【要求】根据《中华人民共和国会计法》和会计职业道德的要求，分析总会计师王某应如何处理，并简要说明理由。

【案例 6】宏远配件公司是国有控股企业。李弘达是公司总经理。审计师对公司 201×年的财务报表进行了审计，并出具了无保留意见的审计报告。不久，检察机关接到举报，有人反映李经理与财务经理勾结，侵吞国家财产。为此，检察机关传询了李经理。李经理到了检察机关后，辩解："会计师事务所已出具了审计报告，证明我没有经济问题。如果不信，你们可以去问注册会计师。"思考分析以下问题。

（1）李经理的话是否有道理，如果有错，错在哪里？

（2）如果你是那家会计师事务所的负责人，你将如何回答这一问题？

（3）谁应当对单位的财务报告资料的真实性负责呢？

（4）如果公司财务经理是总经理的女儿，这样的安排可以吗？为什么？

（5）这一事件给你什么启示？

附录

综合复习题一

一、单项选择题（每题1分，共计20分）

1．会计是以（　　）为主要计量尺度。

A．货币尺度　　B．实物尺度　　C．劳动尺度　　D．财产数量

2．复式记账法对每项经济业务都是以相等的金额在（　　）账户中进行登记。

A．一个　　B．两个或两个以上　C．两个　　D．有关

3．下面各项中不属于流动资产的是（　　）。

A．预付账款　　B．银行存款　　C．短期投资　　D．长期投资

4．下列支出中属于收益性支出的是（　　）。

A．用银行存款购买设备一台　　B．用银行存款购买一项专利权

C．用银行存款支付本月电费　　D．用银行存款购置厂房一幢

5．下列经济业务中，引起资产和负债同时减少的是（　　）。

A．用银行存款购进原材料　　B．用银行存款支付应付账款

C．销售商品的收入存入银行账户　　D．将银行借款存入银行账户

6．记账以后，发现凭证、账簿记录会计科目无错，而金额少记，应采用（　　）进行更正。

A．划线更正法　　B．补充登记法

C．红字更正法（全部冲销法）　　D．红字更正法（部分冲销法）

7．从银行提取现金，应编制（　　）。

A．现金收款凭证　　B．现金付款凭证

C．银行存款收款凭证　　D．银行存款付款凭证

8．“原材料”账户的明细分类账一般采用（　　）格式。

A．数量金额式　　B．多栏式　　C．三栏式　　D．卡片式

9．在永续盘存制下，平时在账簿中（　　）。

A．只登记存货的增加数，不登记减少数

B．只登记存货的减少数，不登记增加数

C．既登记存货的增加数，又登记存货的减少数

D．存货的增加数和减少数都不登记，只在财产清查时才登记

10．“预收账款”账户的期末余额如果出现在借方，表示的是（　　）。

A．应付账款　　B．预收账款　　C．应收账款　　D．预付账款

11．“本年利润”账户的借方余额表示（　　）。

A．亏损总额　　B．未分配利润　　C．利润总额　　D．已分配的利润

12. 产生“未达账项”是企业与银行之间的（　　）。

A. 错账的时间不一致　　B. 对账的时间不一致

C. 记账的时间不一致　　D. 记账的金额不一致

13. 下列会计报表中，不属于企业对外报送的主要会计报表的是（　　）。

A. 资产负债表　　B. 利润表　　C. 现金流量表　　D. 成本费用表

14. “制造费用”账户按用途和结构分类，应属于（　　）账户。

A. 集合分配　　B. 成本计算　　C. 费用　　D. 跨期摊提

15. 常见的核算形式有许多共同点，又各有其特点，主要表现在（　　）的依据和方法的不同。

A. 编制会计凭证　　B. 登记现金、银行存款日记账

C. 登记各种明细分类账　　D. 登记总账

16. 对于经营性租入的固定资产，应登记的账簿是（　　）。

A. 总分类账簿　　B. 日记账簿　　C. 备查账簿　　D. 明细分类账簿

17. 会计一般原则中，要求会计处理方法前后各期应当一致并不得随意变更的会计原则是（　　）。

A. 可比性原则　　B. 一贯性原则　　C. 配比原则　　D. 历史成本原则

18. “限额领料单”属于（　　）。

A. 一次凭证　　B. 累计凭证　　C. 汇总凭证　　D. 记账凭证

19. 销售产品一批，货款金额共计人民币玖万零捌元五角整，在填写销货发票的小写金额时，应书写为（　　）。

A. 9 008.50 元　　B. ￥9 008.50 元　　C. ￥9 008.50　　D. ￥9 008.5

20. 出纳人员核对现金的时间应是（　　）。

A. 每月一次　　B. 每旬一次　　C. 每日一次　　D. 几日一次

二、多项选择题（每题 3 分，共计 30 分）

1. 企业经营资金的来源渠道主要有（　　）。

A. 吸收投资方式　　B. 举债方式　　C. 国家每月拨入　　D. 变卖固定资产

2. 下列费用中，属于期间费用的有（　　）。

A. 管理费用　　B. 财务费用　　C. 营业费用　　D. 制造费用

3. 企业进行存货清查时，对于盘亏的存货，应先记入“待处理财产损益”科目，报经批准后根据不同的原因可分别转入（　　）科目。

A. 管理费用　　B. 营业费用　　C. 营业外支出　　D. 其他应收款

4. 账簿按用途和记录的方式分为（　　）。

A. 序时账簿　　B. 分类账簿　　C. 备查账簿　　D. 活页账簿

5. 资产负债表中，“应付账款”项目应根据（　　）填列。

A. “预收账款”账户所属明细分类账户期末贷方余额合计

B. “应付账款”账户所属明细分类账户期末贷方余额合计

C. “应收账款”账户所属明细分类账户期末贷方余额合计

D. “预付账款”账户所属明细分类账户期末贷方余额合计

6．下列属于营业外收入的是（　　　）。

A．固定资产盘盈　　B．处理固定资产净收益

C．罚款净收入　　D．处置无形资产净收益

7．下列关于结算利润的公式，正确的有（　　　）。

A．利润总额=营业利润+投资净收益+补贴收入+营业外收支净额

B．营业利润=主营业务利润+其他业务利润−管理费用−财务费用−营业费用

C．主营业务利润=主营业务收入−主营业务成本−主营业务税金及附加

D．净利润=利润总额−所得税

8．材料物资采购的实际成本包括（　　　）。

A．途中运杂费　　B．入库前的挑选整理费

C．途中合理损耗　　D．增值税

9．有关试算平衡，下列说法正确的有（　　　）。

A．根据资产=负债+所有者权益，可进行余额试算平衡

B．根据记账规则“有借必有贷，借贷必相等”，可进行发生额试算平衡

C．试算平衡是借贷记账法下检查账户记录是否正确的方法

D．试算平衡了，表明记账一定正确；试算不平衡，表明记账一定有错误

10．“资产=负债+所有者权益”的会计等式，是（　　　）。

A．设置会计科目的理论依据　　B．设置账户的理论依据

C．复式记账的理论依据　　D．编制会计报表的理论依据

三、业务题（每题 2 分，共计 40 分）

1．向银行借入临时借款 70 000 元，存入银行，借款期为 6 个月。

2．收到国家投入资金 300 000 元，存入银行。

3．购进一台不需要安装的复印机，价值 20 000 元，增值税款 3 400 元，运费 200 元，以上款项均以银行存款支付。

4．购进下列原材料，货税款以 6 个月期的商业承兑汇票结算，增值税率 17%，料已入库。

甲材料	1 600 千克	每千克 10 元	计 16 000 元
乙材料	800 千克	每千克 16 元	计 12 800 元

5．本月材料库“发出材料汇总表”如下。

材料 / 用途	甲材料	乙材料	丙材料	合计
生产—A 产品	42 500	13 300	1 000	56 800
生产—B 产品	17 500	34 700	2 400	54 600
车间一般耗用	—	15 000	7 000	22 000
行政部门耗用	—	—	1 800	1 800
销售机构	—	2 000	—	2 000
合计	60 000	65 000	12 200	137 200

6．结算本月份应付职工工资，按用途归集如下：

A 产品生产工人工资	35 000 元
B 产品生产工人工资	24 000 元
车间工人工资	8 000 元
管理部门工人工资	23 000 元
销售人员工人工资	10 000 元
合　计	100 000 元

7．按规定根据职工工资总额 14%计提职工福利费。

8．张三出差暂借差旅费 1 500 元，以现金支付。

9．计提本月份固定资产折旧共计 8 400 元，其中车间使用的固定资产折旧 6 000 元，管理部门使用固定资产折旧 2 400 元。

10．以现金 3 400 元支付当月水电费，其中车间耗用 2 000 元，行政部门耗用 1 000 元，销售机构耗用 400 元。

11．预提当月应承担的借款利息 500 元。

12．摊销当月应承担的报刊杂志费 230 元。

13．处理一批材料，售价 1 000 元，增值税率 17%，款收存银行。

14．用现金支付罚款支出 200 元

15．销售给三星公司 A 产品 100 件，每件 60 元，B 产品 100 件，每件 150 元，增值税率 17%，代垫运费 150 元，以银行存款支付。收到了 5 000 元银行存款，余款收到 3 个月期的银行承兑汇票。

16．本月出售的两种产品的销售成本，其中 A 产品 3 000 元，B 产品 6 000 元。

17．本月应交城市维护建设税 5 600 元，教育费附加 2 400 元。

18．企业在固定资产的清查过程中，发现未入账的设备一台，其重置完全价值为 20 000 元，估计折旧额为 6 000 元。

19．（假若到年终）将全年净利润 10 000 元结转到“利润分配”账户的 “未分配利润”明细分类账户中，以供分配。

20．按净利润的 10%计提法定盈余公积，5%计提法定公益金，剩余部分的 80%分配给投资者。

四、计算题（10 分）

练习权责发生制与收付实现制，确认收入和费用的归属。

【资料】某企业 7 月发生下列经济业务：

（1）销售产品 4 000 元，货款 3 000 元收存银行，余款 1 000 元暂欠；

（2）预收货款 8 000 元，准备下月交货；

（3）支付本月电费 400 元；

（4）预付 7～12 月份的租金 6 000 元；

（5）预提本月借款利息 1 000 元；

（6）摊销本月应负担的报刊杂志费 200 元；

（7）收到上个月的销售款 3 000 元。

根据上述经济业务内容，按权责发生制和收付实现制原则确认和计算企业 7 月份的收入和费用。将计算结果填入表内。

业务号	权责发生制		收付实现制	
	收入	费用	收入	费用
(1)				
(2)				
(3)				
(4)				
(5)				
(6)				
(7)				
合计				

综合复习题二

一、单项选择题（每题 1 分，共计 20 分）

1. 会计是以（　　）为主要计量尺度。

A. 货币尺度　　B. 实物尺度　　C. 劳动尺度　　D. 财产数量

2. 下面各项中属于无形资产的是（　　）。

A. 土地使用权　　B. 运输设备　　C. 资本公积　　D. 待摊费用

3. 下列各项中不能记入生产成本的是（　　）。

A. 直接材料　　B. 直接人工　　C. 制造费用　　D. 管理费用

4. 以下经济业务中，引起资产和负债同时减少的是（　　）。

A. 用银行存款购进原材料　　B. 用银行存款支付应付账款

C. 用银行借款偿还应付账款　　D. 将银行借款存入银行账户

5. 下列账户中，期末余额一般在借方的是（　　）。

A. 负债类账户　　B. 所有者权益类账户

C. 收入类账户　　D. 资产类账户

6. 从银行提取现金，应编制（　　）。

A. 现金收款凭证　　B. 现金付款凭证

C. 银行存款收款凭证　　D. 银行存款付款凭证

7. “库存商品”账户的明细分类账一般采用（　　）账页格式。

A. 数量金额式　　B. 多栏式　　C. 三栏式　　D. 卡片式

8. 会计人员根据计账凭证入账后，才发现该凭证应借、应贷会计科目有误，应用（　　）进行更正。

A. 划线更正法　　B. 红字更正法

C．补充登记法　　　　D．撕毁凭证、重新填制

9．在实地盘存制下，平时在账簿中（　　）。

A．只登记存货的增加数，不登记减少数

B．只登记存货的减少数，不登记增加数

C．既登记存货的增加数，又登记存货的减少数

D．存货的增加数和减少数都不登记，只在财产清查时才登记

10．年终结转后，“利润分配”的贷方余额表示（　　）。

A．本年累计已分配的利润数　　　　B．年终未分配的利润数

C．本年累计已实现的利润数　　　　D．本年净利润

11．待摊费用是指（　　）。

A．本期已经支付款项，且归属本会计期间负担的费用

B．本期尚未支付款项，但应归属本会计期间负担的费用

C．本期尚未支付款项，但应归属以后会计期间负担的费用

D．本期已经支付款项，且归属后续会计期间负担的费用

12．下列报表中，属于反映企业财务状况的报表是（　　）。

A．利润表　　　　B．资产负债表

C．利润分配表　　　　D．制造费用分配表

13．预收账款账户是（　　）。

A．负债类账户　　　　B．资产类账户

C．所有者权益类账户　　　　D．收入类账户

14．按现行制度规定，股份公司对可供分配的利润按（　　）提取盈余公积和公益金。

A．10%，5%　　B．5%，10%　　C．17%，33%　　D．33%，17%

15．常见的核算形式有许多共同点，又各有其特点，主要表现在（　　）的依据和方法的不同。

A．编制会计凭证　　　　B．登记现金、银行存款日记账

C．登记各种明细分类账　　　　D．登记总账

16．某公司7月份销售产品一批5 000元，其中收到款项3 000元，其余款未收，在权责发生制下，该公司7月应确认收入（　　）元。

A．3 000　　B．2 000　　C．5 000　　D．无收入

17．下列支出中属于收益性支出的有（　　）。

A．用银行存款购买固定资产　　　　B．用银行存款购买一项专利权

C．用现金支付本月电费　　　　D．购买厂房一幢

18．企业的银行存款余额调节表如下。

银行存款账面余额：47 000元	银行对账单账面余额：42 000元
加：　3 000元 减：　2 000元	加：　9 000元 减：　3 000元
调节后余额48 000元	调节后余额48 000元

则企业实际应有的银行存款数额是（　　）。

A．47 000 元　　B．48 000 元　　C．42 000 元　　D．5 000 元

19．所有者权益是企业投资人对企业净资产的要求权，这种要求权取决于（　　）。

A．企业资产总额的多少　　B．企业负债总额的多少

C．企业资产总额和负债总额的多少　　D．企业实现利润的多少

20．“预付账款”账户的所属明细账，如果账户期末出现贷方余额，表示的是（　　）。

A．应付账款　　B．预收账款　　C．应收账款　　D．预付账款

二、多项选择题（每题 1.5 分，共计 15 分）

1．企业经营资金的来源渠道主要有（　　）。

A．吸收投资方式　　B．举债方式　　C．国家每月拨入　　C．变卖固定资产

2．对账工作主要有（　　）。

A．账证核对　　B．账账核对　　C．账实核对　　D．账表核对

3．材料采购成本的内容包括（　　）。

A．入库前的挑选整理费　　B．途中的合理损耗

C．材料买价　　D．途中的运杂费

4．资产负债表的货币资金项目应根据（　　）账户的期末余额合计数填列。

A．现金　　B．银行存款　　C．其他货币资金　　D．应收账款

5．根据我国企业会计准则，按照企业会计报表编制的时间不同分为（　　）。

A．年度报表　　B．半年报表　　C．季度报表　　D．月度报表

6．下列各项中属于营业外支出的有（　　）。

A．固定资产盘亏　　B．罚款支出

C．捐赠支出　　D．转让无形资产的成本

7．下列属于会计假设的是（　　）。

A．会计主体　　B．持续经营　　C．会计分期　　D．货币计量

8．“主营业务税金及附加”账户核算的内容包括（　　）。

A．消费税　　B．资源税

C．增值税　　D．城市维护建设税及教育费附加

9．企业进行存货清查时，对于盘亏的存货，应先记入“待处理财产损益”科目，报经批准后根据不同的原因可分别转入（　　）科目。

A．管理费用　　B．营业费用　　C．营业外支出　　D．其他应收款

10．下列各项中，正确说明账户和会计科目关系的是（　　）。

A．会计科目就是账户　　B．会计科目是账户的名称

C．账户是根据会计科目开设的　　D．账户有结构，会计科目无结构

三、填空题（每空 1 分，共计 15 分）

1．借贷记账法的记账规则是____________________。

2．反映企业财务状况的会计要素有____________、____________、____________。反映企业经营成果的会计要素有______________、______________、______________。

3．______________________________是按照总分类账户分类登记全部经济业务的账簿；________________________是按照明细分类账户详细分类登记的账簿。

4．记账凭证按其与货币资金收付有无关系分为________凭证、________凭证和________凭证。

5．财产清查的目的之一，是为了查明________是否相符。

6．会计的基本职能是________和________。

四、业务题（每题2分，共计40分）

中兴公司5月份发生下列经济业务，根据经济业务编制会计分录。

（1）向银行借入临时借款60 000元，存入银行，借款期为6个月。

（2）收到A公司投入的设备一台，原值120 000元，已提折旧30 000元。

（3）预提本月短期借款利息900元。

（4）摊销应由本月负担的房屋租金300元。

（5）8日，购入材料一批，货税款尚未支付，增值税率17%。

A材料　　300吨　　单价90元

B材料　　100吨　　单价240元

（6）用银行存款支付上述两种材料运杂费1 200元，运杂费按材料数量比例分摊计入采购成本，材料已入库。

（7）本月企业领用材料的汇总情况如下表。

材料名称	甲材料		乙材料		丙材料		金额合计
	数量	金额	数量	金额	数量	金额	
A产品耗用	400	44 000			200	1 200	45 200
B产品耗用	300	33 000	800	1 600			34 600
车间耗用			100	200	50	300	500
管理部门耗用	200	10 000					10 000
合计	900	87 000	900	1 800	250	1 500	90 300

（8）计算本月应付职工工资，按用途归集如下：

A产品生产工人工资	12 600
B产品生产工人工资	8 400
车间管理人员工资	1 000
厂部管理人员工资	1 200
合计	23 200

（9）从银行提取现金23 200元，以备发放本月工资。

（10）按本月工资总额的14%计提福利费。

（11）计提本月份使用的固定资产折旧4 000元，其中车间的折旧2 500元，管理部门的折旧1 500元。

（12）销售给某工厂A产品800台，单位售价20元，B产品600台，单位售价80元，增值税率17%，货税款均已存入银行。

（13）结转本期产品的主营业务成本40 000元。

（14）计算本月应交的主营业务税金及附加3 500，其中消费税3 000，教育费附加500。

（15）以银行存款支付广告费 3 000 元。

（16）销售积压的原材料 3 000 元，款收存银行，增值税率 17%，材料成本 2 500 元，计算材料的收入并结转成本。

（17）以银行存款向某福利机构捐赠 2 000 元。

（18）月末，结转各项收入类账户到本年利润。

（19）月末，结转各项费用类账户到本年利润。

（20）计算所得税，所得税率 33%。

五、计算题（10 分）

根据上述经济业务的资料，编制利润表。

利　润　表

编制单位：中兴公司　　×××年 5 月　　货币单位：元

项　目	本月累计数
一、主营业务收入	
减：主营业务成本	
主营业务税金及附加	
二、主营业务利润	
加：其他业务利润	
减：管理费用	
财务费用	
营业费用	
三、营业利润	
加：营业外收入	
减：营业外支出	
四、利润总额	
减：所得税	
五、净利润	

综合复习题三

一、单项选择题（每题 1 分，共计 16 分）

1．复式记账法对每项经济业务都是以相等的金额在（　　）账户中进行登记。

A．一个　　B．两个或两个以上　　C．两个账户　　D．有关

2．下面各项中不属于流动资产的是（　　）。

A．预付账款　　B．银行存款　　C．短期投资　　D．长期投资

3．解决不同企业之间在同一会计期间的同一指标横向可比问题的原则是（　　）。

A．可比性　　B．一贯性　　C．一致性　　D．相关性

4．以下经济业务中，引起资产和所有者权益同时增加的是（　　）。

A．接受捐赠一台固定资产价值 10 000 元的设备

B．企业决定减少资本 10 000 元，以银行存款退还给投资者

C．用银行存款偿还应付账款 20 000 元

D．购买一批材料 5 000 元，开出 3 个月期的商业承兑汇票一张

5．将现金存到银行，应编制（　　）。

A．现金收款凭证　　B．现金付款凭证

C．银行存款收款凭证　　D．银行存款付款凭证

6．“原材料”账户的明细分类账一般采用（　　）格式。

A．数量金额式明细分类账　　B．多栏式明细分类账

C．三栏式明细分类账　　D．卡片式

7．购入材料发生的运杂费应计入（　　）。

A．产品生产成本　　B．材料采购成本　　C．制造费用　　D．管理费用

8．账户发生额试算平衡法是根据（　　）确定的。

A．账户的记账方向

B．“资产=负债+所有者权益”的基本会计等式

C．借贷记账法的记账规则

D．经济业务的不同类型

9．在永续盘存制下，平时在账簿中（　　）。

A．只登记存货的增加数，不登记减少数

B．只登记存货的减少数，不登记增加数

C．既登记存货的增加数，又登记存货的减少数

D．存货的增加数和减少数都不登记，只在财产清查时才登记

10．银行存款的清查适用于（　　）。

A．核对账目法　　B．实地盘点法　　C．查询核对法　　D．技术推算法

11．下列支出中，属于资本性支出的是（　　）。

A．用银行存款购买一项专利权　　B．给职工发本月工资

C．支付 5～7 月的房租　　D．支付本月的电费

12．某公司 7 月份销售产品一批 5 000 元，其中收到款 3 000 元，其余款上月已预收，在权责发生制下，该公司 7 月应确认收入（　　）元。

A．5 000　　B．3 000　　C．2 000　　D．无收入

13．“预收账款”账户的期末余额如果出现在借方，表示的是（　　）。

A．应付账款　　B．预收账款　　C．应收账款　　D．预付账款

14．下列报表中，属于反映企业财务状况的报表是（　　）。

A．利润表　　B．资产负债表

C．利润分配表　　D．制造费用分配表

15．某企业 8 月份的生产成本明细账如下。

生产成本明细分类账

产品：A 产品　　期初在产品 195 件　　本期投入 400 件　　完工产量 595 件　　单位：元

年		凭 证 号	摘 要	直接材料	直接人工	制造费用	合 计
月	日						
8	1		月初在产品	32 000			32 000
8	31	11	材料费用	478 000			478 000
		12	工资		50 000		50 000
		15	福利费		7 000		7 000
		19	分配制造费用			28 000	28 000
			本月生产费用合计	478 000	57 000	28 000	563 000
		20	结转完工产品成本	510 000	57 000	28 000	595 000

则每件 A 产品的单位生产成本是（　　）元。

A．1 000　　B．595 000　　C．563 000　　D．1 487.5

16．销售产品一批，货款金额共计为“伍万零玖元肆角整”，在填写发货票小写金额时，应书写为（　　）。

A．¥50 009.40 元　　B．50 009.40 元　　C．¥50 009.40　　D．¥50 009.4 元

二、多项选择题（每题 2 分，共计 16 分）

1．下列项目中，属于所有者权益的有（　　）。

A．接受投资者投资　　B．股票溢价

C．接受捐赠的资产　　D．未分配利润

E．提取的公益金

2．下列账户中，余额一般出现在借方的账户有（　　）。

A．短期投资　　B．待摊费用

C．实收资本　　D．主营业务成本

E．其他业务支出

3．对账的工作主要有（　　）。

A．账证核对　　B．账账核对　　C．账实核对　　D．账表核对

4．账簿按其用途，可以分为（　　）。

A．序时账簿　　B．活页式账簿

C．分类账簿　　D．备查账簿

E．卡片式账簿

5．下列费用中，属于期间费用的有（　　）。

A．管理费用　　B．财务费用　　C．营业费用　　D．制造费用

6．下列利润计算中，正确的有（　　）。

A．主营业务利润=主营业务收入−主营业务成本−主营业务税金及附加

B．营业利润=主营业务利润+其他业务利润–管理费用–营业费用–财务费用

C．利润总额=营业利润+投资收益+营业外收入–营业外支出

D．净利润=利润总额–所得税

7．资产负债表的货币资金项目应根据（　　）账户的期末余额合计数填列。

A．现金　　B．银行存款　　C．其他货币资金　　D．应收账款

8．下列各项中，属于营业外收入的是（　　）。

A．固定资产盘盈　　B．处理固定资产净收益

C．罚款收入　　D．出租厂房的租金收入

三、填空题（每空 1 分，共计 14 分）

1.我国《企业会计准则》将会计要素划分为__________、__________、__________、__________、__________、__________。

2．在用收款、付款、转账等复式记账凭证时，凡涉及现金、银行存款的收款业务，填制__________；现金、银行存款的付款业务，填制__________；现金和银行存款之间的业务，填制__________；与现金和银行存款无关的业务，填制__________。

3．企业和银行双方在凭证传递、接收时间上的差异，造成记账时间不一致，从而产生一方已入账，另一方尚未入账的事项，称为__________。

4．会计报表按编报的时间分为______、______、______、______。

四、业务题（每题 2 分，共计 40 分）

某企业 2000 年 7 月发生下列有关经济业务，要求根据经济业务编制会计分录。

（1）经批准向社会增资配股 600 万股，每股面值 1 元，股票以 1:3 溢价配售，款收存银行。

（2）本月申请一项 2 年期的借款 40 000 元，款收存银行。同时，以现金支付手续费 180 元。

（3）李力出差预借差旅费 500 元，以现金支付。

（4）购入材料一批，增值税率 17%，材料已入库，货款以商业承兑汇票结算。

甲材料　　1 800 千克　　每千克 20 元　　计 36 000 元

乙材料　　600 千克　　每千克 40 元　　计 24 000 元

（5）以现金支付上述两种材料的运费 200 元，装卸费 40 元（以材料价格作为分配标准）。

（6）购入一台固定资产，买价 10 000 元，增值税额 1 700 元，发生运费 800 元，上述款项均以银行存款支付。

（7）本月企业领用材料的汇总情况如下表。

材料名称	甲材料		乙材料		丙材料		金额合计
	数量	金额	数量	金额	数量	金额	
A 产品耗用	100	40 000					40 000
B 产品耗用	200	20 000	100	10 000			30 000
车间耗用			100	600	50	400	1 000
管理部门耗用	200	2 000					2 000
合计	500	62 000	200	10 600	50	400	73 000

（8）计算本月应付职工工资，按用途归集如下。

A 产品生产工人工资	18 000
B 产品生产工人工资	12 000
车间管理人员工资	7 000
厂部管理人员工资	8 000
合　计	45 000

（9）按本月工资总额的 14%计提福利费。

（10）从银行提取现金 16 000 元，以备发放本月工资。

（11）计提本月份使用的固定资产折旧 1 400 元，其中车间的折旧 800 元，管理部门的折旧 600 元。

（12）期末，A 产品、B 产品完工入库，结转成本（A 产品成本 65 520 元，B 产品成本 46 480 元）。

（13）销售了 A 产品 60 000 元，B 产品 40 000 元，增值税率 17%，款未收。

（14）结转本期产品的主营业务成本 50 000 元。

（15）计算本月应交的主营业务税金及附加 2 500 元，其中消费税 2 000 元，教育费附加 500 元。

（16）出租厂房取得租金收入 30 000 元，本月厂房应计提折旧 500 元，核算收入并结转成本。

（17）处理一台固定资产，取得净收益 300 元，存入银行。

（18）向希望小学捐赠了价值 10 000 元的库存商品。

（19）年终时，计算本年净利润 20 000 元，将本年利润转入利润分配。

（20）按净利润的 10%提取盈余公积，5%提取公益金，20%向投资者分配利润。

五、核算题（计 14 分）

目的：练习错账的更正。

要求：某企业月末结账前发现下列经济业务的凭证内容或账簿内容有错，用正确的更正错账的方法予以更正。

（1）收到购货单位偿还上月所欠货款 7 600 元，收存银行。

原编记账凭证的会计分录如下。

借：银行存款　　6 700

　　贷：应收账款　　6 700

（2）职工小李出差归来报销差旅费 1 200 元。

原编记账凭证的会计分录如下。

借：管理费用　　1 700

　　贷：其他应收款　　1 700

（3）用现金支付销售过程中发生的运输费 500 元。

原编记账凭证的会计分录如下。

借：财务费用　　500

　　贷：现金　　500

（4）用现金支付车间的水电费 340 元。

原编记账凭证的会计分录如下。

借：制造费用　340

　　贷：现金　340

登账时，将“现金”的贷方误记为430。

银行存款

（初）2 000	
（1）6 700	
（末）8 700	

应收账款

（初）8 000	
	（1）6 700
	（末）1 300

管理费用

（2）1 700	
（末）1 700	

其他应收款

（初）1 700	
	（2）1 700
	（末）0

财务费用

（3）500	
（末）500	

现金

（初）100	
	（3）500
	（4）430
	（末）70

制造费用

（4）340	
（末）340	

2014年基础会计真题

一、单项选择题（请从下列各题的备选答案中选出一个最符合题意的答案。本题共20个小题，每小题1分，共20分。多选、错选、不选均不得分）

1．企业提取盈余公积编制的会计分录正确的是（　　）。

A．借：本年利润

　　贷：盈余公积

B．借：利润分配

　　贷：盈余公积

C．借：盈余公积

　　贷：本年利润

D．借：盈余公积

　　贷：利润分配

2．购入材料一批，价款 80 000 元，增值税 10 200 元，货款暂未支付，该笔经济业务编制的会计分录是（　　）。

A．一借一贷　　B．一借多贷　　C．一贷多借　　D．多借多贷

3．2011 年 11 月 1 日，丙从 D 公司退出。D 公司按其过去的实际出资进行退还。D 公司已将 90 000 元现金退还给丙。不考虑其他因素，D 公司会计分录为（　　）。

A．借：库存现金 90 000
　　贷：实收资本——丙 90 000

B．借：实收资本——丙 90 000
　　贷：库存现金 90 000

C．借：盈余公积 90 000
　　贷：库存现金 90 000

D．借：资本公积 90 000
　　贷：库存现金 90 000

4．编制利润表时，假定“公允价值变动收益”和“投资收益”科目的净额为借方发生额，填写的方法为（　　）。

A．以正数填列　　B．以负数填列　　C．用红字填列　　D．用蓝字填列

5．下列经济业务事项中，（　　）是会计核算中的经常性业务，也是会计核算的主要内容。

A．财务成果的计算和处理　　B．财物的收发、增减和使用
C．债权债务的发生和结算　　D．款项和有价证券的收付

6．对金额有错误的原始凭证，正确的做法是（　　）。

A．由出具单位在原始凭证上更正
B．由出具单位在原始凭证上更正，并加盖出具单位印章
C．由出具单位重开
D．拒绝接受

7．账户按经济内容分类，属于成本类账户的是（　　）。

A．生产成本　　B．未分配利润　　C．盈余公积　　D．所得税

8．账簿中书写的文字和数字应紧靠底线书写，上面要留有适当空格，不要写满格，一般应占格距的（　　）。

A．1/3　　B．1/2　　C．1/4　　D．1/5

9．甲企业与某公司签订供货合同，合同规定，某公司预先支付货款的 40%，余款于交货时付清，则甲企业预先收到对方支付的款项时，应编制的会计分录为（　　）。

A．借：预收账款
　　贷：银行存款

B．借：银行存款
　　贷：预收账款

C．借：银行存款
　　贷：预付账款

D．借：预付账款
　　贷：银行存款

10．某企业应收账款总分类账户期初余额为 8 000 元，明细账分别为甲厂借方 4 000 元，乙厂借方 2 500 元，则丙厂为（　　）。

A．借方 1 500 元　B．贷方 1 500 元　C．借方 6 500 元　D．贷方 6 500 元

11．某企业原材料账户的期初余额为 35 000 元，本月增加材料 16 000 元，期末库存材料为 22 000 元，则本期减少材料（　　）元。

A．19 000　B．29 000　C．27 000　D．42 000

12．下列关于资产负债表的作用的表述，不正确的是（　　）。

A．可以反映企业某一特定日期拥有的经济资源及需要承担的负债
B．可以反映企业所有者权益的情况
C．分析企业的债务偿还能力
D．分析企业的获利能力

13．下列业务中应该编制收款凭证的是（　　）。

A．购买原材料用银行存款支付
B．收到销售商品的款项
C．购买固定资产，款项尚未支付
D．销售商品，收到商业汇票一张

14．某企业资产总额为 200 万元，负债总额为 40 万元，在将 20 万元负债转为投入资本后，所有者权益为（　　）。

A．140 万元　B．180 万元　C．160 万元　D．200 万元

15．出纳将多余的现金 9 000 元存入银行，其正确的会计分录为（　　）。

A．借：银行存款 9 000
　　贷：库存现金 9 000
B．借：库存现金 9 000
　　贷：银行存款 9 000
C．借：货币资金 9 000
　　贷：银行存款 9 000
D．借：银行存款 9 000
　　贷：货币资金 9 000

16．财产清查时，（　　）为盘亏。

A．实存<账存　B．实存>账存　C．实存=账存　D．实存≠账存

17．下列关于单式记账法的说法不正确的是（　　）。

A．单式记账法是一种比较简单，不完整的记账方法
B．在单式记账法下，账户之间没有直接联系和相互平衡关系
C．单式记账法可以全面、系统的反映各项会计要素的增减变动和经济业务的来龙去脉
D．单式记账法适用于业务简单或很单一的经济个体和家庭

18．资产类账户的期末余额一般在（　　）。

A．借方　B．借方或贷方　C．贷方　D．借方和贷方

19．2011 年 9 月 8 日，甲公司购入 A 材料一批，取得的增值税专用发票上记载的价款为 25 000 元，增值税额为 4 250 元，款项通过银行转账支付，材料同日验收入库，则正确的会计分录为（　　）。

A．借：在途材料　25 000
　　应交税金——应交增值税（进项税额）　4 250
　　贷：应收账款　29 250

B．借：原材料　25 000
　　应交税金——应交增值税（进项税额）　4 250
　　贷：银行存款　29 250

C．借：原材料　29 250
　　贷：应收账款　29 250

D．借：原材料　29 250
　　贷：银行存款　29 250

20．盘亏的固定资产应该通过（　　）账户核算。

A．固定资产清理　B．待处理财产损益

C．以前年度损益调整　D．材料成本差异

二、多项选择题（下列各题中，分别有两个或两个以上的正确答案。本题共 20 个小题，每小题 2 分，共 40 分。多选、少选或错选均不得分）

21．企业向银行借款，存入银行，这项业务引起（　　）要素同时增加。

A．资产　B．负责　C．所有者权益　D．收入

22．下列各项中属于费用的是（　　）。

A．管理费用　B．预付账款　C．材料采购　D．销售费用

23．下列属于会计核算的基本前提的有（　　）。

A．会计主体　B．持续经营　C．会计分期　D．货币计量

24．年末结账后，下列科目中一定没有余额的是（　　）。

A．生产成本　B．材料采购　C．本年利润　D．主营业务收入

25．企业从银行取得 2 个月借款，涉及的账户有（　　）。

A．银行存款　B．短期借款　C．长期借款　D．应付账款

26．下列可作为制造费用分配标准的有（　　）。

A．生产工人工资　B．生产工人工时　C．机器工时　D．产品价格

27．借贷记账法的记账规则（　　）。

A．有借必有贷　B．借贷必相等

C．借方登记增加数　D．贷方登记减少数

28．下列属于期间费用账户的是（　　）。

A．销售费用　B．制造费用　C．财务费用　D．管理费用

29．经济业务发生后，一般可编制的会计分录有（　　）。

A．多借多贷　B．一借多贷　C．多借一贷　D．一借一贷

30．会计分录必不可少的三要素是（　　）。

A．账户名称　B．记账符号　C．应记金额　D．以上都是

31．计提本月固定资产折旧12 000元，其中生产车间使用的固定资产折旧为9 000元，企业管理部门使用为3 000元，则涉及的科目有（　　）。

A．制造费用　B．管理费用　C．累计折旧　D．固定资产

32．财务成果的核算包括（　　）。

A．利润形成的核算　B．利润分配的核算

C．资产形成的核算　D．收入形成的核算

33．涉及现金及银行存款之间的划款业务时，可编制（　　）。

A．银行存款收款凭证　B．银行存款付款凭证

C．现金收款凭证　D．现金付款凭证

34．下列凭证属于外来原始凭证的是（　　）。

A．领料单　B．购货发票　C．收料单　D．出差人员车票

35．记账凭证审核的主要内容有（　　）。

A．项目是否齐全　B．科目是否正确

C．内容是否真实　D．数量是否正确

36．以下属于汇总原始凭证的有（　　）。

A．科目汇总表　B．收料凭证汇总表

C．限额领料单　D．发料凭证汇总表

37．下列引起资产、权益总额发生变动的业务有（　　）。

A．借入款项存入银行　B．偿还所欠货款

C．从存款户中提取现金　D．实现销售收入，货款暂未收到

38．可用于分派现金股利的有（　　）。

A．实收资本　B．资本公积　C．盈余公积　D．未分配利润

39．我国的企业会计准则体系包括（　　）。

A．基本准则　B．具体准则　C．应用指南　D．附注

40．以下对会计凭证描述正确的是（　　）。

A．记录经济业务事项发生情况　B．记录经济业务事项完成情况

C．明确经济责任的书面证明　D．登记会计账簿的依据

三、判断题（请在下列每小题后面的括号内填入判断结果，认为正确的用“√”表示，认为错误的用“×”表示。本题共20个小题，每小题1分，共20分。判断结果错误的扣1分，不判断的不得分）

41．谨慎性原则要求企业不得多计费用和负债，不得少计收益和资产。（　　）

42．会计主体是法律主体，而法律主体不一定是会计主体。（　　）

43．在同一企业中，由于采用的会计核算形式不同，核算的结果也不同。（　　）

44．在不设“预收账款”账户的企业，发生的少量预收账款业务应在“应收账款”账户中核算。（　　）

45．对于查出的未达账款，企业应根据“银行存款余额调节表”及时地调整账簿。
（　）

46．企业可供分配的利润等于本年实现的净利润加上年初未分配利润，减去提取的盈余公积后的金额。（　）

47．盘盈的固定资产应按重置价值入账，按新旧程度估计折旧。（　）

48．购入固定资产时，发生的增值税进项税应计入“应交税金——应交增值税（进项税额）”账户，不计入固定资产的成本。（　）

49．“物资采购”账户如果期末有借方余额，则表示在途材料的实际成本。（　）

50．会计人员根据记账凭证记账时，将贷记账户的金额36 000元写成63 000元，更正时应采用划线更正法。（　）

51．购入固定资产的支出属于资本性支出，购入无形资产的支出属于收益性支出。
（　）

52．如果原始凭证发生错误应由出具单位进行更正，并在更正处加盖印章。（　）

53．记账凭证应根据审核无误的原始凭证或原始凭证汇总表编制。（　）

54．在编制记账凭证时，可以只填会计科目编号，不填会计科目的名称，以简化工作。
（　）

55．在权责发生制下，企业预收的货款不作为企业的收入核算。（　）

56．以银行存款50 000元向甲单位投资，该笔业务的发生一方面引起银行存款的减少，另一方面引起实收资本的增加。（　）

57．记账人员记账时将某笔经济业务漏记，期末进行试算平衡时检查不出这一错误，故要用其他方法检查。（　）

58．准则中的收入不仅包括主营业务收入和其他业务收入，还包括营业外收入。
（　）

59．现金及银行存款日记账按规定应采用订本式账簿，总分类账和明细分类账既可以用订本账也可以用活页账。（　）

60．年终结账时，应在“本年合计”下面通栏划双红线。（　）

参考答案与解析

一、单项选择题

1.【答案及解析】B　该题一方面反映企业利润分配的减少，应记入“利润分配”账户的借方；另一方面反映企业从利润分配中提取盈余公积，使得企业公积金增加，应记入“盈余公积”账户的贷方。故选B。

2.【答案及解析】C　该笔业务应编制的会计分录如下。

借：原材料	80 000	
应交税费——应交增值税（进项税额）	10 200	
贷：应付账款		90 200

3.【答案及解析】B 退还投资，减少注册资本，即实收资本减少，记“实收资本”账户的借方。故选 B。

4.【答案及解析】B 如果净额为贷方发生额，则以正数填列。故选 B。

5.【答案及解析】B 财物的收发、增减和使用业务，是会计核算中的经常性业务，有关的核算资料往往是单位内部进行业务成果考核，控制和降低成本费用的重要依据。故选 B。

6.【答案及解析】C 原始凭证金额有错误的，应当由出具单位重开，不得在原始凭证上更正。故选 C。

7.【答案及解析】A 成本类账户包括“生产成本”“制造费用”“劳务成本”“研发支出”等账户。故选 A。

8.【答案及解析】B 账簿中书写的文字和数字应紧靠底线书写，上面要留有适当空格，不要写满格，一般应占格距的 1/2。故选 B。

9.【答案及解析】B 甲企业预先收到对方支付的款项时，应编制的会计分录如下。

借：银行存款

　　贷：预收账款

10.【答案及解析】A 8 000−4 000−2 500=1 500（元），为借方余额。故选 A。

11.【答案及解析】B 因为原材料账户的本期减少额=期初余额+本期增加额−期末余额，即 35 000+16 000−22 000=29 000（元）。故选 B。

12.【答案及解析】D 企业的获利能力主要是通过利润表来反映的，资产负债表主要是分析企业的偿债能力。故选 D。

13.【答案及解析】B A 应该编制付款凭证，C、D 应该编制转账凭证。故选 B。

14.【答案及解析】B 在业务发生前，所有者权益为 200−40=160 万元，将 20 万元债务转为资本意味着负债减少 20 万元，实收资本所有者权益增加 20 万元。故所有者权益为 160+20=180 万元。故选 B。

15.【答案及解析】A 将现金存入银行，使银行存款增加，现金减少，故选 A。

16.【答案及解析】A 当实存数小于账面数时，意味着账上有记录而实在的财产物资没有，故为盘亏。故选 A。

17.【答案及解析】C 单式记账法没有一套完整的账户体系，不能全面、系统地反映各项会计要素的增减变动和经济业务的来龙去脉。故选 C。

18.【答案及解析】A 资产类账户的期末余额一般在借方和增加发生额的方向一致。故选 A。

19.【答案及解析】B 购买的材料已入库，应通过“原材料”账户的贷方核算，付货款时需同时交纳增值税，通过“应交税费——应交增值税（进项税额）”账户的借方核算，已用银行存款支付通过“银行存款”贷方账户核算。故选 B。

20.【答案及解析】B 盘亏的固定资产应该通过“待处理财产损益”账户核算，处置、报废固定资产应该通过“固定资产清理”账户核算。故选 B。

二、多项选择题

21.【答案及解析】AB 企业向银行借款，存入银行，与所有者权益、收入无关。故选 AB。

22.【答案及解析】AD 预付账款、材料采购属于资产。故选 AD。

23.【答案及解析】ABCD 会计核算的基本前提是会计的基本假设。故选 ABCD。

24.【答案及解析】CD 损益类账户一般期末无余额。故选 CD。

25.【答案及解析】AB 借：银行存款；贷：短期借款。故选 AB。

26.【答案及解析】ABC 制造费用分配标准有生产工人工资、生产工人工时、机器工时。故选 ABC。

27.【答案及解析】AB 借贷记账法的记账规则是有借必有贷，借贷必相等。故选 AB。

28.【答案及解析】ACD 期间费用包括：销售费用、财务费用、管理费用。故选 ACD。

29.【答案及解析】BCD 经济业务发生后，一般可编制的会计分录有一借一贷、一借多贷、多借一贷。故选 BCD。

30.【答案及解析】ABCD 会计分录的三要素是账户名称、记账符号、应记金额。故选 ABCD。

31.【答案及解析】ABC

借：制造费用	9 000	
管理费用	3 000	
贷：累计折旧		12 000

故选 ABC。

32.【答案及解析】AB 利润表是反映企业的财务状况。故选 AB。

33.【答案及解析】BD 涉及现金及银行存款之间的划款业务时，只编制付款凭证。故选 BD。

34.【答案及解析】BD 领料单、收料单属于自制原始凭证。故选 BD。

35.【答案及解析】ABC 数量是否正确是原始凭证审核的内容。故选 ABC。

36.【答案及解析】BD 科目汇总表是汇总记账凭证，限额领料单是累计凭证。故选 BD。

37.【答案及解析】ABD “从存款户中提取现金”属于资产内部一增一减，不影响资产总额变化。故选 ABD。

38.【答案及解析】CD A、B 不能用于利润分配。故选 CD。

39.【答案及解析】ABC 我国的企业会计准则体系包括三部分内容：一是基本准则，二是具体准则，三是应用指南。故选 ABC。

40.【答案及解析】ABCD 会计凭证式记录经济业务事项发生情况记录经济业务事项完成情况，明确经济责任的书面证明，登记会计账簿的依据。故选 ABCD。

三、判断题

41.【答案及解析】×谨慎性原则要求企业不得多计收益和资产，也不得少计费用和负债。

42.【答案及解析】×会计主体不一定是法律主体，法律主体必须是一个会计主体。

43.【答案及解析】×会计核算形式也称会计账务处理程序，核算程序不同不会导致结果不同。不管采用何种程序，结果应相同。

44.【答案及解析】√

45.【答案及解析】×对于未达账项，不能以调节表作为依据调整账簿，而应在相关凭证到达后才记账。

46.【答案及解析】×可供分配的利润与提取的盈余公积无关。

47.【答案及解析】√

48.【答案及解析】×购入固定资产发生的增值税应计入其成本而不能抵扣。

49.【答案及解析】√

50.【答案及解析】√

51.【答案及解析】×购买固定资产和无形资产都属于资本性支出，因为该支出的效益体现在几个年度。

52.【答案及解析】×如果原始凭证发生的是金额错误，则不能更正，只能由原单位重开。

53.【答案及解析】√

54.【答案及解析】×在编制记账凭证时，应填写会计科目的名称，或者同时填写会计科目和编号，而不能只写编号，不填会计科目。

55.【答案及解析】√

56.【答案及解析】×该笔业务是对外投资，一方面引起资产减少，另一方面引起投资（资产）增加，故是错误的。

57.【答案及解析】√

58.【答案及解析】×准则中的收入不包括营业外收入。

59.【答案及解析】×总账也应当用订本账，不用活页账。

60.【答案及解析】√